KB134045

2차대전의
흐름을 바꾼
결정적 순간들

KODEF 안보 총서 39

2차대전의 흐름을 바꾼 결정적 순간들

프랑스 · 태평양 · 스탈린그라드

남도현 지음

시작하는 말

'마중가'라는 단어를 들은 적이 있는가? 아마도 일본의 유명한 만화영화 캐릭터인 마징가의 오타가 아닐까 생각하는 사람들이 대다수일 것이다. 솔직히 필자도 이러한 재미있는 이유 때문에 마중가라는 지명이 뇌리에 남아있다. 프랑스어로는 마중가^{Majunga}, 말라가시어로는 마하장가^{Mahajanga}라고 표기하는데 이는 아프리카 동남부 인도양에 있는 섬나라 마다가스카르^{Madagascar} 북서부의 지명으로, 최신자료에 따르면 약 20만 명 정도의 주민들이 살고 있다.

사실 마중가라는 지방은 고사하고 마다가스카르라는 국명조차 생소한 이들이 대다수일 것이다. 만일 한국인 중에 마중가에 대해 알고 있는 사람이 있다면 아마도 인문지리에 대해 박식하거나 해운업이나 원양어업에 종사하고 있든지, 아니면 오지를 탐험하는 취미를 가진 사람이라 해도 무방할 듯하다. 인구도 2,000만 명 가까이 되고 지구상에서 네 번째로 큰 섬을 영토로 하고 있는 결코 작지 않은 국가지만 한국에서 너무 멀리 떨어진데다 남반구 인도양의 끝인 상당히 외진 곳에 위치하여 잘 알려지지 않은 편인데, 이것은 비단 우리에게만 그런 것은 아니다. 오랫동안 이 나라를 지배했던 프랑스나 이웃한 아프리카 국가들에 사는 사람들을 제외한다면, 세계에서 이 나라의 존재를 알고 있는 이들은 그리 많지 않다. 근처에서 가장 많이 알려진 나라라면 지난 2010년 월드컵 축구대회 개최지였던 남아프리카공화국 정도일 것이다. 지리적으로만 따진다면 우리나라를 비롯한 동북아시아 국가들도 대륙의 끝에 위치해 있지만, 지금은 세계의 정치·경제에서 차지하는 비중이 워낙 커졌기 때문에 마다가스카르처럼 변방으로 여겨지지는 않는다.

지금으로부터 약 70여 년 전인 1942년에 마중가를 포함한 마다가스카르의 여러 곳에서 일련의 전투가 벌어졌다. 교전 당사자 양측을 합쳐 약 1,000여 명의 인명 피해가 발생했을 정도로 격렬했던 이 전투들은 오늘날 흔히 뉴스에 등장하는 어느 아프리카 부족 간의 소규모 충돌이 아니었다. 놀랍게도 제대로 무장한 2만여 명의 정규군과 수척의 항공모함을 포함한 함대까지 동원된 입체전이었고 엄연한 제2차 세계대전의 일부로 기록되었다.

고립된 영국이 독일과 계속 싸우려면 인도양을 통해 인도, 오스트레일리아 등과의 연결로를 든든히 확보해야 했다. 그런데 그 길목에 위치한 마다가스카르는 당시에 프랑스의 식민지로, 1940년 프랑스가 독일에게 항복한 이후 비시 프랑스 Vichy France에 충성하고 있었다. 더구나 1941년 추축국에 가담한 일본이 태평양전쟁을 일으키며 비시 프랑스 식민지를 발판으로 인도양 진출 의지를 노골적으로 드러내자, 영국은 자신들의 생명선을 지키고 일본을 견제하기 위해 1942년 4월 4일부터 9월 30일까지 마다가스카르 요충지 곳곳에 상륙하여 비시 프랑스군을 물리쳐 섬을 점령했다. 처음 언급한 마중가도 그 당시 여러 격전지 중 하나였다.

이러한 일련의 전투들은 비록 2차대전사의 구석에서나 겨우 찾아볼 수 있는 소규모의 작전으로 이를 아는 사람들도 그리 많지 않으며, 더구나 현지인들과 아무 상관없이 외세가 마다가스카르라는 공간만 이용하여 벌인 전투였지만 그 의의까지 간과할 수는 없다. 유럽과 태평양에서의 격전이 2차대전의 전부라고 알고 있는 대다수의 사람들에게 이처럼 제대로 알려지지도 않았던 아프리카의 구석까지 2차대전의 무대였다는 사실은 상당히 생소할 것이다. 흔히 아프리카 전역 하면 떠올리는 인물이 롬멜인데, 마다가스카르는 롬멜이 활약한 북아프리카 전선과는 6,000킬로미터 넘게 떨어진 외딴 곳이었다. 대략 우리나라에서 오스트레일리아 북단까지의 거리와 맞먹는다. 그런데 이런 의외의 사실은 우리 역사에서도 그 예를 발견할 수 있다.

1945년 9월 8일 미 제24군단이 인천으로 상륙했는데 한반도 38선 이남에 주둔하던 일본군의 무장을 해제하기 위해서였다. 지금도 그렇지만 당시에도 부산은 우리나라에서 가장 큰 항구였고 미군이 1차적으로 주둔한 일본으로부터 가장 가까운 곳이기도 했다. 반면 인천은 조수간만의 차가 심하여 제한된 시간에만 상륙할 수 있었고, 바로 그런 이유 때문에 5년 후 인천상륙작전 당시에 맥아더^{MacArthur} 외에는 모두가 상륙지점으로 부적절하다고 반대했을 정도였다. 그런데 미군이 왜 하필 인천에 상륙했을까?

여기에는 한 가지 커다란 이유가 있었다. 바로 인천항 근처에 설치된 연합군 포로수용소 때문이었다. 미군은 적 치하에서 신음하고 있던 그들의 생존 포로들을 제일 먼저 해방시키고자 인천을 상륙지점으로 선택한 것이다. 일본은 지금의 인천항 제1부두 인근의 수인사거리 일대에 수용소를 만들고 태평양전쟁에서 생포한 연합군을 수용했는데, 이곳에 포로수용소가 들어서게 된 데에는 상당히 복합적인 이유가 있었다. 바다를 통해 포로를 수송하기 편리하기도 했지만 바로 길 건너에 있던 신사(지금의 인천여자상업고등학교 자리) 때문이기도 했다. 적어도 포로수용소 부근은 연합군의 공습으로부터 안전할 수 있었는데 일본은 바로 이 점을 노려 항구와 신사를 동시에 보호할 수 있는 위치에 포로수용소를 설치한 것이다. 우리는 흔히 태평양전쟁하면 강제징용, 정신대, 원폭피해처럼 일제의 악랄한 식민지 정책으로 피해를 입었던 악몽만 기억하는데, 바로 우리 땅에도 이러한 전쟁 당사자의 직접적인 흔적이 남아있는 것은 모르고 있는 경우가 대부분이다.

이처럼 2차대전은 우리가 상상하는 것 이상으로 큰 전쟁이었다. 마다가스카르처럼 의외의 장소에서 전투가 벌어지기도 했고, 직접적인 교전이 벌어지지 않았던 우리 땅에도 그 흔적을 남겨 놓았다. 그렇다면 이렇게 거대한 전쟁을 쉽게 조망할 수 있는 방법이 있는가? 그러한 방법은 '없다'는 것이 필자의 대답이다. 결론적으로 2차대전은 발발 이전부터 종전 이후까지의 모든 과정이 너무나 복잡하기 때문에, 아무리 요약하더라도 단 한 번에 이해하는 것은 애당초 불가능하다.

그런데 이처럼 거대한 전쟁이라도 그 세부내용을 확인한다면 중요도가 모두 같은 것은 아니다. 앞에서 언급한 두 가지 사례를 아는 이들이 많지 않은 이유는 2차대전이라는 거대한 전쟁 전체를 고려한다면 이들 사례가 그리 커다란 의미를 부여하기 힘든 경우라는 뜻이기도 하다. 물론 마다가스카르에서 있었던 일련의 전투에서 목숨을 잃은 병사들이나 낯설고 물 선 인천의 포로수용소까지 끌려와 고초를 겪었던 연합군 병사들의 입장에서 생각한다면 이런 정의는 받아들일 수 없을 것이다. 이들이 흘린 피와 눈물은 흔히 중요하다고 여겨지는 2차대전의 다른 전투에서 활약한 병사들의 그것과 결코 차이가 없기 때문이다.

하지만 그럼에도 불구하고 2차대전의 향방을 가른 의미 있던 순간은 분명히 따로 있었다. 거대한 전쟁을 한 번에 조망하기 힘들다면 바로 중요한 몇몇 순간을 돌아보는 것도 대강을 이해하는데 상당히 좋은 방법이다. 이 책에서는 필자가 가장 중요했던 순간이라 생각하는 세 가지 에피소드를 담았다. 추축국이 결정적으로 팽창하는 계기가 되었던 1940년의 프랑스 전역, 태평양전쟁의 향방을 결정한 1942년에 연속해서 벌어진 항공모함 함대들의 대결, 그리고 최악의 전투였던 스탈린그라드 전투가 바로 그것이다. 개인적으로 이들 격전들이 2차대전의 절반 이상의 의미를 간직했다고 감히 생각한다. 따라서 이 책이 2차대전의 상당 부분을 이해하는데 도움이 될 것이라 여긴다. 그리고 이런 각론을 다루기 전에 2차대전의 의의를 거시적으로 개괄하여 의외로 모르거나 잘못 알고 있는 사실에 대한 대략적인 이해를 높이고자 했다.

이 주제들은 언젠가 한 번은 반드시 다루고 싶었던 이야기들이었다. 다행히 많은 이들의 도움으로 결국 구상을 현실화할 수 있었다. 요즘은 관련된 내용을 검증할 수 있는 시스템이 잘 갖추어져 글을 작성하는데 많은 참고가 되었다. 사실 엄청난 내용의 데이터베이스를 누구나 쉽게 검색하고 접근할 수 있도록 구축해 놓은, 전 세계에 있는 수많은 이들의 도움이 없었다면 아마 글을 작성하겠다는 엄두도 내지 못했을 것이다. 하지만 그럼에도 불구하고 필자의 능력 부족으로 일부 내용에 오류가 분명히 존재할 것이라 생각한다. 또한 객관적 사실만 쓰고자 노력했지만 필자의 개인적인 판단이 개입된 부분도 있음을 미리 고백하며 이에 대해서는 미리 양해를 구하고자 한다.

매번 졸고를 외면하지 않고 활자화되도록 도움을 아끼지 않으신 김세영 사장님을 비롯한 플래닛미디어 직원들에게 항상 고마운 마음뿐이다. 또한 사랑하는 가족들과 내가 아는 모든 지인들은 묵묵히 글을 쓸 수 있도록 항상 아낌없이 배려해 주었다. 다시 한 번 모두에게 감사의 인사를 전한다.

너무 추웠던 지나간 겨울이 잊혀지지 않는 2011년 2월
남도현

차례

제2차 세계대전을
어떻게 볼 것인가?

지금도 계속되는 흔적

제2차 세계대전이 역사상 가장 길었던 전쟁은 아니었지만, 이를 가장 대규모의 전쟁으로 정의하는 데는 어떠한 반론도 없을 것이다. 그만큼 그 규모가 어마어마했다. 그리고 그 잔영은 세기가 바뀌어도 사라지지 않고 현재의 보통 한국 사람들에게까지도 영향을 미치고 있다. 예를 들어 1990년대 말에 있었던 외환위기를 겪은 한국 사람들은 IMF(국제통화기금 International Monetary Fund)를 무서운 경제위기를 뜻하는 대명사로 받아들이는 경향이 크지만, 사실 IMF는 국제 환 안정 및 유동성 확대 보장을 위한 국제금융기구의 이름이다. 우리가 구제금융을 받아들이기 전까지는 경제를 전공한 사람들이 아니면 IMF가 어떠한 기구인지 아는 이들이 드물었고, 더더구나 IMF가 2차대전의 산물인지 아는 이들은 거의 없었다.

　전쟁이 끝으로 치닫고 있던 1944년 7월, 미국의 브레턴우즈Bretton Woods에 집결한 연합국 44개국 대표가 전후 세계 경제 체제의 기본 틀을 설정하기 위한 통화금융회의를 열고 장기간 논의 끝에 작성한 최종의정서를 채택했다. 이를 기반으로 새롭게 설계된 전후 세계 경제 체제의 금융 부분은 IMF와 IBRD(국제부흥개발은행International Bank for Reconstruction and Development)*
가 관리하고, 실물 거래가 주가 되는 무역은 GATT(관세 및 무역에 관한 일
반협정General Agreement on Tariffs and Trade)**에 의해 통제되도록 체계를 정비했
다. 이후 많은 수정과 진화를 거듭하여 오면서 이들은 현재까지도 자본
주의 체제의 근간이 되고 있는데, 이를 통틀어 '브레턴우즈 체제'라고
칭한다.*** 그런데 브레턴우즈 체제는 2차대전의 원인이 전쟁 전에 있었
던 극심한 경제위기 때문이었다는 반성에서 탄생한 산물이다. 그것은 거
대한 전쟁을 불러올 만큼 2차대전 전의 경제 상황이 상당히 암울했다는
의미이기도 하다.

현재는 일국의 경제가 위기 상황에 빠지면 그것이 전 지구적인 경제위
기로 비화하는 것을 막기 위해 구제금융 등의 비상조치가 가동하지만,
2차대전 이전에는 이런 시스템이 없었다. 1920년대 말 미국에서 발생한
대공황Great Depression ****은 세계를 엄청난 고통 속에 빠뜨렸는데, 당시만

---

* IBRD는 흔히 '세계은행World Bank'으로도 불린다. IMF가 단기간의 자금을 융통해 주는
기능을 하는데 반하여 IBRD는 저개발국에 대한 저리의 자금을 장기간 대여하여 경제개
발을 돕는 것을 주목적으로 한다.
** GATT는 단계적으로 해체되어 1995년 WTO(세계무역기구World Trade Organization)로 재
탄생했는데, WTO는 GATT에 주어지지 않았던 세계무역 분쟁조정권, 관세인하 요구, 반
덤핑규제 등 막강한 법적권한과 구속력을 행사한다.
*** 미국 달러화를 기축통화로 삼고 출범한 브레턴우즈 체제는 1971년 닉슨 대통령이
금태환金兌換을 정지시키면서 와해된 것으로 보는 시각이 많다. 하지만 많은 변화가 있음
에도 IMF와 WTO를 양대 축으로 하는 기본 틀은 계속 유지되므로 엄밀히 말해 현재도
유효한 체제라 할 수 있다.
*** 1929년 미국 주식시장이 붕괴되면서 경기가 계속 후퇴하여 1932년까지 미국 노동
자의 4분의 1이 실직했다. 불황의 영향은 즉시 유럽 경제에 파급되어 독일과 영국을 비
롯한 여러 산업국가에서 수백만의 노동자들이 일자리를 잃었고, 이들 나라들은 2차대전
발발 전까지 대량 실업과 불황에 시달렸다.

해도 이런 국가 간의 경제문제를 거중조정할 장치가 없어서 국가 간 반목의 골이 커져갔다. 해외에 많은 식민지를 거느린 영국·프랑스 같은 선발 제국주의 국가들은 대외적으로는 자신들의 경제권을 배타적인 형태로 블록화하고 내부적으로는 식민지에 대한 수탈을 더욱 가속화함으로써 경제위기를 넘기려 했다. 반면 뒤늦게 제국주의 대외 침탈 경쟁에 뛰어든 일본이나 이탈리아, 그리고 제1차 세계대전에서의 패전으로 해외 식민지를 모두 잃어버린 독일은 상대적으로 이러한 세계적인 경제위기에 능동적으로 대처하기 어려웠다. 그렇다보니 자국의 통화가치를 절하하여 대외 무역에서 이익을 점하려는 무한 경쟁이 펼쳐지게 되면서 그만큼 국가 간의 반목과 고통이 더해 갔다. 한마디로 내 고통을 남이나 내가 지배하고 있는 약자들에게 최대한 전가함으로써 나만의 이익을 극대화하려 혈안이 되어있었고, 이것이 폭발한 결과가 바로 2차대전이

● 1944년, 2차대전 후 새로운 세계 경제 체제 정립을 목적으로 브레턴우즈에 연합국 대표들이 모여 개최한 국제통화회의 모습. 신체제 성립에 지대한 공을 세운 영국의 경제학자 존 케인스 John M. Keynes(오른쪽에서 두 번째)가 소련 및 유고슬라비아 대표와 환담하고 있다. 새로운 자본주의 체제를 모색하는 자리에 공산주의 국가의 대표들이 참석한 모습이 이채롭다.

라는 것이 경제학자들의 분석이다.

따라서 전후 이러한 통제 불능의 상황을 재차 반복하지 않는 것이 곧 평화라고 보았고 그러기 위해서는 전 지구를 아우르는 새로운 경제 메커니즘이 필요했다. 특히 소련으로 대표되는 공산주의의 팽창을 저지하고 자본주의의 가치를 수호하기 위해서라도 그 필요성이 더욱 대두되었다. 그만큼 2차대전은 전후 세계 경제의 시스템을 완전히 바꾸어 버렸을 정도로 엄청난 영향을 끼쳤다. 많은 전쟁사 관련 자료에서는 정치·외교·군사·이념적 측면에서 2차대전의 발발을 언급하지만, 사실 사람이 사는데 가장 중요한 요소라 할 수 있는 경제적인 문제가 사상 최대의 전쟁을 불러온 결정적인 요인들 중 하나였다. 우리는 종종 간과하는 사실이지만, 2차대전은 현재도 우리의 삶 깊은 곳까지 영향을 미치고 있는 거대한 역사다.

가장 잔인했던 전쟁

하지만 2차대전의 거대함은 전쟁으로 인한 파괴와 희생의 정도만으로도 충분히 알 수가 있다. 전쟁에 의한 직접 피해로 사망한 사람들만도 무려 5,000만 명으로 추산되고 부상자들의 규모를 추산하는 것은 불가능할 정도인데 인류사에 이보다 더 큰 인명 피해가 있었던 경우는 찾기 힘들다. 2차대전은 군인보다 민간인들의 희생이 더 컸던 최초의 전쟁이었다. 전쟁은 불가피하게 민간인의 사상을 불러오지만, 1차대전 당시까지만 해도 전방에서 싸우는 군인들에게 피해가 집중되었다. 2차대전 때는 전쟁터가 보다 입체적으로 커져 후방 깊숙이까지 확대되다 보니 전쟁이 진행되면서 무고한 보통 사람들이 너무 많이 희생되었다. 그리고 그것은 앞으로 발생할 전쟁이 그런 방향으로 진행될 수밖에 없음을 암시하는 불길한 징조이기도 했다.

더불어서 2차대전은 더 없이 잔혹한 전쟁이기도 했다. 물론 인류사를 살펴보면 몽골의 도성屠城*처럼 잔혹한 학살극이 수시로 반복하여 등장하기도 하지만 2차대전 당시에 벌어진 피바다는 인류사 최악이라 하여도 결코 틀린 말이 아닐 정도였다. 드레스덴Dresden 대공습**을 받은 독일이나 원자폭탄에 의해 참화를 당한 일본의 경우도 엄청난 민간인들이 떼죽음을 당하는 학살 수준의 참사를 겪었지만, 이러한 예는 이들 국가들이 전쟁을 일으킨 원죄가 있기 때문에 당할 수밖에 없던 인과응보에 가까웠다. 진짜로 참혹했던 것은 단지 전쟁이라는 혼란을 틈타서 인종·민족·사상이 다르다는 이유만으로 전쟁의 발발과 전혀 관련이 없는 수많은 생명들을 일부러 학살했다는 점이다.

유럽의 유대인·집시·슬라브인들이 그렇게 이유 없는 죽음을 당했고 중국을 비롯한 아시아 태평양 곳곳에서도 일본에 의한 잔인한 학살극이 벌어졌다. 엄밀히 말해 이것은 전쟁이 아니라 힘이 없는 보통의 사람들을 상대로 국가 혹은 정권이라는 거대 권력이 벌인 잔인하고도 무자비한 폭력이었을 뿐이다. 대부분의 희생이 일부 국가나 민족에 집중되었는데 2,000만의 소련인이 독일에 희생당했고, 일본의 침략을 받은 중국도

---

* 몽골군의 대외 원정 시 항복하지 않고 끝까지 저항하던 상대를 정복 후에 잔인하게 학살하고 정복지를 초토화했던 행위.
** 독일의 전쟁의지를 꺾기 위해 1945년 2월 13일부터 영국의 주도로 단행한 전략폭격. 사흘간의 폭격으로 드레스덴이 완전히 초토화되고 수많은 민간인들이 죽거나 다쳤기 때문에 이후 많은 논란을 불러일으켰다.

● 2차대전은 인간들이 만든 재난 중 가장 최악의 결과를 역사에 남겼다. 전쟁으로 인해 죽은 사람만 무려 5,000만 명으로 추산되며 그중 상당수가 잔혹하게 학살당했다. 물질적 피해도 엄청나 전쟁 전 수준으로 경제가 회복하는데 10년이 넘게 걸렸다.

2,000만이라는 어마어마한 인명 피해를 보았으며 이 중 많은 인명이 학살에 의해 비참하게 생을 마감했다. 학살극의 극치는 600만이 전문적인 학살공장에서 체계적으로 희생당한 유대인의 경우다. 이는 아무리 시간이 지나더라도 비난받아야 할 극악한 범죄이고, 여기에는 어떠한 핑계나 동정의 여지도 있을 수 없다.

물질적 피해 규모도 상상을 초월하는 수준이었다. 당시까지 지구상에서 경제적·문화적으로 가장 앞서있던 곳 대부분이 전쟁의 불바람을 피할 수 없었고 따라서 그 피해를 단시일 내 복구하기란 난망해 보였다. 길고 긴 전쟁 끝에 귀중한 평화를 얻었다는 안도감보다는 그와 함께 찾아온 굶주림과 추위로 전쟁 못지않게 고통스러웠다. 전쟁에서 패한 독일이나 일본의 경우는 말할 것도 없었지만 승자의 위치에 올라간 소련·영국·프랑스의 경우도 그 고통이 심대했다. 바다 건너에 있다 보니 본토에 총 한 발 맞지 않고 승자가 된 미국도 승자로서의 여유를 부릴 수 없었다. 2차대전 이후 전 세계의 모습은 한마디로 연기가 피어오르는 폐허와 같았다. 산이 높으면 골이 깊다는 이야기처럼 인류사 최고의 호황기라는 1960년대는 어쩌면 2차대전으로 입은 피해가 그만큼 컸음을 반증하는 예라 할 수도 있을 것이다. 이처럼 희생도 크고 피해도 극심하다 보니 2차대전은 인류사에서 쉽게 잊을 수 없는 거대한 변곡점이었다. 그런데 2차대전이 역설적으로 또 다른 큰 전쟁을 막기도 했다. 아니 사람들이 새로운 전쟁을 두려워하도록 학습시켰다.

열전으로 비화하지 않은 냉전

흉측한 인간들이 마음을 먹는다면 얼마든지 지옥을 연출할 수 있지만, 그나마 그동안 축적된 경험과 사고방식이 가끔은 이성적으로 작동하여 아직까지 2차대전을 능가하는 전쟁의 발발을 근근이 막고 있다. 아이러니하게도 인류사에 있어 가장 조마조마하고 긴장되었던 순간은 2차대전의 종전과 함께 찾아왔다고 볼 수 있다. 종전과 동시에 이념으로 갈려 급속하게 대립하게 된 세계는 오히려 전쟁 당시보다 더욱 팽팽히 편을 나누어 적대시했고 서로를 향해 겨눈 무기는 이미 2차대전 당시의 그것을 초월한 상태였다. 비록 미국과 소련이라는 중심축 간의 전면적인 대결이 없었기에 흔히 이를 '냉전Cold War'이라고 통칭하지만, 이 시기에 벌어진 동서 간의 긴박한 대립구도는 자칫하면 핵을 기반으로 하는 더 큰 전쟁을 불러왔을 개연성이 높았다.

그런데도 불구하고 열전熱戰으로 비화하지 않았던 결정적인 이유는 냉전이 2차대전의 악몽을 잊기에는 너무 빠른 시간 내에 찾아왔기 때문이었다. 인간은 망각의 동물이라 시간이 지나면 서서히 머릿속을 깨끗이 비워버린다. 좋은 기억도 그렇지만 잊기 힘들 것 같은 고통스럽고 아픈 기억도 마찬가지인데, 어쩌면 이런 생리적 현상 때문에 인간들이 과거에만 얽매이지 않고 앞으로 나갈 수 있는 것인지도 모른다. 하지만 문제는 이러한 망각이 도가 지나쳐 교훈마저도 잊어버리려 한다는 점이다. 불행 중 다행이라고 해야 할까. 냉전이 시작되었던 시점이 2차대전이 끝난 지 얼마 안 되었던 때라 전쟁의 무서움을 망각하지 않았던 상태여서 그나마 냉전으로만 끝나게 되었는지도 모른다.

이것은 1차대전의 발발 당시와 비교한다면 충분히 인지할 수 있는 부분이다. 나폴레옹 전쟁 이후 유럽에서는 강대국 간의 직접적인 충돌이 그리 많지는 않았다. 그 사이에 있던 가장 큰 전쟁이었던 보불전쟁普佛戰爭(프랑스-프로이센 전쟁Franco-Prussian War)도 프랑스와 독일 연합군의 양자 간 대결로 한정되었고 더구나 당사자였던 프로이센Preussen 주축의 독일 연합군도 당시까지는 유럽의 강대국 지위를 확고히 한 상태가 아니었다. 그나마 이 또한 1차대전 발발 당시에는 이미 40여 년 전의 과거였는데, 이것은 전쟁의 참상을 잊어버리기에는 충분히 긴 시간이었다. 어느덧 전쟁의 무서움보다는 전쟁으로 인한 막연한 영광만을 생각하게 되면서 보통의 일반 시민들마저도 악의 잔치를 찬양하는 어처구니없는 시류에 휩싸였다. 따라서 1차대전이 발발했을 당시에 세계를 좌지우지하는 유럽의 강대국들은 순식간에 앞다투어 선전포고를 하며 망설임 없이 전쟁을 개시했고 후방의 국민들은 환호했다.

● 1914년 독일의 개전 선언에 국회의사당 앞에 모여 환호하는 베를린 시민들의 모습. 이처럼 장기간 평화 뒤에 1차대전이 발발하자 전쟁을 반기는 시류가 전 세계를 휩쓸었다. 인류는 그만큼 전쟁의 무서움을 망각하고 있었던 것이다. 역설적이지만 냉전이 2차대전의 끔찍했던 기억을 잊기에는 너무나 빨리 찾아와 새로운 세계대전으로 비화하지 않을 수 있었다.

만일 냉전이 시작되기 직전의 상황이 이러했다면 어쩌면 현재의 인류는 원시시대에서 살고 있을지도 모른다. 사상 최대의 전쟁이 끝나자마자 찾아온 냉전은 인간이 그만큼 이기적이고 멍청하며 과거사에서 교훈을 얻지 못하는 동물임을 입증하는 증거가 되었지만, 그렇게 빨리 다가왔다는 것이 오히려 다행이라 할 수도 있다. 아니 전쟁의 무서움을 망각할 만큼 장기간의 평화 끝에 숨 막히는 긴장된 분위기가 도래했다면 냉전 자체가 없었을 것이고, 곧바로 실전으로 돌입하여 서로의 머리 위로 핵폭탄을 마구 날렸을 것이다.

누가 적이었나?

2차대전에 관한 자료를 살펴보면 약 50여 개국 이상이 참전했다고 하므로 '세계대전'이라는 어마어마한 호칭이 결코 모자람이 없다. 하지만 그 내용을 곰곰이 살펴보면 식민지나 괴뢰국가이기 때문에 또는 침략을 당해서 어쩔 수 없이 전쟁에 피동적으로 끌려 들어간 경우, 또는 단지 외교적으로 연합국이나 추축국에 가담한 경우를 제외하고 전쟁에 주도적으로 참전한 국가는 사실 그리 많지는 않다. 소련·미국·영국·중국·독일·일본이 사실상 전쟁의 모든 것을 이끈 당사자들이며, 여기에 조역으로 맹활약한 핀란드와 루마니아, 그리고 있으나 마나했던 이탈리아나 잠깐 얼굴만 내밀었다가 종전 시점에 다시 등장한 프랑스 같은 나라까지 합쳐도 불과 10여 개국 남짓이었다. 2차대전이 세계대전이라는 명칭에 어울리는 것은 단지 서류상의 참가국이 많아서가 아니라 앞에서도 여러 번 언급한 것처럼 그 피해와 잔혹함이 타의 추종을 불허할 정도였기 때문이다.

그리고 교전국이 불명확하거나 그때그때 달랐던 점도 2차대전의 특이점이다. 이것은 20년 전에 벌어진 1차대전과 비교할 때 확연하게 차이를 보이는 부분이다. 1차대전은 독일을 중심으로 결성된 3국동맹Triple Alliance *

과 영국·프랑스·러시아의 3국협상Triple Entente을 기반으로 하는 연합국 세력 사이에 이미 고도의 긴장관계가 형성되어 있어서 마치 휘발유 통에 불씨가 떨어진 것처럼 개전開戰의 명분을 얻자마자 여러 곳에서 거의 동시에 편을 갈라 전쟁을 빌였다. 하지만 2차대전은 그렇시 않았다. 예를 들어 2차대전의 일부로 보는 핀란드와 소련 사이에서 벌어진 겨울전쟁 Winter War(1939~1940년)과 계속전쟁Continuation War(1941~1944년)**은 성격상 추축국과 연합국 사이의 전쟁으로만 보기에는 상당히 애매한 측면이 많다. 겨울전쟁 당시에 연합국 측은 핀란드에 우호적이었지만 1년 후에 벌어진 계속전쟁에서 핀란드는 독일 편에 가담한 엄연한 추축국이었다. 따라서 영국은 비록 직접 교전을 하지는 않았지만 외교적으로 핀란드를 적국으로 대했다. 하지만 연합국의 주요 참전국인 미국은 핀란드가 독립전쟁을 하고 있는 것으로 인정하여 굳이 적국으로 여기지는 않았다.

그것은 주요 교전국 사이에서도 마찬가지로 볼 수 있는 현상이었다. 미국과 영국의 계속된 대일본 참전 요청에도 불구하고 소련은 1941년 4월 13일 체결된 일소중립조약日蘇中立條約과 독소전쟁獨蘇戰爭에 집중하겠다는 점을 명분으로 내세워 중립을 유지하다가, 종전 직전에야 전리품을 챙기기 위해 일본에 선전포고를 하고 만주滿洲, Manchuria를 침공했다. 따라서 소

---

* 1882년에 독일·오스트리아·이탈리아가 프랑스에 대항하기 위하여 체결한 비밀 군사동맹. 3국협상과 대립하여 1차대전으로 발전했으며, 전쟁이 일어나자 이탈리아가 탈퇴하여 3국협상 진영에 가담했다.

** 러시아 혁명의 혼란기를 틈타 독립에 성공한 신생국 핀란드는 발트 3국과 더불어 소련이 호시탐탐 재합병 대상으로 간주하던 곳이었다. 1939년 11월에 소련은 국경선이 레닌그라드와 너무 가깝다는 이유로 카렐리야Kareliya 지협의 할양을 요구했다 거부당하자 이를 빌미로 핀란드를 침공했다. 이것을 겨울전생 또는 제1차 소련-핀란드 전쟁이라고 한다. 여기서 패한 핀란드는 잃어버린 영토 회복을 목적으로 독일 편에 붙어 1941년 6월 독소전에 참여했는데 이를 계속전쟁 또는 제2차 소련-핀란드 전쟁이라고 한다.

● 1939년 폴란드 브레스트Brest에서 만난 독일군과 소련군의 사이좋은 모습. 당시에 이들은 동맹관계로 폴란드를 분할 점령했으나 불과 2년도 지나지 않아 격렬한 싸움을 벌이게 되었다. 이처럼 2차대전 내내 교전상대가 항상 일치했던 것은 아니었다.

련이 일본에 선전포고한 1945년 8월 8일 이전까지 소련과 일본은 적대관계가 아니었다. 또한 독일과 사상 최대의 전쟁을 벌인 소련도 1941년 6월 22일 독일의 침공을 받기 전까지 폴란드를 독일과 사이좋게 나누어 가진 동맹관계였다. 현재 대부분의 역사책에서는 당연하게도 비시 프랑스Vichy France를 독일의 괴뢰국가로 보지만, 비시 정부 수립 당시에도 반드시 그랬던 것은 아니었다. 영국 같은 경우는 비시 정부를 부인하고 런던에 수립한 '자유 프랑스Free French Forces'를 망명정부로 인정했지만, 미국은 본격적으로 전쟁에 참전하기 전까지 비시 프랑스를 합법적인 정부로 인정한 반면 샤를 드골Charles de Gaulle이 이끌던 자유 프랑스는 일종의 정치단체로만 생각했다.

또한 동서에서 추축국을 대표한 독일과 일본의 경우도 1937년 11월 방공협정防共協定*을 체결하여 한 배에 올라타기 전까지는 오히려 적대적인 관계에 가까웠다. 왜냐하면 일본이 한창 중일전쟁中日戰爭을 진행하고 있을 때 독일은 중국 국민당國民黨군을 군사적으로 지원하는 주요 세력이었기 때문이다. 상업적 거래에 가까워서 본격적인 군사원조로 보기는 애매한 측면이 있었지만 바이마르 공화국Weimarer Republik 당시나 나치 정권 초기에 많은 독일제 무기와 장비가 국민당군에 공급되었고, 바이마르 공화국군의 마지막 참모총장이었던 한스 폰 젝트Hans von Seeckt가 중국에 군사고문으로 파견되어 맹활약하기도 했다. 또한 전쟁 내내 독일과 일본은 각기 다른 지역에서 각각의 전쟁을 치러, 동맹이라 하기에는 군사적으로 그다지 연관성이 없었다. 즉, 독일과 일본은 필요에 의해 외교상 교섭으로 추축국이 되었지만 협조된 전략하에 군사동맹체의 일원으로 활약하는 모습을 보여주지는 못했다.

그런데 이러한 복마전 같은 모습은 오히려 연합국이 더했다. 전쟁 종결 후 승전국의 위치에 서게 되는 국가들이 처음으로 한편이 되었던 것은 엄밀히 말해 1943년 11월에 연이어 개최된 카이로 회담Cairo Conference과 테헤란 회담Tehran Conference 이후부터다. 카이로 회담에서 미국·영국·중국이 일본을 공동의 적으로 선언하고 연합전선을 펴기로 하면서, 중일전쟁 발발 이후 외롭게 일본과 싸웠던 중국은 처음으로 제대로 된 동지를 얻었다. 소련도 테헤란 회담을 통해 미국·영국과 공조를 펴서 독일을 상대하게 되었는데, 사실 엄밀히 말하자면 소련 입장에서 자본주의의 수호자인 미국이나 영국도 독일만큼 가까워질 수 있던 사이는 아니었고, 그것은 소련을 대하는 미국이나 영국도 마찬가지였다. 결국 '내 적의 적

---

* 1936년에 공산주의 세력의 침입을 방지하기 위하여 일본과 독일이 체결한 협정. 이듬해 이탈리아와 에스파냐, 헝가리가 가담했는데, 공산주의자들의 국제 조직인 제3인터내셔널에 대항하는 것이 목적이었다.

은 내 편'이라는 간단한 이치에 의해 공통의 적을 상대로 같이 싸우게 되었지만, 그렇게 되기까지는 위에서 소개한 것처럼 많은 우여곡절이 있었으며 시간도 오래 걸렸다. 그렇다보니 추축국과 연합국 사이에 끼어서 눈치를 보고 그때마다 상대를 바꾸어 싸웠던 핀란드·루마니아·태국 같은 약소국의 변심은 하나도 이상한 것이 아니라 할 수 있다.

전쟁은 언제 시작되었나?

2차대전의 진행 과정에서 가장 확실한 것이 종전일이다. 일본이 무조건 항복한 1945년 8월 15일을 이 거대한 전쟁이 끝난 시점으로 보는데 그 누구도 이의를 달지는 않는다. 하지만 전쟁의 시작은 보는 관점에 따라 상당히 달라진다. 많은 자료에서 독일이 폴란드를 침공한 1939년 9월 1일을 2차대전 발발일로 보지만 그렇지 않다는 의견도 많고 필자도 후자에 속한다. 그렇게 시각을 달리할 수 있는 이유는 2차대전을 '각각 성격과 지역이 달랐던 여러 전쟁들의 총합'이라고 정의할 수 있기 때문이다.

우선 2차대전의 전장은 유럽-아프리카 전구戰區, Theater와 아시아-태평양 전구로 크게 구분할 수 있다. 두 전구에서 동시에 전쟁에 임한 미국 같은 경우도 있었지만 도발의 주역인 독일과 일본은 외교적으로 정책 연대를 맺었다는 점 말고는 군사전략상 함께 공조를 취한 적도 없었던 만큼, 두 전구는 확연히 성격이 다른 별개의 전쟁이라 정의할 수 있다. 그러한 이유로 2차대전 발발일에 대한 다양한 의견이 나올 수밖에 없다.

아시아-태평양 전구는 일본이 진주만을 기습공격한 1941년 12월 7일에 시작된 것으로 아는 이들이 많은데, 중일전쟁이 시작된 1937년 7월

7일을 그 발발 시점으로 보는 것이 보다 정확하다. 하지만 이 또한 그 전초라 할 수 있는 만주사변滿洲事變, Manchurian Incident * 발발일인 1931년 9월 18일로 좀 더 앞당겨 볼 개연성도 충분하다. 사실 일본의 중국 침략은 만주사변이니 중일전쟁이니 하는 식으로 별도의 명칭을 부여하며 드문드문 새롭게 시작한 것이 아니라, 하나의 연속선상에 놓여있던 충돌 과정이라고 이해해야 옳다. 그렇다면 이론적으로 2차대전의 시작점은 1894~1895년에 있었던 청일전쟁淸日戰爭까지 거슬러 올라갈 수도 있다. 중국 역사에서 '청淸'과 '중국中國'은 전혀 다른 별개의 국가지만 그것은 단지 형식일 뿐이고, 청일전쟁이나 40년 후에 벌어진 중일전쟁 모두 교전상대가 동일하다. 오히려 영어로는 청일전쟁을 제1차 중일전쟁First Sino-Japanese War, 중일전쟁을 제2차 중일전쟁Second Sino-Japanese War으로 표현한다. 물론 전자가 조선朝鮮에 대한 헤게모니 쟁탈전 성격이 컸던데 반하여 후자는 일본의 대륙 진출 야욕이 표출된 것으로 차이가 있지만, 그러한 정치·외교적 수사를 제하고 단지 전쟁만 놓고 본다면 결코 떼어 놓을 수 없는 하나의 과정이다.

유럽-아프리카 전구도 당연히 다양한 의견이 나올 수 있다. 분명히 나치 독일의 대외 침략은 1939년 9월 1일 폴란드가 최초가 아니기 때문이다. 그 전에 있었던 독일의 오스트리아 합병이나 체코슬로바키아의 주데텐란트Sudetenland 점령을 군사적 충돌 없이 외교적으로 이루어졌다는 이유로 2차대전의 시작에서 배제한다면 그것은 커다란 오산이다. 위 사례들

---

* 1931년 류탸오후 사건柳條湖事件을 계기로 시작한 일본군의 중국 동북 지방에 대한 침략전쟁. 일본의 관동군關東軍은 동북 3성[랴오닝 성(요령성遼寧省), 지린 성(길림성吉林省), 헤이룽장 성(흑룡강성黑龍江省)]을 점령하고 이듬해 내몽골의 러허 성(열하성熱河省) 지역을 포함하는 만주국滿洲國을 수립했는데, 이는 그 후 중일전쟁의 발단이 되었다.

● 1939년 9월 1일, 폴란드를 침공하는 독일군을 사열하는 히틀러. 대다수의 사료에서는 이날을 2차 대전의 발발일로 보지만 전쟁의 과정과 성격을 고려한다면 그렇게 단정하기도 애매모호하다.

이 침략이 아니라면 과연 그 무엇으로 정의할 수 있다는 말인가? 이들 지역의 병합 당시에 제일 먼저 해당 국가나 지역을 접수한 것은 외교관이나 행정가들이 아닌 독일의 군대, 즉 무력이었다. 그들은 국경을 넘어 거침없이 진군하여 들어갔다. 그 과정에 있어 단지 교전이 없었다고 이것을 전쟁으로 볼 수 없다는 것은 말이 되지 않는다. 『전쟁론Vom Kriege』으로 유명한 칼 폰 클라우제비츠Carl von Clausewitz는 "전쟁은 정치적 수단과는 다른 수단으로 계속되는 정치에 불과하다"고 역설했다. 이것을 반대로 생각하면 정치적 수단만으로도 전쟁과 같은 행위를 충분히 발휘할 수 있다는 의미이고, 역사에서 그러한 예를 찾기란 그리 어려운 일도 아니다. 때문에 독일의 주변국 진출은 명백한 침략행위였고 그것이 정치·외교적이었는지 아니었는지는 중요하지 않다. 더구나 독일이 그들의 군대를 제일 먼저 움직였고 그것은 부인할 수 없는 전쟁행위였다.

그런 관점에서 본다면 이보다 조금 앞선 1936년 3월 7일에 있던 라인란트Rheinland 진주 사건도 여기에 포함될 수 있다. 비록 라인란트가 독일 영토이기는 했지만 1차대전 이후 연합국이 군대를 주둔시키고 관리하는 특별지역*이었으므로 독일군의 진주는 명백한 군사적 도발행위였고, 독일의 이러한 군사적 행동에 프랑스와 영국은 군사적으로 맞대응할 명분이 있었다. 더불어 만일 연합국이 군사적으로 대응한다면 즉각 라인란트에서 후퇴한다는 독일 내부 방침도 있었기 때문에 확전될 가능성도 크지 않았다. 하지만 소심했던 연합국이 응징을 포기했기 때문에 전쟁으로 비화하지 않았고, 군대를 동원한 침략행위는 그렇게 일찍 시작되었다. 하지만 이러한 견해도 독일을 개전의 주인공으로 놓고 보았을 때의 이야기다.

이미 시작된 전쟁

2차대전에서 군사적으로는 무능의 극치를 선보이며 조연에 불과했지만 전쟁의 발발이나 정치·외교적으로 커다란 발자국을 남긴 나라가 이탈리아다. 교과서 같은 총론 수준의 세계사에서 2차대전의 원인을 논할 때 등장하는 것이 추후 전쟁의 주요 당사자가 되는 독일·이탈리아·일본·소련을 지배한 전체주의全體主義, Totalitarianism **의 대두다. 혁명 후 최초

---

* 로카르노 조약Pact of Locarno에 의해 연합국 군대가 1930년 철수하는 대신 라인란트는 영구 비무장지대로 설정되었다.
** 개인의 모든 활동은 민족·국가와 같은 전체의 존립과 발전을 위해서만 존재한다는 이념 아래 개인의 자유를 억압하는 사상.

의 공산주의 국가가 된 소련은 프롤레타리아 독재 체제를 기반으로 하는 정치체계에 더해서 대숙청^{Great Purge}*이라는 피바다를 연출하며 극좌 전체주의의 선본장이 되었던 반면, 독일·이탈리아·일본의 경우는 조금씩 차이가 있지만 군국주의軍國主義**를 신봉한 극우 전체주의 국가들이었다. 그중 파시스트^{Fascist}가 정권을 장악한 이탈리아는 극우 이념의 선봉장이라 해도 과언이 아니다. 나치가 1930년대에 들어 혼란한 정치상황을 틈타 정권을 획득한 것에 반하여, 이탈리아는 베니토 무솔리니^{Benito Mussolini}가 이미 1919년부터 극우 이념을 이론화하고 1922년에 정권을 획득했을 만큼 극우 전체주의의 선구자적 국가였다. 또한 에스파냐 내전^{Guerra Civil Española}에 처음부터 군사적으로 적극 개입하여 극우 독재이념을 전파하는데도 앞장섰다.

이탈리아의 대외 침략은 이미 오래전에 개시되었고, 이것도 엄연한 2차대전의 일부라고 볼 수 있다. 흔히 2차대전에서 '아프리카' 하면 에르빈 롬멜^{Erwin Rommel}의 독일아프리카군단^{DAK, Deutsches Afrikakorps}을 떠올리겠지만, 원래 북아프리카에서의 전쟁은 이탈리아가 먼저 판을 벌인 것이었다. 1차대전 승전국이었음에도 전후 처리과정에서 소외되었다고 생각하던 이탈리아는 적극적인 대외 팽창을 추진했는데, 그 예로 유럽의 지배로부터 벗어나 있던 아프리카의 독립국 에티오피아^{Ethiopia}를 1935년 침공하여 식민지화했다. 비록 이 전쟁을 2차대전과 별개로 보기는 하지만 이 당시에 드러난 이탈리아의 호전성은 세계에 많은 우려를 안겨주어 세계대전의 또 다른 도화선이 되었다고 평가한다. 왜냐하면 침략행위를 벌였

---

* 소련에서 스탈린 정권 중기인 1930~1938년 일어난 반스탈린과 숙청 사건.
** 국가의 가장 중요한 목적을 군사력에 의한 대외 발전에 두고 전쟁과 그 준비를 위한 정책이나 제도를 국민 생활 속에서 최상위에 두려는 이념, 또는 그에 따른 정치 체제.

음에도 이탈리아에 가해진 제재는 거의 없었고, 결론적으로 이러한 국제적인 무관심이 이탈리아의 도발의지를 더욱 증폭시켰기 때문이다. 더불어 이를 부러워하며 지켜보던 나치 독일에게도 과감하게 침략에 나설 수 있는 용기를 북돋아주었다.

때문에 영국이 독일군에게 연일 런던이 폭격당하는 어려움에 빠지자, 이탈리아가 이 틈을 노려 이집트를 공격한 것은 어쩌면 당연한 수순이었다. 그런데 이때까지만 해도 북아프리카 전쟁은 이탈리아 식민지군과 영국 원정군 사이의 국지전으로 끝날 가능성도 컸다. 하지만 인간의 욕심은 그렇지 못했고 종국적으로는 독일과 미국은 물론 프랑스 식민지군들까지 얽히고설켜서 이전투구를 벌이는 상황으로까지 확대되어 잔인한 2차대전의 일부가 되어버렸다. 비록 이탈리아는 전쟁 과정 중에 군사적 무능만 연출했고 1943년, 연합국에 제일 먼저 항복하여 독일의 괴뢰정권*과 내전을 벌이는 한심한 처지로까지 급속히 추락했지만 전쟁의 시작을 논함에 있어 결코 빠질 수 없는 커다란 한 획을 역사에 남겼다.

그렇다면 지금까지 언급한 것처럼 2차대전의 시작을 언제로 볼 것인지는 상당히 혼란스러운 문제가 된다. 이러한 논제에 대해 단지 물리적으로 침략을 자행한 날짜만을 따지기 보다는 전쟁을 개시한 자가 전쟁을 하고자 하는, 혹은 할 수밖에 없었던 여건이 조성된 시점부터 파악하는 것이 올바른 방법이 아닐까 생각한다.

---

* 연합군이 본토에 상륙하자 이탈리아는 무솔리니를 축출하고 1943년 9월 3일 항복했다. 그러자 히틀러는 이탈리아 북부에 독일군을 파병함과 동시에 괴뢰정부인 이탈리아 사회주의 공화국Republica Sociale Italiana을 세워 무솔리니를 지도자로 내세웠다. 결국 이후 이탈리아 전역은 연합군과 독일군의 전쟁 외에도 내전이 가미된 복잡한 성격의 전쟁으로 변했다.

● 1935년 10월에 개시된 이탈리아의 에티오피아 침공도 2차대전의 일부라 할 수 있다. 비록 에티오피아를 전쟁의 주요 당사국으로 보기는 힘들지만 공간적으로는 추축국과 연합국이 충돌한 전장이었다. 에티오피아를 비롯한 동아프리카는 1941년 영국에 의해 해방되어 2차대전 중 추축국의 지배를 가장 먼저 벗어난 지역이 되었다.

많은 역사학자들은 한쪽에게만 너무 불리했던 베르사유 조약Treaty of Versailles *이 장차 일어날 전쟁을 이미 내포하고 있었다고 주장하는데, 필자 역시 이러한 의견에 적극 찬동한다. 그렇다면 베르사유 체제를 가져오게 된 1차대전에서부터 2차대전의 원인을 찾을 수도 있다. 때문에 '전쟁 간의 시기Inter War(1919~1939년)'로 불리는 20여 년은 오히려 휴전 기간으로 보는 것이 맞다. 또한 2차대전의 교전상대와 1차대전의 교전상대가 상당히 많이 일치하는데, 그것은 1차대전이 완벽하게 마무리되지 않은 채 끝났음을 의미하는 증거이기도 하다. 즉, 20년이나 지나고도 더 치열하게 싸울 이유가 충분했을 만큼 베르사유 조약은 평화를 담보할 수 없었던 한낱 종잇조각에 불과했던 것이다.

─────────

＊1919년에 베르사유 궁전에서 1차대전의 전후 처리를 위하여 연합국과 독일이 맺은 평화 조약. 전쟁 책임이 독일에 있다고 규정하고 독일의 영토 축소, 군비 제한, 배상 의무, 해외 식민지의 포기 따위의 조항과 함께 국제연맹의 설립안이 포함되었다.

그렇다면 1차대전의 발발 원인이었던 선·후발 제국주의 세력 간의 치열했던 경쟁에서 이미 사상 최대의 전쟁은 예고되고 있었는지도 모른다. 그것은 앞에서 언급했던 것처럼 아시아-태평양 전구의 시작점이라 주장할 수 있는 청일전쟁과도 어느 정도 일맥상통하며, 그런 점에서 본다면 이탈리아의 아프리카 진출도 비슷한 측면이 있다. 1935년에 있었던 이탈리아의 에티오피아 침공을 영문으로 제2차 이탈리아-아비시니아 전쟁Second Italo-Abyssinian War *으로 표기하는 것에서 알 수 있듯이 이것은 결코 새로운 도발이 아니었고, 오히려 실패로 막을 내린 1895년 제1차 이탈리아-아비시니아 전쟁First Italo-Abyssinian War의 연장선상에 있었기 때문이다. 그렇다면 첨예한 제국주의 경쟁이 절정에 달한 19세기 말부터 이어온 여러 국지적인 분쟁이 응축되어 일거에 폭발한 것이 바로 서양에서 '대전쟁Great War'으로 불리는 1차대전이고, 그것이 완전히 끝을 맺지 못한 채 잠시간의 휴전 기간처럼 많은 문제점을 가지고 방치되다 더욱 크게 증폭되어 열전으로 비화한 것이 2차대전이 아닐까 생각한다. 히틀러나 무솔리니 그리고 일본 군국주의자들처럼 전쟁을 개시한 이들에게 1차적인 책임을 물을 수 있지만, 사상 최대의 전쟁이 그만큼 오랜 기간에 걸쳐 쌓인 적대감이 없이는 벌어질 수도 없는 것이기 때문이다.

여러 전쟁들의 총합

위에서 언급한 내용은 개전에 대한 상당히 추상적인 접근방법이라 할 수

＊아비시니아Abyssinia는 에티오피아의 옛 이름이다.

있다. 예로 들었던 똑같이 1895년에 발발한 청일전쟁이나 제1차 이탈리아-아비시니아 전쟁이 2차대전의 연장선상에 있다고 볼 수도 있지만, 그렇다고 2차대전의 시작점이라고 단정하기에는 직접적인 연관성이 그리 많지 않은 것도 사실이다. 또한 수많은 역사학자들이 1차대전과 구분지어 분명히 2차대전이라 정의하는 것도 선을 그을 수 있는 분명한 차이가 있기 때문이다. 하지만 앞서도 주장했듯이 독일이 폴란드를 침공한 1939년 9월 1일을 2차대전 발발일로 인정하기에는 개운치는 않다. 그렇다면 2차대전은 대략 1930년대 발발한 여러 전쟁들 중에서도 1945년 일본의 무조건 항복으로 함께 그 끝을 맺게 되는 여러 전쟁들의 총합이라고 보면 크게 문제가 없을 것이라 생각한다.

그런데 동시대에 벌어진 모든 충돌이 2차대전과 연결되는 것은 아니다. 만주사변은 분명히 2차대전의 일부지만 1936년에 발발한 에스파냐 내전은 2차대전에 포함될 수 없다. 에스파냐 내전은 내전이면서도 2차대전의 주역인 소련·이탈리아·독일 등이 직접 간여하기도 했던 거대한 국제전이었다. 비록 2차대전 기간 중 의용군의 형식을 빌려 독일군을 지원했지만 정치·외교적으로 에스파냐는 철저히 중립을 유지하여 에스파냐 내전이 2차대전의 일부가 되지 않도록 만들었다. 여러 지류가 합쳐져서 강의 본류가 되지만 이와 직접 연결되지 않는 지류들도 있는데, 에스파냐 내전도 그러한 경우라 볼 수 있다. 그렇다면 어떠한 전쟁이나 분쟁이 2차대전에 포함되는지부터 살펴보아야 한다.

먼저 유럽-아프리카 전구를 발발 순으로 살펴보면 이탈리아의 에티오피아 침공(1935년), 독일의 오스트리아 무혈합병(1938년), 독일의 체코슬로바키아 무혈합병(1939년), 독일의 폴란드 침공(1939년), 소련의 폴란드·발트 3국* 침공(1939년), 소련의 핀란드 침공(겨울전쟁, 1939년), 독일의 덴마크·노르웨이 침공(1940년), 독일의 프랑스 침공(1940년), 독일의 영국 침공(영국본토항공전, 1940년), 이탈리아의 이집트 침공(1940년), 독일 및 추축국의 발칸Balkan 반도 침공(1941년), 독일 및 추축국의 소련 침공(1941년), 미국의 북아프리카 침공(1942년), 연합국의 이탈리아 침공(1943년), 연합국의 프랑스 침공(1944년)으로 세분화할 수 있다. 엄밀히 말해 별개의 전장이었던 아시아–태평양 전구는 일본의 중국 침공(만주사변, 1931년), 일본의 소련 침공(노몽한 사건, 1939년), 일본의 미국 침공(1941년), 일본의 동남아시아 침공(1941년), 소련의 일본 침공(만주 침공, 1945년) 등으로 각기 나누어 볼 수 있다.

각각의 전쟁은 2차대전의 대부분이라 칭할 수 있는 독소전쟁처럼 엄청난 규모의 충돌도 있었지만 노몽한 사건**처럼 우발적인 국경 분쟁과 주데텐란트 할양처럼 정치·외교적인 도발도 있었다. 그리고 엄밀히 말해 각각의 전쟁은 처음에는 개별적인 사건으로 연관성이 그리 많아 보이지는 않았고 최초에 편을 나누어 싸운 상대도 그때마다 차이도 있었지만, 시간이 흘러갈수록 결국 하나로 모아져 끝을 맺게 되었다. 예를 들어 1940년에 있었던 프랑스의 몰락과 1944년의 노르망디Normandie 상륙작전은 엄밀히 말해 성격이 다른 별개의 사건이지만, 프랑스라는 공간에서 4년이라는 시차를 두고 벌어진 하나의 과정으로 보는 경향도 많다. 그런 점에서 전쟁 자체로는 종국적으로 아무런 관련이 없어 보이는 유럽–아프리카 전구와 아시아–태평양 전구도 하나로 모을 수 있는 것이고 그것

---

* 발트 해 동쪽 연안에 있는 세 공화국(에스토니아Estonia, 라트비아Latvia, 리투아니아Lithuania)을 통틀어 이르는 말.
** 일명 할힌골 전투Battles of Khalkhin Gol. 1939년 5월부터 8월까지 몽골과 만주국의 국경 지대인 할힌골 강 유역에서 소련군과 몽골군이 일본 관동군 및 만주국군과 교전한 사건.

● 얼마 후 만주사변을 일으키는 일본 관동군이 1931년 9월 1일 무크덴Mukden(지금의 선양瀋陽)으로 진군하고 있다. 만주사변 이후 제국주의 일본이 국제사회에 보여준 도발적인 행태는 이탈리아와 독일의 호전성에 불을 지피는 촉매제가 되었고, 결국 이들은 추축국으로 하나가 되어 세계를 상대로 전쟁을 벌이는 악의 축이 되었다. 그러므로 시기적으로만 따진다면 만주사변을 2차대전의 시작점으로 보는 것이 타당하다.

이 바로 2차대전이다.

그렇다면 시작을 1931년 9월 18일에 있었던 일본의 만주 침공을 2차대전의 본격적인 시작이라 이야기해도 크게 무리는 없어 보인다. 이때 일본은 침략을 비난하는 국제사회를 조롱하고 국제연맹國際聯盟, League of Nations *을 탈퇴하여 버렸는데, 이런 행위를 1935년 에티오피아를 침략한 이탈리아가 따라하게 된다. 그리고 침략자 일본과 이탈리아를 수수방관한 국제사

* 1차대전 승전국을 주축으로 국제 평화유지를 위해 1920년 결성된 국제기구. 1946년 국제연합國際聯合, United Nation 결성 후 자산과 일부 산하기관을 이양하고 해체되었다.

회의 무능함을 확인한 나치 독일에게 본격적인 대외 도발에 나설 수 있도록 자신감을 불어넣어 주었다. 이렇게 '악의 축'으로 몰리게 된 이들이 1937년 방공협정을 맺어 한 배에 타고 이후 한발 더 나아가 1940년 3국 군사동맹Tripartite Pact을 맺게 되었다. 그 이후 1941년에 있었던 일본의 진주만 공격은 결국 추축국과 연합국의 구도로 세계를 완전히 나누어 버리는 결정적인 전환점이 되었고, 이때부터 전쟁의 성격은 오히려 단순화되었다.

어떻게 조망할 것인가?

지금까지 설명한 것처럼 2차대전은 워낙 규모가 크고 성격이 시시로 변했기 때문에 전쟁 전체를 거시적으로 조망하기가 상당히 힘든 전쟁이기도 하다. 반면 규모 면에서 조금 작기는 하지만 역시 어마어마했던 1차대전은 전쟁의 시작과 끝을 쉽게 단순화할 수 있다. 1차대전은 이미 편을 갈라 팽팽히 대립하고 있다가 즉각 전쟁에 돌입했을 만큼 처음부터 상대가 철저하게 나뉘어 있었고 전쟁의 종결까지 이 패턴으로 진행되었기 때문이다. 하지만 2차대전에서는 강철동맹을 맺어 침략의 주역으로 활약한 독일·이탈리아·일본의 3국 외에는 성격이 모호한 나라들이 많았다. 사실 처음부터 끝까지 독일과 맞섰던 나라도 영국 외에는 없었다. 그렇게 된 첫 번째 이유는 소련의 존재 때문이다. 1941년 이후 소련이 독일과 가장 커다란 전쟁을 벌이며 제3제국*의 팽창을 적극 저지하고는 있었지만 단지 그 이유만으로 영국이 덥석 소련과 한 배에 올라 나치를 향해 공동전선을 펼치기에는 상당히 껄끄러웠다. 전쟁 전 자본주의를 대표하

는 영국을 위시한 서유럽은 공산주의 종주국 소련을 불가촉 국가로 취급했고, 반대로 소련은 자본주의를 공공연히 타도대상으로 규정했다. 이처럼 체제가 워낙 달라서 단지 독일 때문에 이들이 마음 놓고 함께하기는 곤란했다.

두 번째로는 프랑스처럼 같은 이념을 공유하며 독일이나 일본과 맞설 수 있던 많은 나라들이 대부분 전쟁 초기에 몰락했기 때문이다. 결국 영국은 전쟁 시작 전부터 독일과 적대 관계에 있었으며 몰락하지 않고 끝까지 싸워서 승리한 유일한 국가였다.

● 1920년대 제작된 소련의 선전 포스터. 2차대전 발발 전 소련은 서유럽 자본주의 세력에 대한 극도의 적대감을 공공연히 표출했고, 서방의 자본주의 국가들도 소련을 불가촉 국가로 취급했다. 따라서 나치라는 공동의 적이 생겼다고 소련과 영국이 쉽게 한편이 되기는 힘들었다.

그렇다면 2차대전은 각각의 세부적인 전쟁을 고찰하고 이를 합하여 전체를 조망하는 방법으로 접근해야 이해가 쉽다. 그러다보면 전혀 연관이 없는 것 같은 1940년 프랑스의 몰락이나 1941년에 개시된 독소전쟁이 내재적으로 밀접한 관련이 있음을 알 수 있다. 프랑스의 몰락은 이전까

---

* 신성로마제국(제1제국, 962~1806년), 비스마르크Bismarck가 달성한 통일 이후의 독일 제국(제2제국, 1871~1918년)과 구분하여 나치 통치 시기(1933~1945년)의 독일을 의미한다.

● 세계 여러 곳에서 각각 벌어졌던 여러 전쟁들은 결국 2차대전이라는 거대한 물줄기로 합쳐져 1945년 일본의 무조건 항복으로 끝을 맺게 되었다. 사진은 일본 외무대신 시게미쓰 마모루重光葵가 항복문서에 서명하는 모습.

지 겉으로는 강한 척했지만 내심 주변국들에 대해 일말의 두려움을 가지고 있던 독일이 본격적으로 팽창하는 극적인 전환점이었다. 프랑스가 정리되자 독일은 마음 놓고 궁극적인 목표인 소련과 일전을 벌일 수 있었다. 만일 독일이 프랑스 침공전에서 패하거나 지구전에 빠졌다면 당연히 독소전쟁은 없었을 것이고 2차대전이라는 단어도 등장하지 않았을 것이다. 이처럼 여러 전쟁이 모여 있는 2차대전이라는 거대한 전쟁은 비슷한 시기에 세계의 이곳저곳에서 따로 벌어진 여러 개의 전쟁들이 결국 하나로 합쳐져 끝을 맺는 과정이다.

그런데 어떤 이야기나 드라마라도 주인공과 조연은 구별이 되는데, 그것은 전쟁이라는 상황에서도 마찬가지다. 따라서 수많은 여러 전쟁의 총합이라 할 수 있는 2차대전 중에서도 주인공이 되는 전장과 그렇지 못한 전장은 분명히 구분된다. 사실 폭탄이 난무하는 최전선에서 목숨을 걸고 싸우는 병사들이나 이유 없이 학살을 당했던 무고한 시민들의 입장에서 그러한 구분은 아무런 의미가 없지만, 전략적인 의미에서 2차대전을 거시적으로 내려다보면 전쟁 전체에 커다란 물길을 남긴 전쟁터가 분명히 걸러질 수 있다. 예를 들어 북아프리카 전쟁이 2차대전 전체에서 차지하는 비중을 거의 같은 시기에 벌어진 독소전쟁과 평면적으로 비교하기는 힘들다. 물론 판이 크고 많은 병력이 동원되었다고 해서 무조건 비중이 크다고는 볼 수 없지만, 예로 든 북아프리카 전쟁은 독일의 입장에서 볼 때 굳이 참가할 필요가 없었던 무의미한 전쟁으로 오히려 독일에 부담만 안겨주었다.

그렇다면 2차대전 전체에 커다란 변혁을 이룬 중요한 전역戰役, Campaign만 살펴보아도 전쟁 전체를 조망하고 이해할 수 있다. 물론 전쟁을 연구하고 바라보는 이들마다 관점이 철저히 갈릴 수 있고, 어쩌면 이런 시각은 당연하다. 예를 들자면 2차대전을 '대애국전쟁Great Patriot War'이라고 지칭하는 소련에서는 독소전쟁 중에 있었던 수많은 전투에 대해 상당한 의의를 부여하지만, 영국인들은 폭탄의 불벼락에서도 굴하지 않고 공군만의 전투로 적의 침략의지를 꺾어버린 영국본토항공전Battle of Britain을 더욱 중요하게 생각한다. 이런 시각은 전쟁 당사국들의 자부심이 반영된 의견이기도 하고 고난을 극복하고 승리를 쟁취한 이들이 당연히 누릴 수 있는 권리이기도 하다. 그런 점에서 볼 때 필자와 같은 제3자는 이러한 편향된 시각에서 벗어나 2차대전을 조망할 수 있는 입장이다. 어차피 역사는 해석만 가능하지 정답이 있을 수 없으므로 많은 차이가 있겠지만 필자는 1940년에 있었던 독일의 프랑스 침공전, 독소전쟁 중 클라이맥스라 할 수 있던 1942년의 동부전선 그리고 같은 해 태평양 일대에서 벌어진 일련의 공방전을 2차대전의 향방을 결정지은 역사적인 사건들로 평가한다.

전쟁의 전환점

우선 1940년에 있었던 프랑스 전역을 2차대전의 가장 극적이었던 순간 이라 손꼽는데 주저하지 않는 이유는 전쟁의 첫 번째 주체였던 나치 독일의 모습이 이 전역을 전후로 엄청나게 달라지기 때문이었다. 대부분의 전쟁사 관련 자료는 승자였던 독일의 놀라웠던 '전격전^{Blitzkrieg}'과 강대국 프랑스의 한심한 몰락을 언급하는 것으로 프랑스 전역을 간략히 설명한다. 그만큼 2차대전 전체에 비해 교전 기간도 가장 짧았던 편에 속하고 교전 당사국들의 피해 규모도 적었다. 하지만 만일 프랑스가 그렇게 쉽게 몰락하지 않았다면 2차대전으로 정의하는 이후 벌어진 일련의 비극도 없었을 가능성이 컸다. 한마디로 1940년 프랑스 전역은 2차대전 전체의 전환점이라 하여도 과언이 아니고 그래서 그 의의도 크다.

그런데 2차대전이라는 거대한 전쟁이 단지 하나의 전환점으로만 이루어지지는 않았다. 공교롭게도 프랑스 전역 이후 벌어진 전쟁들은 상상을 추월할 만큼 팽창했다. 기간도 길고 규모 자체가 워낙 커지다보니 그렇게 변한 것인데, 앞서 언급한 독소 전역이나 아시아-태평양 전구에서 벌어진 태평양 전역은 단순히 하나의 전역으로 표기하기에는 너무나 어마어마하다. 이런 경우에는 전역 내에서 벌어졌던 수많은 전투들을 이해해야 전역 전체를 이해할 수 있는 경우도 왕왕 있다. 왜냐하면 각각 별개의 전쟁이기도 했던 전역들 자체가 다양한 규모의 수많은 전투$^{戰鬪, Battle}$들로 구성되어있기 때문이다. 비록 다 같이 '전투'라고 표기했지만 키예프^{Kiev} 전투, 세바스토폴^{Sevastopol} 전투처럼 역사를 바꾼 엄청난 규모의 전투도 있고, 반면 후방에서 점령군이 파르티잔^{Partizan}*과 벌인 이름 모를 수많은 소규모 전투도 있다. 그 중에서도 1940년 프랑스 전역 못지않게 2차대전의 방향을 틀어버린 극적인 전투들이 1942년 태평양과 유럽에서 동시에 벌어졌다.

1941년 12월 7일 일본의 진주만 공격으로 2차대전의 불길은 태평양으로까지 확대되었다. 그런데 군사적으로 볼 때, 태평양 전역은 발발부터가 전혀 새로운 방식의 전쟁이었다. 새롭게 바다의 제왕으로 떠오른 항공모함이 전쟁의 주인공으로 등장하면서 해전의 패러다임이 바뀌었기 때문이었다. 그리고 1942년에 연이어 벌어진 항공모함 함대를 주축으로 하는 격전은 사상 최대의 해전들이었다. 물론 동원된 함선의 규모로만 따지면 1944년 레이테^{Leyte} 만 일대에서 벌어진 해전의 규모가 더 크지만 그 의의는 사뭇 다르다. 이때는 미군의 전력이 일본을 완전히 압도하여 이미 일본이 이길 가능성이 전무했던 시점이었다. 반면 산호해^{Coral Sea}, 미드웨이^{Midway}, 솔로몬^{Solomon}, 산타크루즈^{Santa Cruz} 일대에서 연이어 격돌이 벌어진 1942년의 태평양 전역은 그야말로 용호상박龍虎相搏의 형국이었고 결국 그러한 소모전에서 일본이 백기를 들게 되면서 지난 1931년 만주 침공 이후 욱일승천旭日昇天하던 일본의 기세가 꺾였다. 그만큼 커다란 의의를 지닌 전쟁의 전환점이었다 할 수 있다.

대부분의 전쟁사 관련 자료를 보면 1942년 태평양에서 벌어진 일련의

---

* 적의 배후에서 통신·교통 시설을 파괴하거나 무기나 물자를 탈취하고 인명을 살상하는 비정규군.

● 스탈린그라드 전투에서 승리한 후 붉은 깃발을 흔드는 소련군의 모습. 2차대전 동안 무수한 전투가 세계 곳곳에서 벌어졌고 그 경중은 일일이 따질 수 없지만, 이 전투처럼 전쟁의 균형추를 바꾼 역사적인 순간이 분명히 존재했다.

해전을 각각 별개로 기록하고 그 중에서도 정점인 미드웨이 해전Battle of Midway을 가장 중요했던 전투로 취급하는 경향이 있다. 하지만 필자의 시각은 조금 다른데, 그 이유는 전투공간이 엄청나게 떨어져 직접 연결하기는 곤란할 것 같은 이들 전투들은 사실 궁극적으로 하나로 연결된 해전들이기 때문이다. 옥쇄로 상징되는 태평양전쟁 후기에 있었던 피 말리는 잔인한 상륙전들과 달리 해상에서의 전투는 고정된 장소가 아닌 기동력이 있는 군함들이 주인공이 되므로, 장소만 다를 뿐이지 싸움의 주인공들이 그다지 차이가 나지 않고 또한 1942년의 해전들은 목적도 매번 같았다. 마치 1년 내내 세계 유수의 골프장을 돌면서 거의 같은 선수들이 경기를 벌이는 PGA투어에 비유할 수 있겠다. 즉, 1942년의 여러 해전들은 항공모함을 중심으로 하는 적의 주력함대를 격멸하기 위한 전투였고, 조금씩 차이가 나지만 매 전투마다 등장했던 주역들이 거의 같았다.

특히 1942년까지만 하더라도 전시 물자가 쏟아져 나오기 전이었던 미국과 건곤일척(乾坤一擲)의 도전을 벌였던 일본은 개전 당시에 가지고 있던 전력을 차례로 소모하며 전투에 임하는 모양새였다. 따라서 1942년의 해전을 하나의 범주로 놓고 고찰해야 태평양전쟁의 진정한 전환점을 이해할 수 있다.

미국과 일본이 거대한 태평양을 옮겨 다니면서 혈전을 벌였던 바로 그해에 그 자체만으로도 하나의 전쟁이었던 스탈린그라드Stalingrad 전투도 벌어졌다. 같은 시기에 태평양에서 벌어진 일련의 해전들이 거대한 공간을 최대한 이용한 기동전이었다면, 남부 러시아 한가운데서 벌어진 스탈린그라드 전투는 좁은 공간에 모든 것을 쏟아부으며 끝장을 보려 했던 미친 인간들의 경쟁심이 만들어낸 지옥이었다. 이후 전쟁은 3년간 더 계속되었지만 스탈린그라드는 독일이 올라갈 수 있었던 최정점이었다. 1940년 프랑스 전역이 독일의 승천을 의미하는 변곡점이었다면 1942년 스탈린그라드 전투는 2차대전을 개시한 독일의 몰락을 알리는 전주곡이었다. 독소전쟁은 2차대전의 일부로 취급되지만, 사실 2차대전의 전부라고 해도 결코 과언이 아닌 인류사의 엄청난 사건이었다. 그리고 그중 1942년 스탈린그라드에서 있었던 비극적인 역사는 독소전쟁의 모든 것을 알 수 있는 축소판이기도 했다.

아무리 거대한 전쟁이라도 연극처럼 기승전결(起承轉結)의 단계가 있는데, 그러한 단계가 바로 중요한 전환점이다. 전환점은 평야지대에 갑자기 솟아오른 하나의 봉우리같이 유일무이한 경우도 있지만, 2차대전같이 엄청난 규모의 전쟁에서는 오르막 내리막이 길게 이어진 능선처럼 여러 차례의 전환점들이 있을 수밖에 없다. 또한 전환점이라는 의미는 터지기 전의 풍선처럼 가장 크고 조마조마한 순간이라고도 해석할 수 있으므로 이러한 위기의 순간을 어떻게 넘었나에 따라 앞으로의 모든 것이 결정되었다.

앞으로의 이야기는 이와 같이 2차대전의 극적인 전환점이 되었던 세 가지 사건의 기록들이다. 물론 1940년 프랑스, 1942년 태평양과 스탈린그라드에서 있었던 에피소드들만으로 2차대전의 모든 것을 한 번에 알 수는 없다. 하지만 거대했던 2차대전의 흐름을 이해하는데 조금은 도움이 될 것으로 생각한다.

1940년
프랑스

결정적 계기

두말할 것 없이 2차대전의 모든 전역 중 최고의 아비규환은 독소전쟁이었다. 굳이 2차대전이라는 범주에 포함하지 않고 따로 떼어 놓고 보더라도 인류사에 이보다 더 무서운 전쟁은 없었다. 일단 전장의 크기가 크기도 했지만 투입된 병력과 물자도 엄청났고 그 결과로 얻은 피해는 상상을 초월할 정도였다. 이 전쟁에서 죽은 소련인들이 무려 2,000만에 달한다는 사실 하나만 갖고도 그 참혹함을 충분히 유추할 만하다. 더구나 독소전쟁의 직접적인 결과로 전후 50여 년간 냉전시대가 찾아왔고, 한반도는 아직도 그 여파에서 완전히 벗어나지 못하고 있다.

  아돌프 히틀러Adolf Hitler에게 있어 소련은 궁극적으로 처단해야 할 마지막 목표였으므로 이 전쟁은 오래전부터 예견되어 있었는지도 모른다. 하지만 1933년 히틀러가 정권을 잡았을 당시에 독일은 전쟁을 벌일 아무런 준비도 되어있지 않았다. 아니 베르사유 조약에 의거하여 지난 10여 년간 가해진 군비 제한으로, 독일은 대외 도발은커녕 주변국의 군사적 압박조차 막아내기 힘들 정도로 약해져 있던 상태였다. 본격적인 대외 팽창을 시도하기 시작한 1930년대에 히틀러에게 대놓고 반대했던 세력이 바로 독일 군부였다. 1934년 히틀러가 오스트리아 합병 의지를 노골적으로 드러냈을 때만 해도, 당시에는 동맹관계가 아니었던 무솔리니의 이탈리아가 독일의 팽창을 반대하며 군사 개입까지 언급하자 꼬리를 내려놓았을 만큼 독일은 약했다. 비록 1935년 재군비再軍備를 선언한 후 급속도로 커갔지만, 독일 군부는 아직도 주변의 프랑스나 소련과의 충돌을 겁내고 있었고 객관적으로도 많이 부족했다. 그러한 독일이 불과 10년도 지나지 않아 소련과 과감히 일전을 벌일 수 있었던 것은 주체할 수 없는 자신감 때문이었다.

소련 침공 당시만 하더라도 분명히 독일은 의기양양했고 적어도 1941년 겨울까지는 자신들의 의도대로 세계를 이끌어 나갔다. 하지만 소련을 침공한 지 1년도 지나지 않아서 독일은 소련의 잠재력을 과소평가한 것이 엄청난 자만이었음을 깨닫게 되었다. 독일이 자신들보다 비교할 수 없을 만큼 땅덩어리도 크고 자원도 무궁무진하며 인구도 몇 배나 많은 소련을 겁내지 않고 침공할 수 있었던 것은 단지 히틀러의 신념이 확고해서가 아니었다. 물론 개전에 있어 히틀러의 의지가 가장 중요한 요소로 작용했지만, 1941년 독일은 그 어떤 상대와 겨루어도 이길 수 있다는 확고한 신념을 가지고 있었다. 독일의 이런 자신감은 1940년 봄에 있었던 놀라운 승리에서 비롯되었다.

꾸준히 대외 팽창을 시도하고 있었지만 한편으로는 분명히 주변을 두려워했던 독일이 그렇게 눈치를 보던 프랑스를 일격에 굴복시키면서 명실상부한 대륙의 패자가 되었다. 독일은 이후부터 자신들의 의도대로 세계의 정세를 이끄는 위치에 오르게 되었다. 그리고 그들은 이제 전쟁이라는 최후의 수단을 아무런 거리낌 없이 필요할 때마다 꺼내 쓸 수 있었

● 프랑스 전역 후 점령된 파리를 방문한 히틀러(가운데). 독일은 1942년 초까지 자신들의 의도대로 세계를 좌지우지했고 또한 패망 직전까지도 결코 무시할 수 없는 군사적 능력을 보여주었다. 하지만 1940년 프랑스에서 얻은 영광스러운 승리가 없었다면 전쟁 내내 보여준 그러한 독일의 모습은 불가능했을지도 모른다. 따라서 비록 길지 않은 순간이었지만 1940년 프랑스 전역은 앞으로 전쟁이 무한정 커지게 만든 2차대전의 전환점이었다.

다. 필자가 1940년에 짧게 벌어졌던 프랑스 전역에 커다란 역사적 의의를 부여하는 이유는, 독일이 2차대전의 유럽-아프리카 전구를 주도하게 된 결정적 계기를 여기서부터 찾을 수 있기 때문이다.

전격전의 등장

협박만으로 오스트리아와 주데텐란트 등을 강제로 합병하고 전쟁으로 폴란드를 굴복시켰지만 독일이 역사를 좌지우지하는 주역으로 등장하게 된 결정적인 계기는 1940년 프랑스와의 전쟁에서 거둔 승리였다. 독일은 프랑스를 굴복시키고 영국을 대륙에서 몰아내면서 추축국의 맹주 자리를 확보했고 이러한 성과를 바탕으로 소련과 건곤일척의 싸움을 벌일 수 있었다.

바로 전해에 있었던 폴란드 전역과 비교하여 보면 이 점은 쉽게 이해할 수 있다. 1939년 9월 1일 폴란드를 침공할 당시에 독일은 영국과 프랑스의 반격을 우려하여 배후 단속에 노심초사했고, 소련과의 직접 충돌을 피하고자 사전에 밀약을 맺어 폴란드를 소련과 분할하는 것으로 만족했다. 이런 몸을 사리는 태도는 2차대전 중반기의 독일이라면 상상도 못할 정도로 나약한 모습이다. 그만큼 독일은 1940년 프랑스를 굴복시키면서 급격히 변했다.

프랑스가 허망할 정도로 너무 쉽게 굴복했기 때문에 흔히 간과하는 사실이지만 독일과 프랑스(영국해외원정군을 포함한)의 일전은 독소전쟁 이전에 있었던 사상 최대 규모의 전쟁이었다. 이 자체만으로도 프랑스 전역에 엄청난 의의를 부여할 수 있다. 독소전쟁에 비한다면 전장이 작아

● 1940년 프랑스 전역은 집중화된 기갑부대와 이를 근접에서 지원하는 강력한 공군을 바탕으로 완성된 전격전이 구현된 전장이었다. 프랑스 전역에서 구현된 독일의 전격전은 군사전략의 새로운 패러다임이 완성되었음을 의미했다.

서 그렇지 양측 합쳐 무려 600만의 대군이 동원되었다. 물론 600만의 대 병력이 모두 개전 선언과 동시에 아귀처럼 달라붙어 싸운 것은 아니지만, 이 정도 병력이 동원된 전쟁은 인류사에서 찾아보기 쉽지 않다. 더구나 그들은 20여 년 전 한 세대를 포화 속에 던져 가면서 치열하게 싸웠던 불구대천不俱戴天의 원수들이었다. 한마디로 역사상 최고의 라이벌 간의 군사적 대결이라 해도 결코 과언이 아니었다.

또한 1940년 프랑스 전역은 군사적으로도 기념비적인 전쟁이었다. 이후 '전격전'으로 통칭되는 독일의 새로운 전략이 이때 완성되었다. 전쟁이 살상과 파괴를 피할 수는 없지만 승리를 얻기 위해 이를 최소한으로 줄이는 것은 상당히 중요한데 전격전은 바로 그러한 해결책이기도 했다. 군사적인 결과만 놓고 보았을 때 살상과 파괴를 최소화하고 승리를 거머쥔 독일은 물론 패전한 프랑스도 피해가 적었다. 불과 두 달도 되지 않아 전쟁이 종결되고 15만(그중 독일군 3만)의 전사자가 발생했는데, 이를 4년에 걸쳐 400만(그중 독일군 150만)의 전사자가 발생한 1차대전 당시 서부전선과 비교하면 엄청난 변화가 있음을 확연하게 알 수 있다. 전격전은 한마디로 나폴레옹 시대 이후 계속된 전쟁의 고루한 패러다임을 바꾼 쾌거였다.

승리한 독일에게 이 전쟁은 더할 나위 없는 영광이었지만 패배한 프랑스에게는 역사상 이보다 더한 굴욕이 없었다. 이렇듯 양자 간에 입장 차이가 극명한 이유는 프랑스의 허무한 패배를 그 누구도, 하물며 독일조차도 예상하지 못했을 만큼 연합군의 전력이 엄청났었다는 점 때문이다. 당시 프랑스는 세계 최강의 육군을, 그들과 어깨를 같이하고 싸운 영국은 세계 최강의 해군을 보유하고 있었다. 그런데도 독일이 속도와 집중을 앞세워 구사한 독창적인 전략 때문에 유럽의 육군 최강국 프랑스는 불과 7주 만에 독일의 자비를 바라는 입장이 되었다. 사실 속도를 이용한 전격전을 독일이 처음 사용한 것은 아니다. 방법에서 차이가 있었을 뿐이지 유사 이래 모든 지휘관들이 사용하기를 원하고 또 오래전부터 즐겨 사용하던 전법이었다. 하지만 집단화된 기계화부대와 공군의 입체적인 지원을 통한 현대적 개념의 전격전은 독일이 최초로 구사했고, 이는 곧 지금도 대부분의 공격을 준비하는 군대가 기본적으로 추구하는 핵심교리가 되었다.

이처럼 1940년 프랑스 전역은 복합적인 측면에서 커다란 의의를 찾을 수 있는데, 한마디로 정의한다면 이 전역을 전후로 하여 독일은 물론 세계가 완전하게 달라졌다는 것이다. 그것은 2차대전의 결정적인 전환점이었다.

강요받은 패배

베르사유 조약의 굴욕을 겪은 독일에게 있어 프랑스는 반드시 복수해야 할 원수였다. 물론 프랑스가 1차대전 중 독일과 가장 혈투를 벌였던 상대여서 밉기도 했지만 독일에게 불공정한 조약을 앞장서서 강요한 측이 프랑스였기 때문이다. 독일은 종전 때까지도 결코 프랑스가 승자라고 생각하지도 않았고 인정하고 싶지도 않았는데, 여기에는 그 나름대로 분명한 이유가 있었다.

역사에 가정은 없지만 독일이 처음부터 양면전쟁을 벌이지 않았고 영국이 초반에 참전하지 않았다면 프랑스는 1914년에 패전했을 가능성이 컸다. 독일의 침공을 받은 지 얼마 되지 않아 수도를 보르도^{Bordeaux}로 옮겨야 했을 만큼 전쟁 초기의 상황은 프랑스에게 상당히 절망적이었다. 그런데 예상과 달리 러시아가 동부전선에서 조기에 동원되면서 독일은 양면전쟁에 빠져 전력이 분산되었다. 또한 처음에 중립적인 태도를 보이던 영국이 영세중립국 벨기에를 독일이 침공*한 것을 빌미로 프랑스 측에 가담함으로써 독일의 부담감이 커졌다. 독일은 1차대전 내내 동쪽에서는 러시아와, 서쪽에서는 영불연합군과 싸웠다. 전쟁 말기에는 미국까지 참진하면서 독일은 계속 중과부적으로 전쟁을 치렀고 결국 패배했다. 만일 1차대전이 독일과 프랑스만의 국지전이었다면 독일의 압승으로 전쟁은 조기에 끝났을 것이다. 다시 말해 독일은 프랑스와 1대 1로 겨루어질 수 없었고 분명히 보불전쟁의 영광을 재현할 자신이 있었다. 이 점은

---

* 1차대전 당시 독일은 슐리펜 계획^{Schlieffen Plan}에 따라 전쟁을 개시했는데, 프랑스 침공 시 기습의 효과를 달성하고자 독일군 주력이 중립국 벨기에로 우회하기로 되어있었다.

역으로 설명한다면 전쟁 발발부터 종전까지 독일이 극히 불리한 요건에서 싸웠다는 의미이기도 하다.

프랑스·영국·러시아가 각각 어느 정도의 역할을 담당한 3국협상 측에 비한다면 독일 편이었던 오스트리아-헝가리나 오스만 제국은 오히려 독일이 전력을 나누어 도와주어야 할 정도로 빈약한 동맹국들이었다. 한마디로 독일은 썩은 동아줄을 잘못 잡고 있었던 것이다. 그런데도 독일은 싸움이 끝날 때까지 자국 영토에 포탄 한 발 제대로 맞지 않았다. 1918년에 독일은 혁명의 혼란기에 빠져 내부 정비가 시급했던 신생국 소련이 동부전선에서 실질적으로 항복하여 동유럽에 많은 점령지를 얻은 승자의 위치였고, 서부전선은 비록 돌파가 매번 실패하여 결정적인 승기를 잡지는 못했지만 1914년 이래로 계속 북프랑스와 벨기에의 상당 부분을 점유하고 있었다.

분명히 겉으로 드러난 정황만 놓고 본다면 독일이 이기고 있던 상태에서 종전한 것인데도, 아이러니하게도 역사는 프랑스를 승자로 만들어 버렸다. 물론 1918년 들어 전세가 독일에게 확연히 불리해졌던 것은 사실이고 강화가 되지 않은 상태로 전쟁이 지속되었다면 결국 독일이 패했을 것이라는 가정도 있지만, 어찌되었든 독일이 가만히 앉아 순순히 패배자의 지위를 받아들이기는 상당히 어려웠던 상황이었다. 그런데도 불구하고 강화조약의 내용은 일방적으로 독일에게 불리했다. 아니 치욕스러울 정도였다. 미국과 같은 일부 승전국조차 강화조약이 독일에게 너무 가혹하다고 주장했다.

패배를 인정하기 어려웠던 독일에게 이러한 무거운 올가미를 씌우는데 제일 앞장섰던 나라가 바로 직전까지 가장 많이 얻어터지고 피해를 입은 프랑스였다. 영국과 미국의 도움이 없었다면 일찌감치 무릎을 꿇었

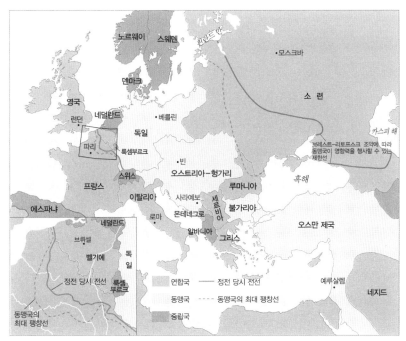

도르웨이 스웨덴 핀란드 만
모스크바
덴마크
소 련
영국 네덜란드
런던 베를린
독일 카스피 해
파리 룩셈부르크 브레스트-리토프스크 조약에 따라
빈 동맹국이 영향력을 행사할 수 있는
제한선
스위스 오스트리아-헝가리
흑해
프랑스 이탈리아 루마니아
사라예보 세르비아 불가리아
에스파냐 몬테네그로 로마 오스만 제국
네덜란드 알바니아 그리스
브뤼셀
벨기에 독일
정전 당시 전선 룩셈부르크
예루살렘
동맹국의 연합국 정전 당시 전선 네지드
최대 팽창선 동맹국 동맹국의 최대 팽창선
중립국

● 1918년 1차대전 종전 당시의 지도. 독일을 포함한 동맹국은 동부전선에서 핀란드Finland 만॥에서 로스토프에 이르는 넓은 지역과 캅카스를 영향력 아래 두었고 서부전선에서는 프랑스와 벨기에 영토에 전선이 걸쳐 있었다. 비록 전쟁이 더 길어진다면 독일이 이기기는 힘든 형국이었지만 이 상태에서 체결된 베르사유 조약은 독일에게 엄청난 굴욕을 강요했고 당연히 많은 반발이 있었다.

을 프랑스가 여타 승전국들의 반발에도 불구하고 이토록 집요하게 굴었던 이유는, 물론 보불전쟁의 치욕과 1차대전에서 당한 피해를 보복하기 위해서기도 했지만 무엇보다도 독일이 너무 무서웠기 때문이었다. 프랑스는 독일의 군사적 능력을 철저하게 제거해 다시는 도발할 수 없기를 원했다. 아니 엄밀히 말해 독일을 1871년 통일 이전의 모습으로 되돌려 놓고 싶어 했다. 그 정도로 프랑스는 바로 옆에 붙어 있는 강력한 독일을 거북하게 여기고 있었다.

이 점은 역으로 생각한다면 1차대전에서 독일을 이기지는 못했다는 점을, 아니 적어도 프랑스가 확실히 이긴 것은 아니었다는 사실을 스스

1940년 프랑스 · 57

로 인정했다는 이야기이기도 하다. 만일 나폴레옹 시대처럼 프랑스가 군사적으로 독일을 압도하고 계속하여 체제를 유지할 자신이 있었다면 베르사유 조약 같은 지독한 강화조약은 오히려 이루어지지 않았을지도 모른다. 더 많이 얻어터졌음에도 불구하고 승전국의 위치에서 전쟁을 종결했지만, 독일과 국경을 접하고 있던 프랑스의 입장은 영국이나 미국과는 분명히 차이가 있었다. 때문에 패배를 인정하기 곤란했던 독일을 무지막지하게 누르려 했고, 결국 이러한 프랑스의 태도는 독일에게 두고두고 잊을 수 없는 상처가 되었다.

깊어만 가는 골

분량도 많고 히틀러의 괴팍한 성격처럼 글의 내용도 장황하고 종잡을 수 없어 골수 나치들도 완독하기 어려웠다는 『나의 투쟁Mein Kampf』을 보면 히틀러의 주적은 유대인과 공산주의자들이었는데 소련은 바로 이들의 결정체였다. 따라서 히틀러에게 소련은 사명감을 갖고 반드시 처단해야 할 궁극적인 대상이었다. 더불어 그는 게르만우월주의를 내세운 편협하고 극단적인 인종주의에 기초하여 저열한 민족의 생존을 용납하지도 않았다. 그런 점에서 본다면 히틀러가 정권을 잡았던 1930년대 초반, 적어도 이론적으로는 프랑스가 독일의 궁극적인 주적은 아니었다고 할 수 있다.

하지만 나치가 베르사유 체제를 부정하는 것으로 인기를 얻고 이를 바탕으로 정권 획득에 성공했던 것에서 알 수 있듯이 독일인들이 승전국들에 대해 느끼는 반감은 컸고, 그중 앞장서서 독일을 압박하던 프랑스에

● 전쟁배상금 지불 지연을 문제 삼아 1923년 독일의 주요 공업지대인 루르를 점령한 프랑스군. 이렇게 수시로 가해진 승전국의 군사적 압박은 베르사유 조약에 대해 불만이 많았던 독일인들의 반감을 고취시켰다.

대한 감정의 골은 상당히 깊었다. 보불전쟁과 1차대전에 걸쳐 엄청난 피해를 입은 프랑스 또한 독일이 싫기는 마찬가지였다. 그렇다보니 프랑스는 앞서 말한 바와 같이 다른 승전국들의 우려에도 불구하고 몽니를 부려가면서까지 독일을 최대한 옥죄는 전후체제 성립에 주도적 역할을 담당했다. 또한 조약의 일환으로 독일 영토인 라인란트에 프랑스군를 주둔시켜 독일을 군사적으로 감시하는 것으로도 모자라, 1923년에는 전쟁배상금 지불 지연을 이유로 루르Ruhr 지역을 군사적으로 점령하여 독일 경제를 파탄 지경에 이르게 하는 초강수를 두었다.

이 때문에 1920년 이후 여타 유럽 국가들처럼 독일에서도 좌우이념 대결이 극심하게 벌어졌고 이 틈을 타서 소수였던 나치가 세력을 급속히 확장하여 정권을 잡았다. 하지만 이 정도로 사회가 혼란했음에도 좌우를 막론하고 독일 국민들은 프랑스를 반드시 굴복시키고 싶은 미움의 대상으로 여겼다. 따라서 히틀러는 최종 목표인 동방정복을 완수하기 위해서라도 먼저 서쪽에 있는 철천지원수 프랑스를 손봐야 했고 군부와 국민들의 전폭적인 지지를 받을 충분한 명분과 동기도 있었다.

이러한 프랑스 우선 정벌은 양면전쟁을 벌인 1차대전 당시의 뼈저린 경험 때문이기도 했다. 전쟁 발발과 동시에 러시아와 프랑스를 함께 맞상대한 독일의 부담은 너무 컸고, 이것은 끝내 극복할 수 없는 한계가 되었다. 결국 패전의 치욕을 당한 독일은 동서 양쪽의 적들과 다시 전쟁을 벌인다면 군사전략적으로 어느 한쪽을 반드시 먼저 제거해야 했는데, 프랑스가 우선 처단 대상이었다. 1차대전 당시에 독일의 기본전략이었던 슐리펜 계획Schlieffen Plan*에서도 프랑스를 먼저 공격할 대상으로 삼았던 것처럼, 독일이 광대한 동부로 안심하고 진출하기 위해서는 상대적으로 가까이 붙어 있고 공간이 작아 결과를 빨리 얻을 수 있는 프랑스를 먼저 평정하는 것이 옳다고 여겼기 때문이었다.

1933년 히틀러가 내각 수반이 되면서 정권을 잡자 복수에 관한 논의가 공공연히 회자되면서 점차 가시화되기 시작했다. 정치적으로 좌우대립이 극심하여 혼란을 겪던 프랑스도 이런 사실을 직감하게 되었다. 계속된 원한으로 철저히 대립하고 있던 두 나라는 조그만 변화에도 민감하게 반응할 정도였다. 따라서 호전적인 세력이 정권을 잡은 이상 프랑스와 독일 간의 새로운 충돌은 충분히 예견되었다. 1934년 히틀러가 무소불위無所不爲의 권력을 휘두를 수 있는 총통의 자리에 오르고, 1935년 3월 베르

---

*1차대전 전 독일의 참모총장이던 알프레트 폰 슐리펜Alfred Graf von Schlieffen이 작성한 전쟁계획으로, 우선 6주 내에 프랑스를 쳐부수고 난 후 주력을 동으로 돌려 러시아를 징벌한다는 것이 골자였다.

사유 조약을 일방적으로 파기하면서 재군비를 공식 선언하자 공포는 가
시화되었다.

가장 큰 문제는 바로 프랑스 자신이었다. 1차대전 당시에 한 세대를 희
생하면서까지 싸웠고, 1920년대 초만 해도 호기 있게 군대를 독일 영토
에 밀어 넣어 위협을 가했을 만큼 자신감이 있었던 프랑스의 용기는 어
느 틈엔가 사라져 버렸던 것이다. 사실 전 세계가 2차대전의 참화로 빨려
들어가는 비극을 막을 수 있었던 순간은 많았다. 독일이 베르사유 조약
파기를 선언했을 때 만일 프랑스가 일전을 불사하고 용기 있게 대처했다
면 분명히 인류사 최악의 '미친 피의 시대'는 없었을 것이다. 역설적으
로 불공평한 베르사유 조약의 성립하게 된 가장 큰 이유이기도 했던 독
일에 대해서 프랑스가 느끼는 극도의 공포는 프랑스를 스스로 움츠러들
게 만들었던 것이다.

소심했던 승자들

베르사유 조약을 부정하며 정권을 잡은 히틀러는 집권 초기부터 적극적
인 대외 팽창을 시도했다. 하지만 1939년 이전만 해도 히틀러의 도발은
사실 모험에 가까웠다. 독일이 베르사유 조약의 허점을 노려 은밀히 준
비하고 1935년 재군비를 선언하며 본격적으로 군비를 확장했지만, 그렇
다고 승전국이었던 연합국 세력을 일거에 압도할 수준까지는 아니었다.
이때 유럽에서 군사적으로 독일을 충분히 견제할 만한 세력으로 영국과
프랑스 그리고 소련이 있었는데, 독일과 국경을 접하고 있으며 당대 최
강의 육군을 보유한 프랑스조차 제멋대로 날뛰기 시작한 독일의 야욕을

제지하려는 어떤 적극적인 시도도 하지 않았다. 이때가 엄청난 비극을 막을 수도 있었던 절호의 기회임을 몰랐던 것이다.

사실 프랑스나 영국은 독일이 베르사유 조약을 파기했다는 이유만 가지고도 독일을 물리적으로 견제할 명분이 있었다. 하지만 그들은 독일의 광란을 그저 지켜보고만 있었다. 그나마 다행인 것은 어쩌면 독일과 프랑스보다 더욱 사이가 나빴던 프랑스와 영국 두 나라가 1904년 협상을 맺어 동맹국이 되었고, 역사적으로 오랫동안 지속된 라이벌 관계에도 불구하고 이후 1차대전의 피바다를 함께 넘기면서 계속해서 한 배를 타고 있었다는 점이다. 윈스턴 처칠^{Winston Churchill}처럼 강력하게 대응하자는 부류도 있었지만, 최대한 시류에 편승하려는 유약한 이들이 정권을 잡고 있던 이 두 강대국은 이상하리만큼 독일의 초기 팽창 시기에 미지근하게 대처하고 있었다. 그리고 히틀러는 이 절호의 상황을 적절히 이용했다.

1936년 3월 7일, 히틀러가 베르사유 조약에 따라 비무장지대로 설정되어 연합국의 감시를 받던 라인란트에 독일군의 진주를 명령하면서 집권 후 최초의 도발을 자행했다. 히틀러는 자신 있게 명령을 내린 겉모습과는 달리 후일에 "점령 후 이틀간이 내 인생에서 가장 피 말랐던 시간이었다"고 술회했다. 그만큼 이것은 독일의 능력을 벗어난 엄청난 모험이었다. 당시 히틀러의 명령에 가장 반발한 군부를 달래기 위해, 이들을 대표한 전쟁성^{Reichswehrministerium} * 장관 베르너 폰 블롬베르크^{Werner von Blomberg}에게 '만일 프랑스가 반격하면 교전하지 않고 즉각 퇴각' 하기로 약속하고서야 실행에 옮길 수 있었다.

---

*현재 우리나라의 국방부와 같은 개념으로 바이마르 공화국 당시부터 존재했는데, 나치가 정권을 잡은 이후 새로이 탄생한 국방군 최고사령부(OKW)로 기능이 이전되면서 해체된다.

● 독일군의 진주를 환영하는 라인란트 거주 독일인들. 독일군의 라인란트 진주는 연합국의 반격이 있을 경우 즉시 후퇴한다는 조건하에 단행된 작전으로 히틀러와 독일 군부도 몹시 노심초사했다. 하지만 독일의 도발을 애써 외면한 연합국의 소심한 대응은 이후 나치의 침략 야욕을 부추기는 기폭제가 되었다.

영국은 바로 얼마 전까지 라인란트를 군사적으로 점령하고 있었던 프랑스에게 이 사태를 알아서 처리하라고 일임하는 형식으로 발을 뺐다. 당시 프랑스는 독일의 4배 정도 전력을 보유했음에도 불구하고 독일의 도발이 개시되자 대응을 포기했다. 프랑스 군부와 정부는 서로 책임을 떠넘겼고, 결국 "원래 라인란트는 독일 땅이므로 독일군의 진주는 그들의 주권행사라고 볼 수도 있다"는 핑계 아닌 핑계를 대면서 유야무야 일을 마무리 지었다. 결국 프랑스 스스로 베르사유 조약을 사문화해 버린 것이었다. 이것은 결과적으로 엄청난 실수였고, 이후 유럽에서만 3,000만 명이 전쟁의 폭풍에 휘말려 죽어가게 되는 동기를 제공해 주었다. 만일 이때 프랑스가 무력을 동원하여 라인란트를 즉시 재점령했다면 당시까지 정권의 기반이 그리 든든하지 못했던 히틀러는 무모한 군사적 도발을 일

● 1938년 뮌헨 회담München Conference에서 주데텐란트를 독일에게 양도하는데 동의한 후 귀국한 영국 수상 체임벌린Chamberlain의 기자회견 모습. 그는 협정문을 손에 들고 "우리 시대의 평화를 지켰다"고 주장했으나 그것이 휴지조각임이 밝혀지는데 그리 오랜 시간이 필요하지 않았다.

으켰다는 이유만으로 실각했을 가능성도 있었다.

지난 전쟁에서 독일에게 정면으로 맞서는 엄청난 용기를 보여주었고 1923년에는 제한적이지만 독일 영토로 들어가 군사적으로 윽박지르기도 했던 프랑스의 자신감은 분명히 사라져 버렸다. 프랑스나 영국은 겉으로는 수사를 남발하며 독일에게 엄중히 경고했지만 사실은 독일과의 충돌을 어떻게든 회피하려고만 했고, 히틀러도 이러한 사실을 분명히 깨달았다. 그리고 이런 틈을 타 급속한 군비 확장에 매진하면서 히틀러는 1938년 3월에 오스트리아, 10월에는 주데텐란트를 무혈합병하는 데 성공했다. 독일을 달래기에 급급했던 영국과 프랑스는 체코슬로바키아의 의사도 묻지 않고 엄연한 그들의 땅을 늑대에게 넘겨주는데 동의하며 "우리 시대의 평화를 지켰다"고 자화자찬했다. 하지만 이 바보들이 쥐어든 것은 평화의 보증서가 아니라 전쟁에 불을 지피는 불쏘시개였다.

피하려고만 했던 전쟁

분명히 프랑스와 영국에게는 2차대전을 막을 기회가 여러 차례 있었다. 나치 정권의 등장은 독일 내부의 문제라 하더라도 이들이 대외 팽창 야욕을 단념하도록 몽둥이를 드는 것도 충분히 가능했는데, 문제는 몽둥이 대신 각설탕을 주어 악마를 달래려 했다는 점이다. 그 첫 번째 각설탕이 라인란트를 그대로 독일에게 내어준 것이다. 물론 원론적으로 따진다면 라인란트가 독일의 영토이고 이곳을 연합국이 마음대로 간섭하도록 놓아두는 것도 주권국가의 체면에 문제가 있는 것은 사실이다. 더구나 나치 정권이 베르사유 조약을 파기한 이상 라인란트를 되찾아야 할 독일 내부의 명분도 있었다. 하지만 프랑스군이 움직인다면 도망갈 준비까지 하고 군대의 주둔을 감행한 독일에게 반대급부로 날아온 달콤한 각설탕은 이후 모든 비극을 잉태하게 된 마약이 되었다.

이후 온갖 명분을 가져다 붙이며 계속 영토를 요구하던 독일에게 주데텐란트를 내주면 모든 것이 끝날 줄 알았던 영국과 프랑스는 이듬해 3월 독일이 체코슬로바키아의 나머지 지역을 군사적으로 강제점령하고 동 프로이센 변경의 메멜란트Memelland 지역*마저 합병하여 버리자 그동안 철저하게 독일에게 농락당하여 왔음을 깨닫게 되었다. 결국 프랑스와 영국은 차후 도발이 있을 경우 군사적으로 대응할 것을 천명하고 준비에

---

* 리투아니아어로는 클라이페다Klaipeda로 불린다. 프로이센과 리투아니아의 경계에 있는 지역으로 1871년 독일 제국 성립 당시에 가장 동쪽의 영토였으나 1차대전 후 베르사유 조약에 의거 프랑스령이 되었다. 1923년 신생 독립국인 리투아니아가 연고권을 주장하며 프랑스군을 몰아내면서 리투아니아령이 되었으나, 1939년 3월 22일 다시 독일에 의해 점령되었다. 2차대전 후 소련 영토가 되었으며 현재는 리투아니아의 영토다.

들어갔으나 지난 몇 년 동안 독일의 군비는 몰라볼 정도로 급속하게 증강되어 있었다. 전례가 없던 대규모 기갑부대가 창설되었고, 독일 공군 루프트바페Luftwaffe는 자타 공인 세계 최강의 공군으로 시나브로 성장하여 있었다.

체코슬로바키아를 처단한 독일이 다음으로 눈을 돌린 곳은 독일 영토를 지리적으로 분단하고 있던 폴란드였다. 폴란드에 대한 위협이 가시화되자 프랑스와 영국은 독일의 도발이 있을 경우 폴란드를 군사적으로 지원하겠다고 천명했다. 그런데 프랑스와 영국은 번지르르한 말과는 달리 폴란드를 도울 준비가 되어있지 않았다. 문제는 바로 여기에 있었다. 그들은 비록 뒤늦게 군비 확장에 나섰지만 독일을 적극적으로 응징하겠다는 의지는 애초부터 없었고 만일 자국의 영토로 도발을 감행한다면 격퇴하겠다는 소극적인 생각만 하고 있었다. 세계 최강의 해군을 보유한 영국과 그때까지는 객관적으로 독일보다 강력한, 세계 최강으로 평가받는 육군을 보유한 프랑스가 독일과의 새로운 전쟁을 겁내고 있었던 것이다.

그러면서도 이 정도로 적극적인 의지를 천명했고 배후에 소련도 있는데 과연 독일이 폴란드를 군사적으로 도발하겠나 하는 안이한 생각도 가지고 있었다. 왜냐하면 독일이 폴란드를 침공하면 소련도 군사적으로 대응할 것이 확실하므로 독일이 함부로 행동에 나서기는 곤란하리라고 판단했던 것이다. 나치 정권의 등장 이후 소련과 독일은 공개적으로 서로를 비난할 만큼 적대적이었고, 더구나 1919년 독립한 신생국 폴란드는 이전에 독일과 러시아가 오랫동안 분할하여 통치했던 곳이라 독일이 폴란드를 독차지하도록 소련이 좌시하지는 않을 것이 분명했다. 독일이 이런 위험을 감수하고 섣불리 행동하지는 못할 것이라 여긴 영국과 프랑스는 내심 안도하고 있었다.

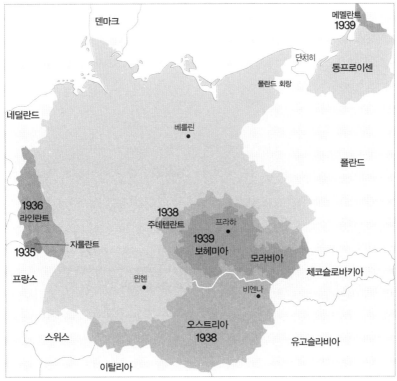

● 재군비 후 독일은 즉시 팽창을 시작했다. 1939년 보헤미아Bohemia와 모라비아Moravia 지역의 합병 당시까지는 군사적으로 교전이 없었지만 이 또한 틀림없는 침략행위였고 따라서 2차대전의 일부로 보아야 한다.

그런데 1939년 8월 23일 모스크바Moskva에서 타전된 뉴스는 세계를 놀라게 했고 영국과 프랑스를 당황하게 만들었다. 견원지간(犬猿之間)이던 독일과 소련이 상호불가침조약을 체결한 것이다. 조약 체결 후 독일 외무장관 요아힘 폰 리벤트로프Joachim von Ribbentrop는 소련 공산당 서기장 이오시프 스탈린Iosif Stalin에게 다음과 같이 이야기했다.

"각하! 애당초 폴란드라는 나라는 지구상에 없었습니다."

결국 폴란드는 사라질 운명이었고 긍정적인 모든 예상이 빗나가자 위기를 느낀 영국과 프랑스에게는 시간이 없었다. 그리고 1939년 9월 1일 프랑스와 영국이 그렇게도 피하고자 했던 일이 벌어졌다. 독일이 폴란드를 전격 침공한 것이다.

개시된 응징, 그러나…

이후 역사가들은 1939년 9월 1일을 2차대전의 공식 발발일로 서술하지만 이때까지도 이 전쟁이 세계대전이라는 거대한 불길로 타오르게 될 줄은 몰랐다. 엄밀히 말하자면 이것은 독일과 폴란드 간의 국지전이었고, 결국 이렇게 발발한 전쟁이 세계대전으로 급속히 커나가게 된 데에는 승전국으로서의 책무를 다하지 못한 프랑스와 영국의 책임도 컸다. 독일이 폴란드를 침공하자 영국과 프랑스는 세계에 공표한대로 건방진 깡패를 응징하기로 선언했다. 1939년 9월 3일, 이들 양국은 자신만만하게 독일에게 선전포고를 했고 이때부터 독일의 교전상대가 되었다. 양국은 즉시 동원령을 내려 전시태세에 돌입했고 폴란드는 이들의 도움을 받아 체코슬로바키아나 오스트리아와 같은 험한 꼴은 당하지 않을 것 같았다. 그동안 조마조마했던 벼랑 끝의 줄다리기가 끝나고, 1차대전 당시 서부전선의 주역들이 다시 한 번 등장할 예정이었다.

　당시 상황을 살펴본다면 막상 선전포고를 하고 동원령을 내렸지만 그동안 독일을 달래는 데만 급급했던 프랑스와 영국의 군사적 준비가 완료된 상태는 아니었다. 하지만 1939년 9월 초 서부전선의 상황만 놓고 본다면 프랑스 단독으로 독일에게 상당한 충격을 가할 능력은 있었다. 독일은 동쪽에서 폴란드를 상대로 전쟁을 벌이고 있었으므로 서부는 텅텅 비어 있는 상태나 다름없었다. 동원령이 내려져 프랑스군은 1940년 초 300만

● 동원령에 의거 프랑스로 이동전개하는 영국해외원정군의 모습. 1939년 9월 1일 독일이 폴란드를 침공하자 영국과 프랑스는 지금까지의 유화책을 포기하고 독일에 선전포고를 했다. 하지만 폴란드를 도와 독일을 군사적으로 응징하겠다는 생각은 애초부터 없었다.

명 수준까지 대폭 증강되지만, 그와 별도로 독일-프랑스 국경에 이미 배치되어 있던 병력만도 150만 정도였다. 반면 이곳에 배치된 독일군은 지그프리트선Siegfried Line *을 보루삼아 방어에 나선 20여 만의 독일 제1군뿐이어서 프랑스의 대대적인 공격이 있다면 독일이 마땅히 대응할 방법은 없었다.

따라서 독일은 당장 전쟁을 벌이고 있는 동쪽의 폴란드보다 서쪽에 있

---

*프랑스 마지노선에 대항해 독일이 서부 국경에 축성한 방어진지.

는 프랑스의 움직임이 더욱 신경 쓰였다. 그만큼 프랑스의 선공을 두려워하고 있었던 것이다. 히틀러도 폴란드 침공 당시 하달한 국방군 최고사령부(OKW) 지령 제1호 4항에 다음과 같이 지시했다.

"영국과 프랑스가 독일에 대해 전쟁을 시작할 경우 서부전선의 독일 국방군은 최대한 전력을 온존하면서 대^對폴란드 작전을 성공적으로 종결할 수 있는 환경을 유지하기 위해 최선을 다하도록 한다."

독일이 이렇게 우려하고 있는 동안 마침내 악을 타도하기 위한 연합국 측의 움직임이 시작되었다. 우선 영국은 30만 정예군으로 구성된 대규모의 영국해외원정군^{BEF, British Expeditionary Force}을 대륙에 파견했다. 완전 차량화된 3개 보병군단과 500여 기의 공군기를 보유한 공군지원대로 구성된 영국군은 고트^{Gort} 대장의 지휘를 받아 즉시 대륙으로 이동했다.

더불어 세계 최강 영국 해군이 북해 외곽에서부터 독일을 제압하여 나가면서 대서양으로 나갈 구멍을 틀어막아 버렸다. 하지만 이보다 극적인 움직임은 프랑스가 개시했다. 1939년 9월 8일 프랑스와 영국의 모든 신문은 다음과 같은 내용을 자랑스럽게 보도했다.

"어제 프랑스군은 프랑스–폴란드 군사조약에 의거 독일로 진격을 개시했고 요충지 자를란트^{Saarland}의 점령을 눈앞에 두고 있다."

프랑스의 11개 사단이 폴란드 전역에 동원되지 않은 독일 제1군이 방어하고 있던 독일 남서부 국경을 넘어 마침내 군사행동을 개시한 것이다. 비록 프랑스의 공세가 전면적인 것은 아니었지만 폴란드에서 한참 속도를 올리며 전선을 돌파해 들어가고 있던 독일에게는 가장 우려하던 일이 벌어진 것이었다. 국경을 돌파한 프랑스군은 30여 킬로미터를 진군하여 자를란트 지역을 서서히 장악하여 나갔고, 20여 국경 마을에 주둔하고 있던 독일군을 몰아내 버렸다. 상황은 1923년 루르 점령 당시보다

수월해 보였고 폴란드에 집중하고 있던 독일도 이 상황을 예의 주시하고 있었다. 폴란드 처단 후 다음 상대로 프랑스를 생각하던 히틀러도 이번 만큼은 자신의 예상이 틀린 것 같아 노심초사했다.

극히 지엽적인 작전이기는 했지만 프랑스의 선공은 히틀러의 예상보다 빨랐고 만일 전군이 총동원되어 전력을 다해 독일 내부로 진격해 들어온다면 독일의 안위도 장담할 수 없었다. 바로 그때 9월 17일 소련이 동부 폴란드를 침공했고, 이 소식을 접한 프랑스군 총사령관 모리스 가믈랭Maurice Gamelin은 프랑스군에게 지그프리트선 1킬로미터 앞에서 진격을 멈추라는 명령을 내렸다.

전쟁을 회피한 영국과 프랑스

고군분투하던 폴란드가 프랑스의 자를란트 진공 소식에 용기를 내어 침략자에 격렬히 저항했지만, 예상치 못한 소련의 침공이 회복하기 힘든 결정타가 되었다. 그리고 이것은 조약을 형식상 준수하는 모습만 보여주고 있었던 프랑스에게 좋은 구실이 되었다. 가믈랭은 "폴란드는 이제 끝났다"고 주장하며 굳이 독일을 군사적으로 자극할 필요가 없다는 명분을 내세워 진격을 멈추도록 했다. 그뿐 아니라 9월 20일에는 자를란트에서 철수하라는 명령을 내렸고, 자신만만하게 독일-프랑스 국경의 요충지인 자를란트로 진군하던 프랑스군은 언제 그런 일이 있었냐는 듯이 회군했다.

소심했던 프랑스는 처음부터 독일을 제압하려는 생각이 없었다. 아무리 독일이 폴란드 전역에 주력하고 있지만 11개 사단만으로 독일을 제압할 수 없는 노릇이어서, 단지 국경의 요충지를 점령하는 것으로 생색만 내려 했던 것이다. 프랑스군 전초부대가 자를란트로 이동하는 동안 대부분의 주력부대는 안전한 마지노선Maginot Line* 속에 틀어박혀 있었다. 프랑스는 제2전선을 구축하여 폴란드를 적극 구원하려는 생각이 애당초 없었던 것이다.

늑대와 하이에나의 협공으로 폴란드는 한 달 만에 굴복했고 세계는 악마들의 합창에 치를 떨었지만 이를 제압해야 할 영국과 프랑스는 말로만 독일과 전쟁을 벌였다. 그들은 전쟁을 선언하고도 실전은 철저하게 회피했는데, 천금 같은 기회를 날려버린 연합군, 특히 프랑스는 그 대가로 머지않아 폴란드의 뒤를 똑같이 밟아야 하는 운명을 받아들여야 했다. 분명히 프랑스와 영국은 전쟁을 회피했다. 독일에게 선전포고를 하고도 적극적인 군사행동을 개시하지 않았던 것보다 확실한 증거는 없다. 이런 모호한 태도는 얼마 지나지 않아 독이 되어 돌아왔고 인류가 역사상 최악의 참혹한 시기를 경험하도록 만들어 버렸다. 프랑스와 영국이 이토록 전쟁을 회피하고자 했던 것은 한마디로 전쟁을 두려워했기 때문이었는데, 결국 그들은 전쟁을 막지도 못했다.

1차대전을 프랑스와 영국은 아니 세계는 똑똑히 기억하고 있었다. 지난 전쟁에서 경험한 끔찍한 참상을 망각하기에 20년은 너무 짧은 시간이었다. 특히 영국·프랑스·독일이 엉켜서 싸운 서부전선은 한마디로 현실에 나타난 지옥이었다. 사실 이러한 기억을 가지고 있는 것은 독일도 마찬가지였고, 독일 군부가 히틀러의 전쟁 욕구에 소극적으로 대응했던 이유이기도 했다. 영국과 프랑스가 선전포고를 해옴으로써 독일이 이들

---

*1차대전 후에 프랑스가 대독일 방어선으로 북동쪽 국경에 구축한 요새선.

● 베르됭 전투에서 전사한 프랑스군. 이런 참혹한 모습은 1차대전 당시 서부전선의 일상이었다. 격전을 펼친 프랑스는 한 세대가 사라진 것 같은 피해를 입었고, 결국 이러한 끔찍했던 기억은 어떻게든 전쟁을 회피하는 사회 분위기를 만들어 버렸다. 그런데 이런 피해를 입었던 것은 독일도 마찬가지여서 독일의 일반 국민들도 새로운 전쟁을 반기지는 않았다. 오로지 히틀러와 나치만이 전쟁을 선동했다.

과 또 다시 전쟁을 벌이게 되었다는 발표에 대한 현지 분위기를 알 수 있는 기사가 있다. 당시 베를린에 주재한 미국인 기자 윌리엄 시러^{William Shirer}는 다음과 같이 상황을 묘사했다.

"제1차 세계대전 첫날, 베를린 전체는 열광과 흥분의 도가니였다. 그러나 오늘의 베를린에서는 열광도, 흥분도, 만세 소리도, 흩날리는 꽃송이들도, 광란의 분위기도 찾아볼 수 없다. 히틀러가 독일 국민과 나치당, 동부군과 서부군에게 전쟁의 원흉은 바로 '영국의 호전광들과 유대인 자본주의자들'이라고 여러 차례 공식적으로 발표했음에도 불구하고 독일 국민은 영국과 프랑스에 대해 특별한 적개심을 보이지도 않고 있다. 내가 오늘 오후 프랑스와 영국 대사관을 지나쳤을 때 대사관 앞의 인도는 텅 비어 있었고, 경찰관 1명만이 외로이 각 대사관 앞길을 왔다 갔다 하며 순찰하고 있었다."

결코 지지 않았다고 생각하던 1차대전에서 독일을 패전국으로 만들어

버린 프랑스와 영국에 대한 적개심이 크고 당연히 복수하고 싶었지만, 막상 전쟁이 벌어지자 전쟁의 무서움을 알고 있던 일반 독일 국민들은 이처럼 두려움에 몸서리치고 있었던 것이다.

오랫동안 전쟁은 전선의 군인들만 하는 것으로 알고 있었지만 1차대전은 국력을 모두 쏟아붓는 총력전이었고 상대를 살상하기 위해 수단과 방법을 가리지 않은 결과 무려 1,000만 명이 목숨을 잃었다. 더구나 전술의 답보와 반비례하는 무기체계의 발달은 전쟁의 참혹함을 말할 수 없을 정도로 확대시켰다. 이 당시에 이런 지옥을 최전선에서 직접 경험한 이들이 너무 많았다.

특히 서부전선의 전쟁터에서 가장 많은 희생을 당한 프랑스는 무려 140만이 전사하고 420만이 부상을 당했는데 이것은 당시 20~30대 프랑스 남성의 80퍼센트에 해당하는 규모로, 한 세대가 사라져 버린 셈이었다. 때문에 프랑스는 전쟁에 대한 두려움이 다른 어느 나라보다 컸다. 즉 어떻게든 전쟁을 회피하려는 분위기가 사회를 지배하고 있었던 것이다.

물론 인류사를 통틀어 전쟁이 '선善'이었던 적은 없었다. 최고의 가치는 평화를 유지하는 것이지만, 이를 달성하기 위해서는 항상 전쟁을 염두에 두고 준비해야 한다는 역설적인 문제가 따라다닌다. 프랑스는 세계 최강의 육군을 운용하면서 마지노선도 만드는 등 나름대로 준비를 했지만, 1차대전의 끔찍했던 경험이 결정적일 때 행동으로 나설 수 없도록 만들어 버렸다는 것이 문제였다.

프랑스의 혼란

히틀러가 정권을 잡기 전의 독일도 그랬지만 1930년대 프랑스는 정치·사회적으로 극심한 혼란에 빠져 있었다. 대공황의 여파로 민심이 흉흉해졌고 정부의 통치력도 무능의 극치를 달리게 되자, 친파시스트 색채를 띤 극우단체부터 프롤레타리아 혁명을 꿈꾸던 극좌 공산주의 단체까지 모든 정파들이 주도권을 잡기 위해 동분서주하면서 혼란은 더해 갔다.

1936년 선거에서 반파시즘을 앞세운 사회당과 공산당 연합의 인민전선人民戰線, Popular Front이 승리했으나 혼란을 극복하지 못한 채 우왕좌왕하다가 결국 혁명을 주장하던 공산당이 분리되어 나가면서 정권이 붕괴되었다. 특히 이웃의 에스파냐와 독일에서 극우정권이 득세하면서 좌파정권의 존립이 위협받자, 프랑스 공산당 세력이 소련의 지원을 등에 업고 더욱 극렬히 투쟁을 전개하여 사회 혼란이 가중되어 갔다. 당시만 해도 노동자·농민 등 자본주의 체제의 사회약자들에게 사상 처음으로 전제정권을 무너뜨리고 탄생한 소련의 공산주의는 동경의 대상이었다. 그런데 제정 러시아 당시보다 더욱 악랄한 프롤레타리아 독재의 무서움은 전혀 모르고 단지 모두가 평등하다는 이념 선전에만 빠져들었다는 점이 문제였다. 사실 이런 측면이 과장된 이유는 무한 경쟁을 강조하며 복지와 분배에 소극적이던 당시 자본주의 체제의 약점 때문이기도 했다.

이런 혼란한 상황을 틈타 좌파, 특히 공산당의 대대적인 정치공세가 더해졌는데 이들의 대표적 주장이 바로 '전쟁 없는 평화'였다. 지난 1차대전을 탐욕스런 자본주의 세력 간의 전쟁으로 규정하고 세계 공산주의 체제를 완성하여 항구적인 평화를 구축하자는 주장을 펼쳤는데, 그 방법 중 하나가 평화를 위협하는 무력 사용을 적극 배격하자는 것이었다. 궁

● 1936년 극좌파가 주도한 대파업 당시 공장 옥상에서 시위하는 프랑스 노동자들. 사실 파업은 지금도 프랑스에서 흔한 일상이지만 1930년대는 좌우정파의 극단적인 대립까지 겹쳐 단순 노동운동으로는 보기 힘든 상당히 복잡한 양상을 띠었다. 당연히 정정이 불안해진 프랑스 사회는 나치의 득세에 대처할 수 없는 무기력한 지경에 이르렀다.

극적으로 러시아 혁명 같은 급진적인 방식을 통해 새롭게 변화된 사회를 완성하고자 했는데, 이를 위해 사회 혼란을 가속화시키려는 반전운동이나 사보타주sabotage 같은 불법 활동도 불사했다. 훌륭한 하드웨어를 갖추었음에도 이러한 시류에 파묻혀 군도 상무정신이 감퇴했고, 지난 전쟁의 끔찍한 기억과 맞물려 어느덧 국가에 위난이 닥칠 때 적극적으로 간성으로서 맡은 바 역할을 하려 하지 않게 되었다.

그런데 우스운 것은 공산주의 세력이 주도한 반전운동이 나치에게 가장 좋은 선물이 되었다는 점이다. 나치와 공산주의는 이념적으로 상극할 수 없는 체제이고 서로 격멸해야 할 대상인데도 불구하고, 프랑스를 내부적으로 약화시킨 좌파들의 이러한 행동이 나치의 팽창에 가장 큰 도움을 주었다. 좌파의 활동만으로 프랑스의 전쟁 회피 분위기를 모두 설명할 수는 없겠지만 어쨌든 그러한 활동이 지대한 영향을 미친 것은 분명했다. 예를 들어 인민전선 정부 당시인 1936년 독일군이 라인란트에 진주했을 때, 앞서 서술한 것처럼 히틀러는 연합국의 반격을 두려워하고 있었다. 그런데 이 문제에 대해 함께 대처해야 할 영국은 프랑스에게 알아서 하라고 했고, 프랑스 내부에서는 군부가 의회의 결의를 거친 정식 동원령이 아닌 단지 수상의 명령만으로 군대를 움직일 수는 없다고 버티면서 결국 대응이 유야무야되었다. 그만큼 프랑스는 독일과의 충돌을 무서워하고 회피하려 했다.

1930년대 프랑스와 영국은 결국 나름대로 평화를 지켰다고 자화자찬했지만 그들이 불러들인 것은 가소롭게 지킨 평화를 수백 번 죽여 버릴 엄청난 피의 폭풍이었다. 그런데 운 좋게도 수많은 위기를 넘기고 유리한 방향으로 국면을 이끌던 독일도 폴란드를 처단하고 이제 프랑스와의 일전을 앞두게 되자 갑론을박甲論乙駁이 오고갔다. 프랑스는 여전히 무서운 상대였기 때문이다.

독일도 두려워한 프랑스

앞에서 여러 번 언급했던 것처럼 독일은 프랑스를 반드시 응징해야 했다. 1871년 보불전쟁 이후 뒤늦게 민족국가를 탄생시켜 놀라운 발전을 거듭하며 강대국으로 급부상했던 독일에게 1918년의 패배는 참을 수 없는 아픔이었다. 장차 마음 놓고 소련을 정복하기 위해 서쪽을 안전하게 만들어 놓을 필요도 있었지만 무엇보다도 치욕을 갚아야 했다. 히틀러도 점쟁이가 아닌 이상 모든 결정을 정확하게 내릴 수는 없었고 특히 전쟁 말기의 편집증적인 고집은 패전을 촉진하는 지름길이 되기도 했지만, 적어도 1941년 5월 이전까지는 상당히 성공적인 군사적 결단을 내렸다. 몸을 사리며 감행했던 라인란트 점령 이후 대외 도발을 계속할 수 있었던 것은 히틀러의 확고한 의지와 결단 때문임을 부인할 수 없다.

전쟁을 회피하려는 상대의 치명적인 약점을 파고들어 오스트리아와 체코슬로바키아를 연속해서 점령하고, 프랑스와 영국의 뒤늦은 선전포고에도 불구하고 폴란드를 일사천리로 점령한 후, 히틀러는 그동안 꿈꾸어오던 프랑스 침공을 군부에 명령했다. 하지만 히틀러나 일반 독일 국민들의 정서와 달리 지금까지 군사적인 승리를 계속하여 온 군부가 반발하고 나섰다. 한마디로 프랑스는 이제까지 독일이 겪었던 상대와는 격이 달랐던 것이다. 전쟁을 최대한 회피하는 비굴한 모습을 보이고 내부적으로도 정치적 · 사회적 혼란이 계속되기는 했지만, 프랑스는 객관적으로 당대 최강의 육군을 보유한 나라였다. 베르사유 조약으로 독일이 10만 명으로 병력을 제한받는 동안에도 프랑스는 100만 대군을 유지했고, 이런 차이는 라인란트를 재점령하기 전에 히틀러가 몹시 겁을 낸 결정적인 이유이기도 했다.

특히 프랑스는 1939년 독일에 대한 선전포고와 함께 전시 동원령이 내려져 1939년 12월까지 병력이 300만으로 확대될 예정이었고, 전 세계에 흩어진 식민지들로부터 막대한 전쟁 수행 물자가 공급되기 시작했다. 게다가 독일이 오랫동안 개발에 제한을 받았던 전차와 야포 같은 중화기의 성능이나 수량 또한 프랑스가 앞서고 있었고, 이런 간격은 아무리 재군비를 선언하고 확장에 나섰어도 독일이 단시간 내 극복할 수 있는 부분이 아니었다. 또한 독일-프랑스 국경 사이에 건축된 사상 최고의 군사 건축물인 마지노선은 말 그대로 난공불락의 요새였다. 더불어 또 하나의

● 1939년 훈련 중인 프랑스 육군의 R35 전차. 2차대전하면 흔히 독일군 기갑부대를 연상하지만, 사실 당시 독일이 기갑전력에서 상대를 압도한 적은 그리 많지 않다. 독일이 프랑스와 일전을 벌였을 당시에도 프랑스의 전차부대가 양적·질적으로 독일보다 우세했다.

강자인 영국이 1차대전 당시처럼 신속하게 전시 체제로 전환하면서 대륙에 30만의 원정군을 파견했는데, 당시 참전한 나라의 군대들 중 유일하게 모든 부대가 차량화된 최신예 부대였다. 여기에다가 세계 최강의 영국 해군과 4위의 프랑스 해군이 장악한 바다로 독일 해군이 비집고 들어갈 틈은 없었다.

유일하게 독일 공군은 상대적으로 신예기들이 많아 세계 최강으로 평가받고 있었지만 전술기의 절대 수량도 사실은 영불연합군이 근소하게 앞서고 있었다. 그리고 이러한 명백한 사실을 독일 군부는 누구보다도 잘 알고 있었다. 폴란드전의 승리에도 불구하고 당시까지 군부를 완전히 장악하지 못했던 히틀러도 이러한 반발을 완전히 무시할 수는 없었다. 공식적으로 1939년에만 아홉 차례나 프랑스 침공계획이 연기되었을 만큼 군부의 반발은 격렬했고, 히틀러가 집요하게 닦달하자 군부는 섣부른 프랑스 침공이 독일을 파멸로 이끌 것이라고 주장하며 쿠데타 모의까지

했을 정도였다. 엄밀히 말하면 당시 독일 군부도 프랑스처럼 전쟁을 회피하고 싶어 했다. 히틀러는 사석에서 군부를 '겁쟁이'라고 매도했지만, 사실 독일 군부의 이러한 태도가 무조건 그른 것은 아니었다.

부족한 현실

그 이유는 수차 언급했지만 독일이 프랑스를 침공했던 바로 그 순간까지도 독일의 군사적 하드웨어가 연합국에게 뒤지고 있었다는 명백한 사실 때문이다. 파울 요제프 괴벨스^{Paul Joseph Goebbels}를 대표로 하는 나치의 선전매체가 독일 국방군^{Wehrmacht} *이 세계 최강이라고 끊임없이 국민들을 세뇌하고 있었지만, 절대 그렇지 않다는 사실을 군부는 누구보다도 잘 알고 있었다. 특히 공격자가 방어자의 3배 정도 전력이 되어야 전쟁을 개시할 수 있다는 고래로부터의 법칙을 상기한다면, 독일이 자신을 앞서는 프랑스를 상대로 공세를 펼친다는 것은 군사교리상 맞지 않았다. 비록 재군비를 선언한 후 단기간에 위협적인 군사력을 구축한 것은 맞지만, 독일은 당시 유럽의 슈퍼파워라 할 수 있는 프랑스와 영국 그리고 소련을 객관적으로 앞서고 있지는 못했다.

　다만 1차대전 당시 세계 최강 수준의 훌륭한 군대를 운영했다는 전통과 노하우가 있어서 외형적으로 규모를 확충하고 조직을 만드는데 필요한 시간은 절약할 수 있었으나, 전력을 좌우하는 또 하나의 중요한 요소

＊ 나치가 재군비를 선언하면서 탄생한 제3제국의 군대. 1935~1945년 사이에 존속한 독일군을 의미한다.

● 1941년 동부전선에서 활약하는 독일군 소속의 38t 전차. 독일이 프랑스를 침공한 1940년만 하더라도 독일군의 주력전차인 1호·2호 전차는 성능이 상당히 뒤떨어졌고 최신식 3호·4호 전차는 수량이 부족했다. 이때 독일의 점령지였던 체코슬로바키아산 38t 전차가 대거 투입되어 상당한 호평을 받았다.

인 무기 분야의 격차는 쉽게 해소하기 힘들었다. 베르사유 조약으로 무기 개발에 많은 제한을 받아왔던 독일은 현대식 무기를 습득하기 위해 서둘렀으나 이것만큼은 단시일 내 이루어질 수 없었다. 특히 전차와 전투기처럼 개발에 많은 기술이 필요한 분야에서 애를 먹었다. 예를 들어 재군비를 선언한 독일이 처음 제작하여 제식화한 1호·2호 전차는 프랑스 전차와 맞상대하기 곤란한 시대에 뒤떨어진 물건으로 평가받아 점령국인 체코슬로바키아산 38t 전차가 돌파의 주역으로 대거 활약했다.

전투기의 경우도 비슷했는데 고성능 엔진 개발이 늦어져 처음에는 영국에서 엔진을 도입하여 제작에 나섰을 정도였다. 한때 세계 2위 수준의 제국 해군Kaiserlichemarine을 보유했다가 1차대전 종전 후 연안 해군으로 전락한 독일 해군Kriegsmarine도 싸울 여건이 되어있지 않은 것은 마찬가지였다. 1939년 9월 영국과 프랑스가 독일에게 선전포고를 하자 해군 총사령관 에리히 레더^{Erich Raeder}가 "우리가 할 수 있는 것은 용감하게 싸우다 죽는 모습을 보여주는 것밖에 없다"고 한탄했을 정도였다.

히틀러가 지난 1936년 라인란트 회복 후 계속된 도박에서 승리를 거머쥐었지만 막상 실전을 벌여 그들의 힘을 과시한 것은 폴란드 침공이 처음이었다. 상비군을 100만이나 보유한 폴란드는 베르사유 조약으로 독일이 군비의 제한을 받았던 1930년대 이전까지만 해도 종종 독일을 비롯한 주변국과 군사적 충돌을 마다하지 않았을 정도의 군사강국이었다.* 하지만 1930년대 말이 되어서는 군사력이 역전된 상태에서 독일이 자신만만하게 폴란드를 침공했으며, 더구나 또 하나의 군사대국인 소련과 함께 협공을 펼쳤다. 그런데 히틀러가 다음 목표로 지목한 프랑스는 한마디로 폴란드와는 차원이 달랐다. 히틀러는 지금까지의 승리에 고무되어 프랑스를 즉시 결딴낼 생각에 들떠 있었지만 일선에서 전쟁을 벌일 군부는 전혀 생각이 달랐다. 군부는 지난 전쟁에서 모든 방법을 동원하고도 돌파에 실패하면서 무덤으로 변했던 서부전선의 악몽을 똑똑히 기억하고 있었다. 한마디로 압도적인 우세를 담보하지 않고 프랑스를 공격하다가는 그 꼴이 다시 재현될 것으로 생각했다.

독일 군부 또한 전쟁을 회피하려던 프랑스만큼 망설이고 있었다. 그 이유는 상대를 무찌르는 것보다 내가 당할 피해를 두려워했기 때문이었는데 그만큼 지난 전쟁의 악몽은 잊을 수 없었다. 하지만 독일은 프랑스와 한 가지 다른 점이 있었다. 프랑스에 대해 반드시 복수하겠다는 의지

---

*폴란드는 1차대전 후인 1919년 독립한 신생국이었지만 대외적으로 꾸준히 영토 확장을 추구하여 주변국과 많은 분쟁을 벌였다. 특히 1920년대에 연이어 소련·우크라이나·리투아니아·체코슬로바키아·독일 등과 연쇄적으로 벌인 국지적 충돌에서 승리하여 중부 유럽의 군사 강국의 위치를 점했다.

를 가지고 이를 행동으로 보이려는 독재정권이 있었다는 사실이었다.

침략자에게 선물이 되었던 시간

1939년 9월의 코미디 같았던 자를란트 진공에서 보듯이 프랑스의 정계
는 물론 군부도 어떻게든 전쟁을 피하려고만 했다. 그냥 독일을 애써 외
면하면 전쟁이 일어나지 않을 것으로 믿었고, 또 그렇게 되기를 간절히
희망하고 있었다. 하지만 독일은 전혀 그렇지 않았다. 아니 엄밀히 말해
대다수의 독일인들이 전쟁을 원하지 않았다 하더라도 프랑스처럼 전쟁
을 피할 수는 없었다. 전쟁에 대한 히틀러의 의지가 워낙 확고했기 때문
이었다. 프랑스 침공에 소극적이었던 군도 통치자의 의중이 그러하니 마
냥 주저할 수는 없었다. 사실 지난 전쟁의 치욕을 갚고자 하는 마음은 군
부도 마찬가지였으며 다만 때가 이르다고 판단했을 뿐이었다. 히틀러가
극적으로 마음을 바꾸어 프랑스 침공을 포기하지 않는 한 전쟁은 돌이킬
수 없는 기정사실이었다. 그렇다면 독일 군부는 확실하게 예정된 전쟁을
승리로 이끌 해법을 찾는데 최선을 다할 수밖에 없었다. 그들은 연합군
측이 스스로 만들어준 금쪽같은 시간을 살려 침략 준비에 박차를 가했다.

분명히 지금은 프랑스와 영국이 독일에게 전쟁을 선포한 상태였다. 직
접 조준하여 총을 쏘고 있지는 않았지만 이미 전쟁을 벌이고 있던 중이
었는데, 이런 이상한 상황은 막상 전쟁을 선포하고도 공격이 아닌 방어
만 하려고 했던 연합국 측의 한심한 모습에서 비롯되었다. 앞으로 조금
거슬러 올라가 1939년 9월 3일 선전포고와 동시에 영국과 프랑스가 전면
전을 펼쳐 독일로 진공했다면 역사는 분명히 달라졌을 것이다. 전쟁으로

인한 희생이 따랐겠지만 이를 수백 배 능가하는 더 큰 참화는 분명히 막을 수 있었을 것이다. 하지만 결론적으로 연합국 측은 그들에게 주어진 마지막 기회를 날려버리고 스스로 먹이가 될 준비만 하고 있던 겁 많은 바보들이었던 셈이다.

멀리 대서양의 바다에서 있었던 간헐적인 전투* 외에는 마치 휴전이나 정전상태처럼 독일-프랑스 국경에는 평안이 감돌고 있었다. 처음에 전시 동원되었을 때 느꼈던 팽팽한 긴장감은 어느덧 서서히 사라져갔고, 훈련 중 포탄이 국경 너머 상대편 지역에 떨어지면 "미안하다. 방금 것은 연습 중 실수였다"라고 사과방송까지 했을 정도였다. 이를 역사에서는 '가짜 전쟁Phoney War'이라 통칭한다. 하지만 '가짜 전쟁'은 단지 그럴듯한 언어 유희일 뿐 독일에게는 천금 같은 시간이었던데 반하여, 참화를 막을 수 있었던 마지막 기회를 날려버린 영국과 프랑스에게는 한심한 시절이었다고 정의할 수 있다. 이런 상황을 틈타 독일은 1940년 4월 전격적으로 덴마크와 노르웨이를 침공하여 점령했다. 이로써 순식간에 발트Balt해를 내해로 만들어버림과 동시에 북해를 통해 영국을 압박하는 전략적 효과를 얻었다.

더불어 독일과 프랑스의 가장 큰 차이점은 전쟁을 일선에서 수행할 지휘관들의 능력에 있었다. 20여 년 전 승전국의 영예를 얻은 프랑스의 군부는 차후 있을지도 모르는 전쟁에 대비한 새로운 전술사상 연구에

---

* 연합국의 선전포고와 동시에 제대로 된 교전이 벌어진 곳은 사실 바다였다. 영국을 연합국, 특히 해외 식민지로부터 차단시키기 위한 독일 해군의 노력은 필사적이어서 원양에서도 교전이 벌어졌으며, 일부 전투는 상당히 격렬했다. 우루과이 앞바다에서 영국 해군에 포위당한 독일의 포켓전함 그라프슈페Graf Spee호가 자침한 것도 이 당시의 유명한 일화다.

● 가짜 전쟁 중 지그프리트 방어선에 주둔하고 있는 독일군의 평화로운 모습을 담은 선전용 사진. 연합국이 교전을 회피하는 동안 독일은 전력을 증강하면서 한편으로는 위와 같이 다양한 방법으로 평화 공세를 펼쳐 연합군의 판단을 흐리게 했다.

소극적이었던데 반하여, 베르사유 조약의 대대적인 군축상황에서 살아남아 군무를 지킨 엘리트 중의 엘리트들이었던 독일의 장성들은 와신상담의 자세로 장차 일어날 전쟁에 대해서 연구를 했다. 지난 전쟁에서 겪은 지독한 참호전의 경험은 두 나라 모두에게 엄청난 숙제를 안겨주었고, 이를 해결하는데 연구의 모든 초점이 맞추어졌다.

프랑스의 경우는 나폴레옹 이래 프랑스군의 전통적 교리로 자리 잡고 있던 공격제일주의가 엄청난 사상을 유발한 주요요인이라고 분석했고, 결국 승리는 아군의 피해를 최소화할 수 있는 완벽한 방어를 통해 얻을 수 있다고 생각했다. 그 결과 일각의 반대에도 불구하고 이런 사상을 집대성한 마지노선이 등장했다. 그런데 이런 자세부터가 프랑스의 착각이었다. 1차대전 정전 당시에도 군사적으로 독일을 압도하던 상태가 아니었다는 사실을 망각하고 있었던 것이다. 제풀에 지친 독일이 강화조약에 응하며 정치·외교적으로 승전국이 되는 기쁨을 얻었다는 명백한 사실을 프랑스는 자신에게 유리한대로 왜곡하고 있었다. 물론 전쟁 내내 독일에 대한 프랑스의 저항은 경악스러울 정도로 대단했고 결국 프랑스가 최후의 승자가 되는 결정적 이유가 되기도 했지만, 자신들이 힘으로 독일을 굴복시키지 못했던 점을 애써 외면했던 것이다. 이것은 독일에 대하여 선전포고를 하고서도 공격에 나설 용기를 내지 못했던 이유 중 하나이기도 하다.

반면 독일에서는 같은 결과를 놓고 다른 생각을 가진 부류가 있었다. 이전 전쟁의 실패는 이론이나 계획이 잘못되어서가 아니라 이를 실천한 방법에서 비롯되었다고 본 것이다. 오히려 애당초 계획은 훌륭했는데 이를 실행할 수 있던 방법이 당시 여건을 너무 앞섰다고 결론 내렸다.

지난 전쟁 당시 독일의 전쟁교범이었던 슐리펜 계획은 분명히 시대를 초월한 훌륭한 전략이었다. 다만 이를 실행에 옮긴 참모총장 헬무트 폰 몰트케Helmuth von Moltke*가 임의로 계획을 변경하는 치명적 실수를 범했고 더불어 독일의 기동력도 부족했다는 점이 전쟁에서 패한 이유라고 본 것이다. 즉, 벨기에를 통과하여 프랑스를 북쪽에서 급습했던 독일의 전략은 프랑스가 전혀 예상하지 못한 곳을 침공로로 삼았기 때문에 군사적으로는 뛰어난 기습효과를 얻을 수 있었다. 하지만 애초 계획과 달리 독일 스스로 전력을 분산시키는 바람에 진격이 탄력을 잃었고 결국 실패로 막을 내렸다. 더불어 당시의 기동력으로 6주 동안 하루에 30킬로미터 이상

---

*보불전쟁에서 프로이센 참모총장으로 독일 연합군을 이끌어 승리를 이끈 백부(헬무트 칼 베른하르트 폰 몰트케Helmuth Karl Bernhard von Moltke)와 구분하여 흔히 소 몰트케라 부른다.

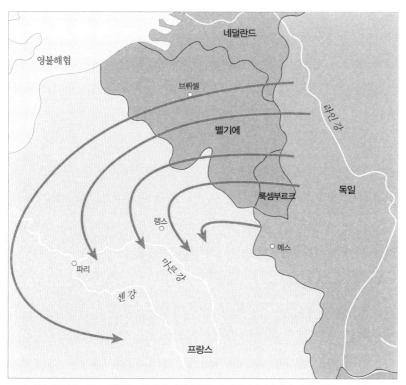

● 슐리펜 계획 중 프랑스 침공안. 1차대전 당시 독일군의 기본전략이었던 슐리펜 계획은 벨기에를 우회
하여 프랑스를 공략하는 것이 골자였다. 하지만 참모총장 몰트케는 우익에 집중시켜야 할 전력을 분산시
키는 치명적인 실수를 범했고 결국 실패했다.

을 계속 전진한다는 자체가 무리였다는 분석도 있었다. 따라서 과오를
반복하지 않고 기동력을 보완한다면 장차의 전쟁에서 승리를 얻을 수 있
다고 생각했다. 물론 독일 군부 전체가 그렇게 생각한 것은 아니었지만
일부 소장파에서 새로운 의견을 개진하고 실천할 수 있는 여건은 조성된
상태였다.

누구나 예상하는 침공로

긴박했던 1939년이 지나고 1940년이 되었을 때 연합군이 독일로 침공할 가능성은 '제로(0)'가 되었고 결국 선택은 순전히 독일의 의지에 따르는 형국으로 바뀌었다. 영국과 프랑스는 지금까지 그랬던 것처럼 계속 말로만 전쟁이 지속되기를 원했다. 특히 장차 전쟁이 벌어지면 제일 먼저 전쟁터가 될 프랑스에서는 좌파를 중심으로 하는 평화주의자들이 계속하여 반전을 외치고 있었다. 그들은 자신들이 전쟁을 원하지 않고 평화를 주장하면 독일이 프랑스를 그대로 놓아둘 것으로 철석같이 믿고 있었다.

하지만 1940년 4월 독일의 노르웨이 점령은 위기의 순간이 코앞까지 다가와 있음을 느끼게 해주었다. 이제 연합국의 의견은 독일이 침공을 개시한다면 어떻게 막아낼 것인가로 모아졌고, 또한 독일에게도 어떻게 침공할 것인가 하는 같은 고민을 안겨주었다. 그런데 군사전략상 양측이 선택할 방법은 이미 결정되어 있던 것과 다름없었다. 바로 마지노선의 존재 때문이었다.

독일-프랑스 국경 사이에 건설된 750여 킬로미터의 마지노선은 난공불락의 요새였고 이를 정면으로 돌파한다는 것은 자살과 같은 의미였다. 그런데 남쪽 스위스 국경에서 시작된 마지노선은 북해까지 이어지지 않고 벨기에 국경까지만 연결되어 있었다. 결국 벨기에 평원이 독일의 침공로가 될 수밖에 없는 운명이었다. 마치 슐리펜 계획에 의거 독일이 프랑스를 침공한 25년 전과 같은 상황이었는데, 이는 독일은 물론 연합군에게도 다양한 군사전략을 펼칠 수 있는 여건을 제한시켰다. 결론적으로 한 번 무서운 백신을 맞아보았던 프랑스는 독일이 침공해 오면 1차대전 당시와 같은 지구전으로 독일을 주저앉혀 버릴 작정이었다. 침공로를 충

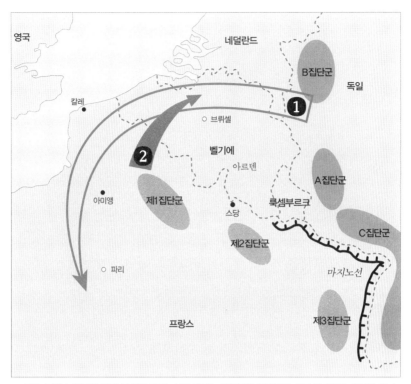

● 독일–프랑스 국경을 따라 축성된 마지노선의 존재는 독일군의 공격로가 또다시 저지대 국가가 될 수밖에 없도록 만들어버렸다. 독일은 1차대전 당시 침공로(❶번 통로)를 따라 다시 프랑스를 공격할 황색 작전을 구상했고 이 점은 프랑스도 충분히 예견했다. 때문에 프랑스는 주력인 제1집단군을 프랑스–벨기에 국경에 배치하고 있다가 독일의 침공이 개시되면 ❷번처럼 벨기에로 진입하여 독일을 막아낼 다일–브레다 계획을 수립했다.

분히 예측할 수 있었기 때문에 오히려 대응이 더욱 수월해 보였고 1차대전 당시에는 없던 마지노선이 듬직한 보호막이 되어줄 것으로 믿었다.

1차대전 당시 벨기에로 우회한 독일의 프랑스 침공은 상당히 놀라운 전술이었다. 1870년에 있었던 보불전쟁 때처럼 독일–프랑스 국경을 진격로로 생각하고 있던 프랑스의 뒤통수를 완전히 강타했고, 단지 길을 내기 위해서라는 하나의 이유만으로 중립을 선언한 벨기에를 무차별적으로 짓밟는 것도 충격이었다. 하지만 1940년 현재 그 길은 다시 침공로가 될 운명이었고 프랑스는 거기에 대해 준비하고 있었다. 흔히 다일-브레다 계획Plan Dyle-Breda으로 잘 알려진 전쟁 전 프랑스 방어작전의 핵심은 연합군 주력을 프랑스와 벨기에 국경 인근에 집중 배치하고 있다가 독일이 벨기에로 침공을 개시하면, 벨기에의 다일Dyle 강과 브레다Breda 강까지 진격하여 강력한 교두보를 구축한 후 여기에서 1차대전 때와 같은 방어전을 전개하여 독일군이 제풀에 꺾이도록 하는 것이었다.

반면 '황색 작전Fall Gelb'으로 명명한 독일의 침공안은 슐리펜 계획을 명칭만 바꿔 단 것과 다름없었다. 굳이 차이를 든다면 벨기에 침공 시 네덜란드까지 동시에 공략하여 초기 진격로를 넓게 확보하는 것뿐이었다. 1차대전 당시 한정된 벨기에 통로만 이용하다 보니 개전 초기에 심각한 병목현상을 불러왔고 이것이 결국 진격 시간을 지체하게 된 요인으로 분석되었기 때문이었다. 사실 슐리펜 또한 벨기에뿐만 아니라 네덜란드도 당연히 침공로로 예정하고 있었지만, 몰트케는 굳이 여러 나라를 적으로 만들 필요가 없다고 판단하여 1차대전 당시 벨기에만을 침공했다.

이처럼 독일의 침공로가 피아 모두에게 뻔히 노출되어 있다 보니 한쪽은 독일군의 공격을 막을 주저항선으로, 다른 한쪽은 침략의 통로로써 벨기에를 염두에 두고 있었다. 한마디로 자국의 영토에는 폭탄을 맞지 않고 되도록이면 남의 영토에서 그것도 약소국의 땅에서 싸움판을 벌이겠다는 의도였다. 결국 벨기에는 본인들의 의사와 아무런 상관없이 20년 만에 또 다시 원하지 않는 전쟁에 끌려 들어가야 할 운명이었다.

그런데 약소국 벨기에의 태도도 한심하기는 마찬가지였다. 중립만 외친다고 전쟁의 화마를 피할 수 없음을 1차대전의 경험으로 잘 알고 있던 벨기에는 독일의 침공이 재현된다면 분명히 자신의 영토로 진격하여 올 것이고 또한 그들을 도울 유일한 우군이 프랑스와 영국의 연합군이라는 점을 분명히 알고 있었다. 하지만 전쟁의 기운이 점차 임박해오는데도 벨기에는 연합군과 연합하여 작전을 벌이고자 하는 어떠한 자세도 보여 주지 않았다. 영불연합군은 예정된 방어선에 병력 투입을 생각하고 있었지만 벨기에는 독일군의 공격이 있기 전에 어떠한 시설도 연합군에게 제공할 수 없다고 거절했다. 아니 그것으로도 모자라 자신들을 도와줄 우군에게 방어선의 사전 답사조차 허락하지 않았을 정도였다.

예견된 거대한 전쟁

처음에도 언급한 것처럼 1941년 발발한 독소전쟁으로 인하여 그 기록이 1년 만에 갱신되기는 했지만 1940년에 있었던 독일군과 영불연합군의 대결은 당시까지 하드웨어적으로 역사상 최대의 전쟁이었다. 일단 동원된 병력만 해도 양측을 합쳐 약 600만에 이르렀고 2만 문의 야포와 6,000대의 전차 그리고 8,000여 기의 군용기도 준비되었다. 프랑스와 영국은 실전을 원하지는 않았지만 그래도 대비는 하고 있었고, 독일은 군부가 작전의 연기를 원했지만 히틀러의 명령이 떨어지면 진격해야 했다. 특히 가공할 점은 이러한 기대한 병력과 무장이 호시탐탐 전쟁을 벌일 준비를 마쳐 놓고 있었다는 사실이다. 분명히 이들은 선전포고를 한 교전 당사국들이어서 전쟁의 가능성을 충분히 예견할 수 있던 상태였다. 한마디로 이 정도의 엄청난 군비가 준비되어 즉시 전쟁을 벌일 준비를 완료했다는 자체가 무서운 일이었다.

비교하자면 이듬해 발발한 독소전쟁이나 태평양전쟁은 소련이나 미국이 대응할 준비가 갖추어지지 않은 상태에서 독일과 일본의 기습으로 벌어진 전쟁들이었다. 또한 1차대전 당시에도 독일의 공격은 프랑스의 예상을 깨고 전광석화와 같이 개시되었다. 즉, 어느 한쪽이 안심하고 있던 상태에서 전쟁이 벌어졌는데 1940년 독일-프랑스 국경은 이미 전쟁이 확실히 예상되는 살얼음판 같은 분위기였다. 즉, 전선이 고착화되고 양측의 전력이 대등하게 맞서며 죽기 살기로 싸웠던 1차대전의 절정기를 능가하는 상황이 처음부터 완벽하게 조성되어 있었던 것이다. 또한 당시와 비교하면 1940년 양측이 무장하고 있는 무기는 질 자체가 달랐다. 즉, 이 정도의 엄청난 무장을 갖춘 병력이 집결한 채 개전을 기다리고 있는 경우도 유래가 없었고 만일 이 상태에서 포성이 울린다면 그야말로 상상도 못할 엄청난 지옥이 연출될 것은 불을 보듯 뻔했다.

서부전선에 이러한 팽팽한 기운이 감도는 가운데 별다른 상황 파악도 못하고 기존에 수립된 방어계획을 철저히 신봉하며 구태의연했던 연합군 지휘부와는 달리, 독일 군부 내에서는 엄청난 격론이 벌어지고 있었다. 그 핵심은 바로 공격방법이었다. 보다 혁신적인 공격방법의 도입을 주장한 소장파 장군들이 이러한 논쟁의 중심에 서있었고 그중 대표적인 인물이 A집단군 참모장이었던 에리히 폰 만슈타인Erich von Manstein이었다. 만슈타인은 상대도 충분히 예상하고 있는 지점으로 아군을 몰아넣는 황색 작전을 강력히 비판하고 이를 대신할 새로운 작전을 제시했다.

그는 적이 전혀 예상하지 못한 곳을 통로로 삼아 강력한 주공을 진격시켜 연합군을 분리시킨 후 배후에서 포위, 섬멸하자는 이른바 '낫질 작전Sichelschnitt'을 제시했고 그 회심의 돌파구로 국경의 구릉지대인 아르덴Ardennes을 지목했다. 그는 이곳으로 기계화부대를 집중시켜 최대한 빨리 통과한 후 스당Sedan을 지나 연합군 배후를 완전히 잘라버리자는 구체적인 각론도 제시했다. 비록 아르덴이 독일·룩셈부르크·프랑스를 나누

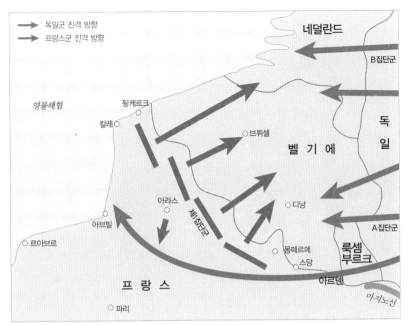

● 만슈타인 계획(낫질 작전). 만슈타인은 아무도 생각지 못한 아르덴 고원지대로 독일군 주공을 통과시켜 상대의 배후를 순식간에 끊어 버리는 작전을 구상했으나 독일 육군 최고사령부는 실현성이 없다고 기각했다.

는 자연적인 국경선으로 험악한 산악지대지만 사전에 정지^{整地}만 해 놓는다면 숲 사이로 기갑부대가 충분히 진격할 수 있다는 결론을 이미 내려 놓은 상태였다. 더구나 폴란드에서 하인츠 구데리안^{Heinz Guderian}이 이끈 독일의 집단화된 기갑부대는 시범적으로 편성된 제대였음에도 불구하고 예상을 뛰어넘는 놀라운 돌파능력을 보여주었다. 반면 프랑스군은 독일군이 험준한 산악지대를 통해 공격하는 것은 불가능하고, 특히 기갑부대가 기동하기에는 곤란할 것이라고 판단했다. 똑같은 장소에 대한 그들의 판단은 정반대였고 독일의 준비와 달리 프랑스의 대응은 소홀했다.

그런데 독일 군부에서 이런 혁신적인 작전을 지지하던 부류는 소수의 소장파였다. 독일 육군 최고사령부^{OKH, Oberkommando des Heeres}를 중심으로 보수적인 사상을 가진 독일 군부의 노장들은 폴란드에서의 경험이 있었음에도 기갑부대를 집중 운용하는 전술 방식에 대해서 여전히 의문을 가지고 있었고, 주력 기갑부대를 아르덴으로 통과시키는 것은 더구나 불가능하다고 생각했다. 따라서 이 점만 고려한다면 프랑스의 판단이 결코 이상한 것은 아니라 할 수 있다. 분명히 독일도 황색 작전으로 적이 뻔히 예상하는 통로를 통해 프랑스를 침공한다면 불가피하게 아군의 많은 희생을 동반할 수밖에 없으며, 최악의 경우 1차대전 같은 지옥이 재현될 가능성이 크다는 사실을 충분히 인지하고 있었다. 아마도 히틀러 혼자만이 전쟁을 개시하고 싶어 조바심을 내고 있었다고 비유할 만큼 사실 지난 전쟁의 악몽과 현재의 전황분석은 양측 모두에게 소극적으로 행동할 수밖에 없도록 만들어 놓은 상태였다. 그리고 1940년 5월 10일 드디어 운명의 시간이 다가왔다.

변경된 독일의 계획

독일이 저지대 국가*를 전격 침공함으로써 그렇게 모두가 피하고 싶어 하던 전쟁이 개시되었다. 독일은 만슈타인이 주장한 낫질 작전에 따라 프랑스를 향한 거대한 진격을 시작했다. 여담으로 독일이 낫질 작전을 채택하게 된 과정은 상당히 극적이었다. 만슈타인은 수차례 기각되었음에도 불구하고 최고사령부가 수립한 황색 작전을 비판하는 의견을 고집스레 계속 상신했는데, 이 때문에 참모총장 프란츠 할더^{Franz Halder}의 분노

---

*유럽 북해 연안의 벨기에 · 네덜란드 · 룩셈부르크 등의 국가들.

를 사서 후방의 제38군단장으로 좌천당했다. 그런데 그가 군단장으로 부임한 지 얼마 되지 않아 히틀러가 부대를 방문하게 되었고, 이때 만슈타인은 총통에게 낫질 작전을 소상히 설명할 기회를 얻었다. 결국 낫질 작전은 히틀러가 이 작전을 전격 채택함으로써 실현될 수 있었던 것이다.

사실 히틀러도 1차대전 당시 서부전선에 하사관으로 참전하여 부상을 당했던 경험이 있어서 참호전의 무서움을 잘 알고 있었다. 때문에 슐리펜 계획의 재판인 황색 작전은 벨기에 평원에서 전선이 멈추도록 만들 가능성이 너무 크다고 내심 생각하고 있었다. 전선의 정체는 지구전을 의미하는 것이고, 지구전은 해군이 약하고 해외 식민지가 전무했던 독일에게 악몽과 다름없는 시나리오였다. 이러한 고민을 항상 머릿속에 담고 있던 히틀러에게 만슈타인의 새로운 제안은 한마디로 귀가 번쩍 뜨이는 묘책이었다.

프로이센 이래로 지도자에 대한 충성심이 깊었던 보수적인 독일 군부는 히틀러로부터 새롭게 명령이 떨어지자 이를 받들어 침공계획을 변경하고 부대를 신속히 재배치했다. 독일은 당시 편제되었던 157개 사단 중

● 히틀러와 2차대전 최고의 명장으로 손꼽히는 만슈타인(가장 왼쪽). 히틀러가 낫질 작전을 지지한 것은 2차대전 기간 그가 간섭한 일 중 몇 안 되는 올바른 결정이었다.

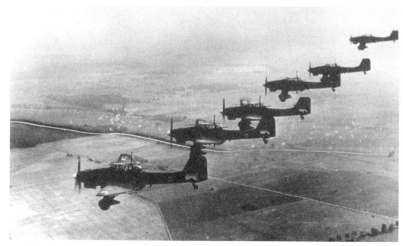

● 전쟁 전 독일군이 연합군을 앞섰던 유일한 분야는 공군이었다. 하지만 이조차도 양적으로는 연합군이 근소하게나마 우세한 형국이었다. 독일 공군의 급강하폭격기 Ju-87 슈투카는 기갑부대가 전진할 곳을 먼저 청소하는 공중 포대 역할을 담당한 전격전의 주연 중 하나다.

본토 방위와 폴란드·노르웨이 등 점령지 관리를 위해 필요한 최소한의 부대를 제외한 총 136개 사단을 프랑스 침공에 할당했다. 즉, 프랑스 침공에 모든 것을 걸었던 것이다. 그것은 지난 1차대전 당시에 처음부터 양면전쟁에 빠져들어 전력이 분산되면서 결국 패전에까지 이르게 되었던 교훈을 상기한다면 두말할 필요 없이 당연한 조치였다.

독일 육군 최고사령부는 프랑스 공략을 위해 침공군을 A·B·C의 3개 집단군으로 나누어 놓았다. 원래 침공안인 황색 작전에는 북부의 B집단군이 저지대 국가인 네덜란드·벨기에를 침공하여 프랑스로 쇄도하는 주공을 담당하고 A집단군은 아르덴 삼림지대를, 그리고 C집단군이 마지노선의 프랑스군을 견제하기로 담당하기로 예정되어 있었다. 하지만 낫질 작전으로 인해 주공이 아르덴을 통과하기로 변경되면서 기갑부대를 비롯한 모든 예비대가 A집단군으로 집중되었다. 게르트 폰 룬트슈테트Gerd von Rundstedt가 지휘하는 A집단군에는 공격군의 절반 가까이 되는 총 45개 사단이 집중되었다. 특히 당시 보유한 10개 전차사단 중 7개 사단을 배치하고 이를 하나로 모아 최초의 야전군급 기갑부대인 클라이스트 기갑집단Panzergruppe Kleist을 창설하는 등 기갑부대를 최대한 집단화했는데, 이 점은 구태의연한 전술을 고수하고 있던 프랑스와는 확연히 다른 점이었다.

전격전의 상징으로 흔히 압도적인 독일의 전차부대를 상기하지만 사실 당시 양측이 동원한 전차는 독일군이 2,400여 대, 연합군은 3,000여 대 수준이었고, 개별 전차의 성능도 연합군 측의 전차가 더욱 좋았던 것으로 평가되고 있다. 다만 프랑스가 전차들을 보병부대에 분산하여 운용했던 데 비하여 독일은 이를 집단화하여 전선을 가르고 종심을 신속 타격할 충격군으로 삼았다. 뿐만 아니라 포병도 8,000문 대 1만 2,000문으로 독일이 열세였으며 해군은 비교할 가치조차 없었다. 다만 공군력에 있어서 적어도 질적으로는 독일이 연합군을 앞서고 있었고 특히 제공권을 장악할 최신예 전투기는 독일의 절대 우세로 평가되었다. 하지만 분명한 것은 총 140개 사단으로 구성된 300만의 연합군을 독일이 압도할 수준은 결코 아니었고, 상식적으로 통용되는 전쟁을 일으킬 수 있는 3배 우세는 더더욱 아니었다는 사실이다. 한마디로 독일은 한정된 자원을 최대한 한곳으로 집중하여 아르덴에 돌파구를 여는 것에 그들의 모든 운명을 걸었던 것이다. 이런 소프트웨어에서의 차이는 결국 전쟁의 승패를 좌우하는 결정적인 요인 중 하나가 되었다.

전쟁 개시

독일의 주력부대는 전술한 바와 같이 A집단군이었지만 적어도 1940년 5월 10일 개전 당일의 주인공은 아니었다. A집단군은 미리 개척된 숲 속의 좁은 진격로들을 따라 험로를 헤쳐나가던 중이었고 오히려 일부 지역에서는 예상치 못한 난관에 막혀 병목현상을 일으키고 있었다. 전쟁이 발발하자마자 서전을 통렬하게 장식한 것은 최초 황색 작전에서 주공으로 예정되었던 전선 북부의 B집단군이었다. 서서히 여명이 밝아오자 공수부대의 강하와 더불어 네덜란드와 벨기에로 향한 이들의 대규모 진격이 목격되었다. 사실 낫질 작전에서도 B집단군의 역할은 막중했다. B집단군은 연합군의 주력인 프랑스 제1집단군이 자신들을 독일군 주력으로 착각하도록 유도한 후, 최대한 저지대 국가 지역으로 끌어당겨서 배후를 길게 노출시키도록 미끼 역할을 맡았기 때문이었다. 더불어 A집단군이 계획대로 전선을 급속 돌파하여 연합군의 배후를 차단하는데 성공할 경우 B집단군도 북쪽에서 대포위망의 일각을 담당하여 프랑스 제1집단군을 전면에서 압박하며 섬멸하는 또 하나의 주먹이 되어야 했다.

1차대전 당시에 중립을 지킬 수 있었던 네덜란드는 물론 이전 전쟁에서 많은 피해를 보았던 벨기에도 이번 전쟁에 참여하고 싶은 생각은 추호도 없었다. 하지만 이들 약소국들은 단지 나라의 위치 때문에 전쟁터가 되었고 순식간에 국토는 침략자들의 군홧발에 유린되었다. 그리고 예견된 전쟁의 개시를 알리는 이러한 급박한 소식은 연합군 최고 수뇌부에도 긴급하게 전하여졌다. 당시 영국해외원정군을 포함하여 전선 전체를 책임진 인물은 프랑스군 총사령관 가믈랭이었다.

1939년에 실시된 자를란트 진공을 흥행에 실패한 재미없는 쇼로 만들

어 버리면서 천추의 기회를
날려버린 인물이 300만 연합
군을 지휘하고 있다는 자체가
사실 비극이었다. 결론적으로
가믈랭은 세계에서 가장 강력
하게 무장된 300만 대군을 가
지고도 전쟁을 허무하게 패전
으로 이끈 역사상 가장 무능
한 지휘관으로 기록된 인물이
었다. 그는 독일 B집단군이
네덜란드와 벨기에를 능욕하
자 자신의 계획대로 전쟁이

● 연합군 총사령관 가믈랭. 잘못된 명령만 남발하여 패
전을 촉진하다가 결국 경질되었다.

벌어지고 있는 것으로 착각하고, 연합군의 주력인 프랑스 제1집단군에
게 다일-브레다 계획에 의거 벨기에로 진격하도록 명령을 내렸다.

당시 프랑스는 강력한 3개 집단군이 대독전선을 책임지고 있었는데,
이는 당시 프랑스군 전력의 9할에 이르는 엄청난 규모였다. 이들 3개 집
단군은 북서에서 남동 방향으로 제1·2·3집단군이 차례로 배치되어 있
었는데 그중 핵심이자 정예는 벨기에 평원으로 진격하여 들어가 독일의
주공을 차단할 제1집단군이었고 여기에는 30만의 영국해외원정군도 포
함되어 있었다. 제1집단군은 연합군 지상군 전력의 절반 정도인 약 150
만 규모였는데, 병력이나 장비가 여타 집단군에 비해 앞서는 최정예였
다. 이보다 전력이 뒤지는 2선급 부대로 구성된 제2집단군과 제3집단군
은 마지노선에 틀어박혀 방어태세에 임하고 있었으므로 프랑스는 유일
기동전력과 다름없던 제1집단군에게 전쟁의 모든 것을 걸고 있었던 상

● 네덜란드의 로테르담에 진입한 독일 B집단군. 연합군은 이들을 독일의 주공으로 오판하여 주력 방어 부대를 저지대 국가로 진입시켰다. 하지만 이것은 철저히 독일군의 의도에 말려드는 행위였다.

황이었다. 결국 주공으로 오판한 독일 B집단군을 응징하기 위해 프랑스의 주먹인 제1집단군은 벨기에로 진입하기 시작한 것이다.

겉으로는 전선이 고착화되어 1차대전과 같은 지옥이 다시 벌어진다면, 이번에는 프랑스를 벗어난 벨기에 영토에서 참호전이 재현될 것으로 보였다. 그리고 연합군의 이동 소식은 시시각각 히틀러를 포함한 독일 육군 최고사령부에도 들어갔다. 프랑스는 마른의 기적Battle of Marne *을 벨기에 한가운데서 재현하고자 했지만, 독일은 네덜란드와 벨기에가 애당초부터 최종 목적은 아니었고 이곳에서 오래 머무르고 싶은 생각은 추호

---

* 1914년 9월 독일군과 프랑스군 사이에 벌어진 전투. 독일군의 간격이 벌어진 사실을 간파한 프랑스군이 마른 부근에서 회심의 일격을 가해 독일군의 진격을 정지시켰고 이후 서부전선은 급속도로 참호전으로 변화했다. 1차대전의 향방을 바꾼 가장 의의가 있는 전투라 할 수 있다.

도 없었다. 프랑스는 독일의 시늉에 분명히 속고 있었고 배후의 안전을 장담하지 못한 채 서서히 함정으로 빨려 들어가고 있었다.

신속한 대응, 황당한 명령

프랑스 전역에서 가장 운명적인 순간은 바로 독일의 침공 당일인 1940년 5월 10일이었다. 대부분 공격자가 초전에 기습적으로 공격을 감행하여 방어자에게 최대한 많은 피해를 입혀야 승기를 잡을 수 있는 것이 인류사 시작 때부터 이어져 내려오는 가장 초보적인 병법일 만큼 모든 전쟁에서 개전 당일의 대처 결과는 승패의 많은 부분을 차지한다. 프랑스 전역도 총론적으로는 이와 같았지만 각론적으로 들어가면 전혀 달랐다.

우선 아홉 달 전 먼저 선전포고를 했음에도 불구하고 공격은 포기하고 스스로 방어자의 입장을 선택한 프랑스도 상대의 도발을 충분히 예견하고 나름대로 준비를 하고 있었다. 또한 개전 당일 독일의 기습이 프랑스군을 향한 것이 아니라 길목이라 할 수 있는 저지대 국가로 향했기 때문에 프랑스군 주력은 초전에 피해를 입지도 않았다. 오히려 독일의 침공이 개시되자 만반의 준비를 갖춘 150만의 프랑스 제1집단군은 사전 계획대로 다일-브레다의 예정 방어선을 향해 이동을 개시했다. 집단군의 우익을 담당하는 제9군과 제2군의 속도가 상대적으로 늦기는 했지만 해안선을 따라 동진하는 제7군과 모든 부대가 차량화된 영국해외원정군의 전개는 흠잡을 데 없이 기동이 빨랐고, 예정 선에 이동이 완료되면 현지에서 벨기에군까지 합세하여 방어선을 완성할 것으로 보였다.

하지만 역사는 겉으로 별다른 움직임이 느껴지지 않고 있던 전선 중앙

● 연합군이 방심한 틈을 타서 엄청난 규모의 독일군 주력 기갑부대가 아르덴 고원지대를 빠져나와 연합군 배후를 차단하기 위해 돌진했다.

의 아르덴 숲 속에서 착착 이루어지고 있었다. 대규모 기갑부대를 중심으로 재편된 독일의 주력부대인 A집단군 예하부대들이 공군의 엄호와 숲을 엄폐물 삼아 아르덴의 험로를 차례차례 돌파하여 나아가기 시작한 것이다. 아마도 이 순간이 프랑스가 패하지 않을 수 있던 마지막 기회였을지 모른다. 만슈타인이 아르덴을 돌파구로 지목한 이유는 프랑스도 이곳을 침공로로 전혀 예상하지 않았던 만큼 기습의 효과가 컸기 때문이었다. 그것은 반대로 독일이 이곳을 돌파하려면 많은 애로가 따를 수 있다는 의미이기도 했다. 사실 독일은 작전 개시와 함께 사전에 공병대가 닦아 놓은 숲 속의 소로를 따라 종대로 전진하고 있었는데, 워낙 많은 기갑부대들이 집중하다보니 일부에서는 병목현상까지 나타났다.

그런데 이것은 거꾸로 생각하면 프랑스가 방어에 유리할 수도 있었던 절호의 기회였다. 한정된 개척로의 출구를 틀어막아 버리면 독일 기갑부대의 진공을 손쉽게 꺾어 버릴 수 있었기 때문이었다. 하지만 하늘에서 아르덴 숲을 엄호하는데 성공했던 루프트바페 덕분에 독일 침공군의 주력은 은밀히 이동을 계속할 수 있었고 내일이면 선도 부대들이 개활지로 치고 나가 출구 방향에서 교두보를 확보할 것으로 보였다. 바로 이때 가믈랭은 어처구니없는 명령을 하달했다. 독일군 집결지로 예상되는 지역에 대한 연합군 공군의 사전폭격을 금지한 것이었다. 루프트바페보다 열세인 연합군의 항공전력을 보존하기 위해서라는 명분이었다. 한마디로 전쟁을 이기겠다는 의지가 없다고 해석할 수밖에 없는 이런 조치에 일선 부대들은 경악했다.

아무리 비싸고 중요한 무기라 하더라도 필요할 경우에는 손실도 마다하지 않고 과감히 소모해야 하는 것이 전쟁인데, 가믈랭은 비싼 물건은 최대한 보존하는 것이 잘하는 것으로 알고 있었던 무능한 인물이었다. 만일 1940년 5월 10일, 피해를 감수하고라도 국경 너머 독일군 예정 집결지에 대한 맹폭과 함께 사전 정찰활동만 강화했더라도 독일의 노림수에 연합군이 쉽게 빠져들지 않았을지도 몰랐다. 분명히 연합군에게 그런 능력이 있었으나 이를 사용하지 않았고 등 뒤로 거대한 불씨가 조금씩 다가오는 깃도 모른 채 앞에 보이는 불만 잡기 위해 연합군 주력은 벨기에로 전진하고 있었다.

B집단군의 선전

당시 독일의 조공이자 미끼의 막중한 역할을 담당하고 있는 독일 B집단군의 활약은 예상을 뛰어넘고 있었다. 많은 예하부대를 A집단군으로 이전시키고 축소된 상태였음에도 오히려 네덜란드와 벨기에의 전략 통로를 차례차례 선점하여 나가는 B집단군의 초기 진격 모습은, 연합군 측에게 이들이 주공임을 의심치 않도록 만들어 버렸다. 맹장 페도르 폰 보크 Fedor von Bock의 지휘하에 예상을 뛰어 넘는 선전을 보여준 B집단군은 은밀히 이동하고 있던 A집단군의 안전을 더욱 보장해주었다. B집단군의 속도에 놀란 프랑스군은 다일-브레다 계획대로 부대 배치가 제시간에 완료되지 않을까 조바심을 내고 있었을 정도였다. 그것은 어쩌면 다시는 자국 영토에서 피를 흘리지 않고 벨기에에서 끝장을 보겠다는 프랑스의 이기적인 의지이기도 했다.

이처럼 1차대전의 경험으로 말미암아 최대한 전쟁을 회피하다가 어쩔 수 없이 받아들여야 한다면 무조건 내 땅에서만큼은 안 된다는 프랑스의 극단적인 사고방식은 결국 엄청난 전략적 실수를 가져왔다. 우선 프랑스의 계획이 겉으로는 적극적인 공세적 방어 모습을 지니고 있지만 공격군과 비슷한 규모의 수비군을 전투 이전에 엄청난 거리를 기동시켜야 한다는 것이 일선부대 입장에서는 결코 효과적이지 않았기 때문이었다. 더구나 영국해외원정군을 제외한다면 제대로 기동장비를 갖춘 부대들도 없었다. 당시 프랑스군은 각개 분산되어 기병대처럼 기동력이 좋은 부대부터 예정 집결지로 향했고, 대부분의 병력은 뒤처져서 도보로 이동하기 일쑤였다. 그렇다 보니 많게는 100킬로미터 이상을 행군하여 온 보병부대들은 이미 지쳐 있었고, 목적지에 도착하자마자 숨을 고를 틈도 없이 독일군의 공격을 받아 싸워보지도 못하고 지리멸렬한 경우가 태반이었다.

거기에다가 개전 직후 가믈랭이 자국 공군의 폭격을 금지하는 엉뚱한 명령을 내린 이유가 되기도 했던 루프트바페의 강력함은 독일의 의도대

● 연합군의 주력인 프랑스 제1집단군은 독일군의 계략에 철저히 속아 저지대 국가 깊숙이 이동하기 시작했다.

로 전쟁이 흘러가도록 만드는데 크게 일조했다. 만일 육군끼리 충돌이 벌어진다면 1차대전 당시처럼 전선이 고착화될 가능성도 있었겠지만 독일 공군은 하늘에서 프랑스군의 이동을 강력하게 제한하고 있었고 프랑스군이 이를 막을 방법은 없었다. 몸서리칠 만큼 무서운 굉음을 내며 급강하폭격을 가하는 Ju-87 슈투카Stuka에 놀라 이동 중이넌 프랑스군의 대오가 흩어지기가 다반사여서, 전선으로 신속히 전개하는 것은 고사하고 제대로 싸워보기도 전에 사기가 급격히 떨어졌다.

공습이 무서워 야간에만 이동하는 프랑스군보다 주·야간을 가리지 않고 진군하는 독일군이 한발 앞서 거점들을 확보할 수 있었다. 더불어 대부분의 독일군들은 폴란드 전역에서 경험을 쌓았기 때문에 1차대전 이후 실전 경험이 전무했던 연합군과 현격한 차이를 보였다. 그렇게 B집단군은 연합군 주력을 서서히 약화시켜 가면서 유인하고 있었다. 특히 가장 북쪽에 위치한 네덜란드의 상황은 암울해 보였고 이런 모습은 프랑스군을 더욱 조바심 내어 빨려 들게 만들었다. 전선에 도열한 독일 침공군의 절반에 해당되는 막강한 A집단군 부대들은 B집단군이 놀라운 선전을 벌이는 틈을 타 예정대로 숲 속을 빠른 속도로 가르고 있었다. 결국 물한 바가지로 끌 수도 있던 불씨가 숲 밖의 건초지대로 나오면 엄청난 화마로 바뀔 참이었는데 연합군은 B집단군에게 속아 이러한 상황을 제대로 인식하지 못했고, 그들에게 주어진 마지막 기회는 점점 사라져가고 있었다.

만일 1940년 5월 10일 개전 당일, 연기도 없이 등 뒤로 다가오고 있던 발목 아래의 불씨를 연합군이 발견했다면, 불이 거대하게 번지기 전에 끌 수 있을 가능성도 충분히 있었다. 하지만 불길의 통로인 아르덴의 정면을 담당하고 있던 샤를 윙치제르Charles Huntziger의 프랑스 제2군은 전혀 낌새를 채지 못했고, 결정적이었던 전쟁 첫날의 시간은 그렇게 지나갔다.

등 뒤에 나타난 공룡

5월 11일 날이 밝았을 때 윙치제르는 아르덴 전방의 일선부대들로부터 독일군의 이동이 목격되고 있다는 급박한 정보를 접했다. 하지만 그는 이러한 정황을 전쟁이 발발한 이상 통상적인 것으로 판단하고 있었고 예정대로 앙드레 조르주 코랍André-Georges Corap이 지휘하는 제9군과의 연결에만 신경을 썼다. 기갑부대를 앞세운 대규모 부대가 그런 험한 산악지대를 통과하고 있다는 생각을 꿈에도 하지 못한 프랑스는 여전히 저지대

국가를 종횡무진 휘젓는 독일 B집단군에만 집착하고 있었다. 이때 항공정찰만 제대로 이루어졌다면 아르덴의 출구 방향으로 일렬종대로 전진하고 있던 거대한 독일군 주력을 발견할 수 있었을 것이다. 하지만 연합국 공군은 루프트바페에 짓눌려, 그리고 멍청한 가믈랭의 명령을 받들어 하늘로 날아오를 생각을 하지 못했다.

그러는 사이 에르빈 롬멜이 이끄는 독일 제7전차사단이 최초로 아르덴 숲을 헤치고 개활지로 나와 뫼즈Meuse 강으로 진군을 개시했다. 강변에 있던 프랑스군이 격렬히 저항하면서 일시적으로 흐름을 둔화시켰으나 당시까지만 해도 프랑스는 이들의 정체를 제대로 모르고 있었다. 바로 그때 롬멜의 부대를 후속하여 거대한 용의 몸통이 숲 밖으로 튀어나오기 위해 맹렬히 달려오고 있었다. 전혀 예상치 못한 대규모 기갑부대가 뫼즈 강 인근에 나타났다는 보고를 받은 가믈랭은 놀랐으나 윙치제르가 능히 격파할 수 있을 것이라 생각했다. 그는 아직도 다일 강과 브레다 강에 예정된 방어선의 연결에만 골몰했다. 그는 전선 전체를 거시적으로 조망할 수 있는 능력이 부족한 인물이었고 이런 인물이 연합군 최고지휘관이라는 사실이 어쩌면 전쟁의 승패를 갈랐다고 볼 수도 있다.

가믈랭은 아직도 어디가 독일의 주공인지도 알아차리지 못했다. 별다른 방어신이 없었고 전쟁 준비도 되어있지 않았던 네덜란드와 달리 믿음직한 에뱅에마엘 요새Fort Eben-Emael가 버티고 있던 벨기에가 예상외로 초전에 밀리면서 프랑스 제1군의 진격에 문제가 생기자 그의 이러한 조급증은 더하여 갔다. 가믈랭은 제1군 사령관 조르주 모리스 장 블랑샤르Georges-Maurice-Jean Blanchard에게 속도를 더해 에뱅에마엘 요새의 붕괴로 생긴 돌파구를 하루속히 틀어막아 전선의 단절을 막으라고 명령했으나, 제1군은 루프트바페의 맹폭으로 이동에 제한을 받고 있었다. 다일-브레다

● 롬멜이 지휘한 제7전차사단은 뫼즈 강을 최초로 도하하는 전공을 세웠다. 하지만 이때까지도 프랑스 군은 등 뒤에 갑자기 나타난 독일 기갑부대의 의미를 정확히 깨닫지 못했다. 사진은 롬멜과 예하 지휘관 들의 모습.

계획의 달성에만 골몰한 가믈랭은 초반 상황이 이와 같이 어렵게 전개되 자 배후에 등장한 독일군 선도 부대의 의의를 제대로 파악하지 못했던 것이었다.

　그렇게 프랑스가 우왕좌왕하는 동안 시간이 흘러 5월 13일이 되었을 때 A집단군의 주먹, 아니 전체 독일 침공군의 주먹이라 할 수 있는 클라 이스트 기갑집단 예하의 선도 부대들이 용트림하며 하늘로 승천하는 용 처럼 아르덴의 숲을 빠져나와 개활지로 신속히 퍼져 나가기 시작했다. 그리고 이들의 머리 위에는 프랑스를 계속하여 공포로 몰아넣고 있던 루 프트바페가 함께하고 있었다. 프랑스는 경악했으나 이와 같은 대규모 독 일군을 막을 방법이 없었다. 프랑스군은 주력이었던 제1집단군이 저지 대 국가로 이동하면서 후방인 뫼즈 강과 요충지 스당을 사수하기 위해서 동원 예비군으로 구성된 2선급 부대들을 배치했는데, 이들은 갑자기 눈앞에 나타난 엄청난 규모의 독일 기갑부대에 놀라 이미 전의를 상실한 상태였다. 비록 일부에서 참호에 틀어박혀 허공에 총을 쏘며 막는 시늉을 해보았지만 독일군 전차들이 하나둘씩 강을 건너오자 방어를 포기하고 뒤로 돌아 후퇴에 나섰다. 독일의 주공 앞에 놓인 프랑스군은 후퇴가 아니라 붕괴되고 있었다.

프랑스는 그들이 뭔가 크게 잘못 판단하고 있었다는 생각을 하기 시작했으나 주력부대는 이미 너무 앞에 나가 있었다. 더구나 천신만고 끝에 예정 방어선에 도착한 부대들은 독일 B집단군과 전면적인 교전이 이루어지고 있어서 다시 뒤로 방향을 돌려 빠져나오기 어려운 상황이었다. 한마디로 자신들이 생각하지 못한 엄청난 규모의 독일군이 등 뒤에 갑자기 나타났다는 사실을 깨달았지만 즉각 대처할 방법이 없는 암울한 상황이었다.

됭케르크의 미스터리

5월 15일이 되었을 때 전선의 상황은 급변하여 프랑스에게 절망을 가져다주었다. 전날 네덜란드는 폭탄의 비에 놀라 더 이상의 항전을 포기하고 백기를 들었고, 로테르담^{Rotterdam} 인근의 브레다까지 진격하여 들어갔던 프랑스 제7군은 독일군에게 배후가 차단되어 고립되면서 서서히 붕괴되어갔다. 숲에서 튀어나와 순식간에 스당을 돌파한 독일 A집단군이 놀랄만한 속도로 영불해협을 향해 달려 나가자, 지금까지 앞만 보고 저지대 국가로 몰려 들어갔던 연합군 주력인 프랑스 제1집단군은 배후가 잘라지면서 그곳에서 오도 가도 못한 채 갇혀 버렸다.

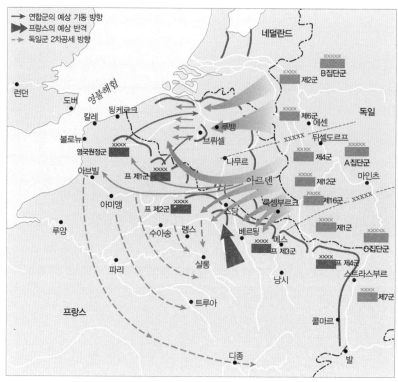

● 독일 A집단군이 연합군의 배후를 가르고 영불해협으로 달려 나가자 앞만 보고 전진하던 연합군 주력은 독일의 포위망 안에 갇히게 되었다.

5월 20일이 되었을 때 상황은 극명해졌다. 독일 A집단군 선도 부대가 해안에 다다랐고 동시에 독일 B집단군도 연합군 전면을 압박하여 들어오면서 연합군 주력은 완전히 포위되었다. 비록 샤를 드골의 프랑스 제7기갑사단이 단말마적 반격을 시도하고, 영국해외원정군이 2개 사단이 괴멸되는 가운데서도 끝까지 아미앵Amiens에서 저항했지만, 1차대전 당시에 기적을 만든 마른 전투 같은 극적인 반격을 재현하지는 못했다. 아니 그보다 더한 것은 전의를 상실한 프랑스군의 행태였다. 아무리 전쟁을 회피하려 했어도 전쟁이 발발했다면 최선을 다해 전쟁에 임해야 하는데 프랑스군은 싸울 의지가 없었던 것이다.

프랑스군은 1차대전 당시의 아버지 세대처럼 목숨을 걸고 싸울 생각은 애초부터 없었고 독일군이 눈앞에 보이면 모든 것을 포기했다. 무기를 버리고 피난민보다 더 빨리 도망가거나 아니면 전의를 상실한 채 독일군이 나타나면 항복하기 바빴다. 심지어 진격을 계속하던 선두의 독일군이 바쁘다는 이유로 항복을 받아주지 않자 그 자리에서 우두커니 기다리고 있다가 독일군 후속부대에 항복을 애걸하는 굴욕적인 모습까지 연출되었다. 150만 대군으로 이루어졌던 프랑스 제1집단군은 개전 열흘 만에 이처럼 갈가리 쪼개져 약 100만 명의 병력과 장비들이 독일이 만든 거대한 포위망 안에 갇혔다. 단지 50만의 병력이 이러한 위기에서 잠시 벗어나 있었으나 그들도 이미 싸울 의지를 상실한 상태였다.

이처럼 전세를 바꿀 희망이 보이지 않자 영국해외원정군 사령관 고트는 영국으로 철수하기로 결심했다. 지난 5월 9일 영국 수상의 자리에 오른 처칠도 이미 프랑스의 수상 폴 레노^{Paul Reynaud}로부터 "우리는 패전했고 더 이상 반격할 능력이 없다"는 넋두리를 들은 상태였기 때문에 귀중한 원정군을 사자 우리 속에 남겨놓을 수 없다고 생각하고 철수에 동의했다.

독일의 진격은 그칠 줄 몰랐고 프랑스 제1집단군 소속으로 있다가 아직까지 살아남은 40여 만의 연합군 병력이 됭케르크^{Dunkerque}의 해변으로 밀려나갔다. 독일군에게 포위된 연합군이 빠져나올 길은 바다밖에 없었던 것이다. 연합군은 칼자루를 쥔 독일군에 의해 해변에서 몰살당할 위기에 처해 있었는데, 지금까지도 미스터리로 남아있는 히틀러의 놀라운 명령이 5월 24일 독일군에게 하달되었다.

"진격을 중지하라! 이제부터 루프트바페가 연합군을 처단한다."

최후의 일격을 가할 준비를 하던 일선의 장군들은 경악했지만, 히틀러

● 구사일생으로 배에 올라 됭케르크에서 탈출하는 영국군. 비록 수많은 장비를 유기한 채 몸만 빠져나온 셈이었지만 이때 안전하게 영국으로 탈출한 34만의 병력은 독일군에게는 두고두고 눈엣가시 같은 존재가 되었다.

의 명령은 확고부동했다. 하지만 히틀러가 이러한 명령을 내린 정확한 이유는 밝혀지지 않아 아직까지도 미스터리로 불리고 있다. 비록 사흘 후 이러한 명령이 철회되고 독일군 전차들이 다시 시동을 걸었지만 당시 일분일초의 시간도 아까웠던 연합군에게 그것은 천금 같은 시간이었다. 희생을 마다하지 않았던 영국 해군과 해협을 건너와 불리한 가운데서도 최선을 다한 영국 공군의 놀라운 투혼이 뒷받침되어, 무려 34만의 대병력이 바다를 건너 영국으로 탈출하는데 성공했다. 히틀러가 내린 미스터리한 명령은 결론적으로 연합군의 기적적인 철수에 도움이 되었다. 하지만 성공적인 철수는 또한 홀로 남겨진 프랑스의 희망을 완전히 꺾어버리는 기폭제가 되었다.

됭케르크 철수(다이나모 작전Operation Dynamo)는 히틀러의 미스터리와 더불어 이후 계속해서 인구에 회자되지만, 사실 이 당시 더 이해하기 힘든 상황을 연출한 것은 프랑스였다. 총사령관 가믈랭이 5월 19일 막심 베강 Maxime Weygand으로 교체되었지만 그 또한 무능하기는 마찬가지였다. 전쟁의 향방이 독일 포위망에 고립된 연합군의 구출에 달려 있는 상황이었는데도 불구하고 베강은 이에 대해 별다른 노력을 보이지 않았다. 물론 고립된 연합군을 구할 구체적인 수단이 부족했던 점도 부인할 수 없는 사실이었지만, 만일 외곽에서 독일군의 포위망을 뚫고 들어가 됭케르크에 고립된 연합군과 연결한다면 전세를 반전시킬 수 있는 기회도 1퍼센트 정도는 남아있었기 때문이었다. 더구나 해안가에 고립된 연합군은 최정예병력들이었다. 이들과의 연결을 포기하는 것은 결론적으로 더 이상 전쟁을 하지 않겠다는 의사표시와 다름없었다. 위급한 환자에게 시도할 수 있는 것은 모두 해야 하는 것이 의사의 의무이듯 병력을 구출하는 것이 최고사령관의 의무인데도, 베강은 그냥 구경만 하고 있었던 것이다. 1940년 5월 보여준 프랑스 군부의 행태는 두고두고 비난받아야 할 만큼 무능 그 자체였고 이에 대한 반론은 비겁한 변명일 뿐이라 해도 과언이 아니다.

처음부터 없있던 항전의지

프랑스는 아브빌Abbeville과 아미앵을 향해 돌파를 시도했지만 무위에 그쳤고 결국 포위망 안에 갇힌 제1집단군은 6월 4일에 완전히 전멸했다. 11만의 프랑스군을 포함한 총 34만의 병사들이 바다를 건너 영국으로 도망쳐 사지를 겨우 벗어났지만 최초 150만에 달하던 프랑스의 최정예 제1집단군은 이처럼 제대로 싸워보지 못하고 우왕좌왕하다가 산산이 부서져 내

● 연합군 주력이 독일군의 포위망 안에 갇혀 생사에 기로에 서있는 동안에 무려 100만이 넘는 프랑스군이 마지노 요새에 머물러 있었다.

렸다. 당시 포위망 밖에는 주로 예비군으로 긴급히 편성된 제3집단군과 제4집단군, 포위망을 벗어난 제1집단군의 일부 잔여부대가 독일 A집단 군과 대치하고 있었지만, 이들은 독일의 포위망 안에 갇힌 제1집단군 주력을 구원하기 위해 적극적으로 노력하지 않았다. 물론 당사자들에게 물어본다면 당연히 노력했다고 항변하겠지만 전세를 뒤집기 위한, 아니 적어도 포위된 아군을 구출하기 위한 결정적인 시도가 있었다는 사실을 찾아보기는 힘들다. 이렇게 프랑스가 머뭇거리는 사이에 저지대 국가를 평정한 독일 B집단군이 신속히 남하하여 견제에 들어갔다.

그런데 이런 와중에도 100만에 이르는 또 다른 프랑스군 정예병력이 마지노선 안에 계속 머물고 있었다. 고정된 마지노선은 결론적으로 프랑스군이 밖으로 나와 다른 전장으로 전개할 수 없게끔 발을 묶어 버리는 애물단지가 되어버린 셈이었다. 이처럼 제1집단군이 됭케르크로 밀려들어가면서 녹아내리고 있을 때에도 독일의 포위망을 벗어나 있던 프랑스군은 무려 200만에 달하고 있었다. 물론 이들 모두가 제1집단군 같은 정예병들이라 할 수는 없지만 결코 적은 숫자가 아니었다. 그런데도 이들은 포위된 제1집단군의 몰락을 포위망 밖에서 지켜만 보았을 뿐이었다. 이것은 결론적으로 프랑스에게 적극적인 항전의지가 없었다는 것으로 해석할 수 있는 증거다.

프랑스가 최후의 일전을 벌이겠다고 마음먹었다면 마지노선을 사수할 최소한의 병력을 남겨두고, 나머지 병력을 서북쪽으로 이동전개하여 됭케르크를 향해 북진하는 동시에 포위망에 갇혀있던 제1집단군을 남진시켰어야 했다. 독일 A집단군의 진격로가 워낙 길게 신장되어버렸기 때문에 프랑스가 힘을 낸다면 독일군의 진격로를 절단할 가능성도 충분했고 사실 이런 점은 독일이 가장 우려하던 상황이기도 했다. 여담으로 독일군의 선봉장이던 구데리안이 지휘한 제19장갑군단의 진격 속도가 너무 빨라서 상관인 에발트 폰 클라이스트Ewald von Kleist가 후속부대와 연결을 위해 속도를 늦추라고 지시했던 적이 있었다. 그런데 자신의 이론을 확신한 구데리안은 명령을 무시하고 오히려 속도를 높여 적진을 향해 돌진했고, 항명에 분노한 클라이스트는 구데리안을 면직하여 버렸다.* 이같은 사건으로 보아 독일군 또한 그들의 진격이 과연 제대로 진행되고 있는지 상당히 혼란스러워했다는 것을 알 수 있다.

왜냐하면 독일군에게도 이런 일은 처음 겪는 놀라운 경험이었기 때문이었다. 낫질 작전 채택에 가장 큰 힘을 발휘한 히틀러도 막상 자국 군대가 이룩하고 있는 예상을 초월하는 성과에 경악했을 정도였다. 프랑스가 쳐 놓은 함정으로 빨려 들어가는 것이 아닌가 하는 의구심이 들 정도로 전황이 일방적으로 독일군에게 유리하게 흘러가자, 오히려 진격 속도를

---

* 구데리안은 얼마 가지 않아 복직되었다.

● 최후까지 됭케르크 교두보를 방어하다가 독일군에게 항복한 영국군. 독일은 초기에 예상을 뛰어넘는 대승을 거두었지만 아직까지는 겨우 한 단계 고비를 넘겼을 뿐이라 생각했다. 하지만 이때를 정점으로 프랑스의 항전의지는 완전히 사라졌다.

조절하라는 지침이 하달되었다. 그만큼 독일의 많은 수뇌부들은 프랑스군을 몰아붙이고 있었으면서도 뒤를 두려워하고 있었다.

프랑스군 주력인 제1집단군 대부분은 섬멸되었지만, 앞에서도 언급했듯이 프랑스에서는 남부 지중해 연안의 국경을 담당하는 부대나 식민지에 파견된 부대를 제외하고도 아직도 200만의 대병력이 독일과 대치하고 있었다. 이 정도의 잔여병력은 결코 적은 것이 아니었고, 프랑스는 소모된 병력만큼 충분히 보충할 수 있을 능력이 있었다. 더구나 그때까지독일에게 점령된 영토는 프랑스 국토의 5퍼센트 정도밖에 되지 않았다. 그렇지만 프랑스는 저항의지가 없었다. 1차대전 당시에 수도를 옮기는 초강수를 두면서까지 독일과 끝까지 맞섰지만, 그에 비한다면 불과 한달 만에 단 한 번의 결정적인 패배로 프랑스는 스스로 저항의지를 꺾어버리고 있었다. 반면 똑같이 1차대전의 악몽을 경험했던 독일은 계속된 승리로 인하여 전쟁 전의 우려는 사라져가고 전투의지만 나날이 커져가고 있었다.

지키기를 포기한 나라

이후에 벌어진 독소전쟁을 떠올린다면 프랑스는 너무 나약했다. 초반에 엄청나게 붕괴하며 모든 것을 잃어버린 것 같았던 소련은 꺼지지 않는 들불처럼 계속하여 솟아오르며 항전을 벌인 것에 비하여, 당대의 육군 최강국 프랑스는 그렇게 하지 못했고 그럴 의지도 없어보였다. 프랑스의 국토도 마음만 먹으면 지구전을 펼 수 있는 충분한 공간이었고 그것은 1차대전에서 한 번 증명된 바 있었다. 오히려 바다를 건너와 남의 땅에서 전쟁을 벌인 영국해외원정군의 분전이 돋보였다. 나치의 아돌프히틀러 친위연대LSSAH, Leibstandarte SS Adolf Hitler *가 영국군의 끈질긴 저항에 격노하여 포로 학살이라는 야만적인 전쟁범죄를 저질렀을 만큼 영국군은 바다를 건너 퇴각하는 그 순간까지 전투를 회피하지 않고 저항을 지속했다. 하지만 프랑스는 전쟁 이전부터 계속 그랬던 것처럼 자신의 땅에 침입한 적을 격퇴하겠다는 의지가 부족했다.

　그동안 툭하면 불 지르겠다고 협박하는 방화범을 어르고 달래다가, 막상 자기 집에 불이 붙자 단지 몇 번 물을 뿌려보고는 진압을 포기한 형국이었다. 남은 200만의 병력은 물론 수천만의 국민들도 그저 침략자의 선택에 따르려는 준비만 하고 있었다. 그렇게 숨 가빴던 1940년 5월은 지나

---

*계속 부대가 확장되어 말기에는 제1친위전차사단으로 개편되었다.

● 1916년 베르됭 전투 당시 전우의 시신도 수습하지 못한 채 바로 옆에서 휴식을 취하는 프랑스군 병사. 이처럼 프랑스는 1차대전 당시에 물러서지 않는 놀라운 용기를 보여주며 독일의 침략을 저지했지만 그때 겪었던 악몽이 프랑스를 약하게 만들었고, 결국 1940년에 참패를 당하는 하나의 원인이 되기도 했다.

갔다. 불과 20년 전에 프랑스가 보여주었던 불굴의 의지는 도저히 찾아볼 수가 없었다. 1차대전 당시 후퇴에 후퇴를 거듭하는 와중에도 전의를 상실하지 않고 기회를 엿보다 마른의 기적을 연출했고 베르됭 전투Battle of Verdun *의 지옥에 끊임없이 피를 부어댈 용기까지 있었던 프랑스였지만, 역설적으로 그 결과로 얻은 영광보다 그러한 승리의 과정에서 경험한 끔찍했던 기억이 프랑스를 약하게 만들었던 것이다.

사실 지난 1914년 여름에 유럽의 모습은 그 자체가 광기였다. 나폴레옹 전쟁 이후 평화가 오래 지속되어 몸소 체험하지 못해서 그랬는지는 모르겠지만, 역사에서는 전쟁을 찬양하고 전쟁터로 달려가기 위해 몸부

---

* 1916년 2월 독일의 선공으로 시작된 전투. 고착된 전선 돌파보다 프랑스의 전쟁의지를 꺾기 위하여 프랑스군의 출혈을 최대한 강요하는데 목적이 있었다. 하지만 격렬한 프랑스군의 반격에 막혀 실패했고, 10월에 전투가 끝났을 때 양측 합쳐 70여 만이 사상하는 엄청난 피해를 입었다.

림친 미친 시절이라고 기록하고 있다. 아마 인류사상 많은 문명세계가 이때처럼 전쟁선포에 환호성을 지르고 물불 안 가리고 앞으로 달려 나간 적은 없었을 것이다. 하지만 일견 낭만적이라 상상하며 노래를 부르며 찾아간 전쟁터는 다시는 상상하기 싫은 끔찍한 지옥이었다. 포탄과 총탄이 난무하는 곳에서 병사들이 보았던 것은 갈가리 찢겨나가는 무수한 시신과 고통에 몸부림치는 엄청난 부상병들 그리고 대지를 흥건히 적시는 피의 강물이었다. 결국 그해가 가기 전에 전쟁 당사국들은 전쟁을 너무 쉽게 생각했던 것이 아니었나 하는 느낌을 받게 되었다.

이때의 악몽 때문이었는지 1940년 5월 10일 독일이 프랑스를 전격 침공했을 때는 전혀 다른 분위기였다. 프랑스는 물론이고 막상 그들의 원수인 프랑스를 응징하기 위해 전쟁을 개시했던 독일에서조차 미친 듯이 환호작약하던 25년 전의 모습은 전혀 볼 수 없었다. 엄밀히 말하면 두 나라 다 전쟁을 무서워하고 피하고 싶어 하는 사회적 분위기가 팽배했던 것이다. 하지만 전쟁을 일선에서 수행할 군부의 경우는 두 나라가 확연히 달랐다. 비록 군부도 지난 20년 전처럼 크게 다칠 수 있는 공룡 간의 전쟁을 결코 반기지는 않았지만 전쟁이 벌어진 이상 이겨야 했다. 독일에게는 지난 과오를 되풀이하지 않고 반드시 이기겠다는 굳건한 의지가 있었던 반면 프랑스는 지금까지 알아본 것처럼 군부도 사회 분위기에 편승해 약해져 있었다.

거목이 아니었던 고목

누누이 설명했지만 전쟁 직전에 연합군과 독일의 대결은 보유한 전력으로만 판단한다면 어느 한쪽이 상대를 뚜렷이 압도할 만큼 크게 차이가 나지는 않았다. 오히려 전반적으로 연합군이 우위를 보이고 있었다고 평가할 수 있다. 즉 이것은 전쟁이 벌어진다면 연합군이 독일에게 일방적으로 밀릴 하등의 이유가 없었다는 의미였고 이런 명백한 전제는 침공을 단행한 독일도 충분히 인지하고 있었다.

이러한 격차를 메운 주인공은 참모조직으로 대변되는 합리적인 지휘체계를 갖춘 독일군이 구사한 '지휘력'이라는 소프트웨어였다. 독일군 장성들 대부분은 1차대전을 최전선에서 경험했고 특히 패전의 아픔과 베르사유 체제의 굴욕을 곱씹으며 군무를 지켜왔던 인물들이었다. 물론 독일군이라 해서 모두 능력이 뛰어난 장군들만 있는 것은 아니었지만 동시대 여타 국가들과 비교할 때 지휘능력이 뛰어난 걸출한 인물들이 많았다는 사실은 이론의 여지가 없다. 이후 전쟁이 장기화되고 군부의 작전에 대한 히틀러의 간섭이 잦아지면서 이러한 독일군의 장점은 급속히 퇴색되어 갔지만 적어도 독일의 최고 극성기라 할 수 있던 1941년 겨울까지 보여준 독일 군부의 영민함은 찬탄을 금할 수 없을 정도다.

프랑스의 지휘관들이 1차대전에서 승리를 거머쥐었다는 자만심으로 장차전에 대한 대비가 부족했던데 반하여, 독일의 군인들은 결코 순순히 인정할 수 없었던 패전의 치욕을 되새겼고 이를 극복할 방법을 찾기 위해 연구를 거듭했다. 예를 들어 1차대전 당시에 최고의 살상병기였던 기관총의 경우 프랑스는 여전히 방어용 무기로 생각하여 고정된 진지에 장착하여 사용하는 것을 금과옥조로 여겼던 반면,* 독일은 이동이 자유롭

---

* 1차대전 당시 사용했던 대표적인 기관총이었던 맥심Maxim은 주변 장비를 포함한 무게가 80킬로그램 가까이 되어 4~5명이 함께 운용했다. 따라서 파괴력은 좋았지만 기동력은 상당히 제한될 수밖에 없었다.

● 흔히 히틀러의 전기톱으로 불리던 MG42는 역사상 최고의 기관총이라 하여도 결코 틀린 말이 아니다. 독일은 베르사유 조약의 허점을 노려 비밀리에 신무기 개발에 들어가 MG42를 비롯한 많은 무기들을 전쟁 중에 등장시켰다.

도록 경량화하면 최고의 공격무기가 될 것으로 확신했다. 따라서 독일은 탄띠급탄식 기관총의 개발이 금지된 베르사유 조약의 규제를 교묘히 피해서, 겉으로는 탄창식 경기관총을 개발하는 것처럼 행세하고 유사시 탄띠식으로 개량할 수 있는 새로운 기관총을 개발하여 제식화했다.

또한 프랑스는 화력과 장갑능력이 뛰어난 전차를 독일보다 많이 보유하고 있었지만 독일은 모든 전차에 무전기를 장착하여 전차들이 유기적으로 작전에 투입될 수 있도록 조치함으로써 이러한 간격을 메웠다. 이처럼 독일은 연합군에 비해 보다 효과적으로 전쟁 준비를 하고 있었고, 그 결과 같은 수의 무기를 가지고 있어도 현격한 전투력의 차이가 발생한 것이었다.

여기에 더불어 독일은 그들이 보유한 전력을 집중시켜 필요한 곳에 건곤일척의 승부수를 던질 각오도 있었다. 지리적으로 고립된 독일에게 장기전은 치명적인 결과를 가져올 것이 분명했기 때문에 단 한 번의 결정적인 승부로 모든 것을 깨뜨릴 준비를 했던 것이다. '계란을 한 바구니에 담지 말라' 는 이야기에 비추어 본다면 이것이 과연 올바른 전략이라고 단정할 수는 없고, 사실 초창기에 독일 군부의 원로들도 기존에 보병부대의 보조전력으로 여기던 기갑부대를 따로 모아 집단화하는데 부정적이었다. 하지만 연합국처럼 소장파 장성들의 의견 개진과 실험마저 막지는 않았고, 그것이 효과적임이 입증되자 오히려 이를 과감히 기본전략으로 채택하는 열린 자세를 가지고 있었다.

이처럼 하드웨어의 부족을 독일은 뛰어난 소프트웨어로 극복했다. 사실 이러한 부분은 전쟁 말기까지 계속 이어진 일관된 법칙으로 독일의 극성기에도 독일군의 하드웨어가 상대를 압도했던 적은 단 한 번도 없었다.

이러한 독일의 새로운 전략이 가장 적절하게, 처음 계획했던 시나리오 이상으로 잘 맞아 떨어진 것이 바로 1940년 프랑스 전역이다. 초전에 100만의 정예군이 붕괴되었지만 단지 국토의 5퍼센트만 점령당하고 아직도 200만 대군과 보존된 수많은 자원이 있었음에도 불구하고 프랑스는 저항을 포기했다. 이처럼 프랑스는 초전의 얻은 단 한 번의 커다란 타격으로 순식간에 꺾이고 말았다. 처음부터 싸울 의지가 없었던 프랑스라는 거목은 한마디로 안으로 썩어있었던 것이다.

이러한 결과와 반대되는 예가 바로 이듬해에 개시된 독소전쟁이었다. 1941년 6월부터 12월까지 소련이 독일에게 당한 패전은 역사상 다시 재현되기 힘들만큼 어마어마한 것이었다. 여섯 달 동안 무려 500만의 소련군이 붕괴되었고 수많은 요충지가 독일군의 군홧발에 짓밟혔는데, 만일 프랑스 전역을 단순하게 독소전쟁에 대입한다면 소련은 1941년 10월경에 없어졌어야 했다. 하지만 소련은 프랑스와 달리 놀라운 인내심을 발휘하여 끈질긴 저항을 계속했고 결국 4년 후 최종적인 승리를 얻었다.

극단적으로 비난한다면 프랑스는 야비한 겁쟁이들이었다. 더 이상 항전은 1차대전의 지옥을 다시 연출할 것이므로 이대로 그냥 독일의 품에 안기는 것이 차라리 목숨과 재산의 일부라도 보존하는 길이 아닌가 하는 생각을 한 것이다. 물론 사람의 목숨보다 고귀한 것은 없지만 단지 그러한 명분만 내세워 프랑스가 포기하고 지키지 못한 것이 너무 많았다.

끝나지 않은 독일의 진격

대부분 전사를 살펴보면 1940년에 벌어진 프랑스 전역은 6월 4일, 독일군의 됭케르크 점령을 마지막으로 글을 끝맺는 경우가 많다. 사실 그 이후로는 전사에 긴박하게 기록할 만한 극적인 내용도 없다. 그냥 '항복, 점령, 항복, 점령'이라는 글자만 무한 반복된다고 보아도 크게 틀리지 않는다. 하지만 6월 25일 프랑스가 문서로 항복을 하고 독일이 진격을 중단할 때까지 전쟁은 3주 정도가 더 이어졌다. 다시 말해 전사에 기록된 프랑스 전역은 물리적으로 불과 반만 지났을 뿐이었다. 프랑스의 패배주의적인 태도와 달리 독일은 아직도 긴장을 늦춘 상태가 아니었고, 프랑스의 항복을 받을 때까지 전쟁을 계속하려고 했다.

지난 1차대전에서 독일은 계속 앞으로 나가야 했음에도 몸을 사려 전진을 멈추었던 판단착오와 이때를 놓치지 않고 가해진 프랑스의 반격이 겹치면서 더 진격할 수 없었고, 이후 4년 동안 지속된 참호전의 고통이 어떠한 것인지 뼈저리게 깨달았다. 그러한 독일에게 됭케르크는 어차피 최종 목표가 아니었다. 비록 프랑스의 주력을 너무나 손쉽게 붕괴시켜 한숨을 놓았지만 여기서 머뭇거릴 수는 없었다. 프랑스는 이미 저항의지

● 연합군 주력을 됭케르크 해변까지 몰아붙여 대승을 거둔 독일군은 부대를 전선에 재배치하여 프랑스 내륙으로 진군하여 들어갔다.

를 상실했지만 독일은 그러한 사실까지는 정확히 알지 못했다. 프랑스에 는 아직도 200만 대군이 건재했으므로 이들까지 처단해야 전쟁이 끝났 다고 볼 수 있었다. 비록 초전에 군사적으로 의미 있는 승리를 낚아챘지 만 승전을 상징할 수 있는 파리는 전선에서 150킬로미터나 떨어져 있었 고, 아직까지 독일이 점령한 지역도 1차대전 당시보다 적었다. 또한 마지 노선 때문에 독일군의 중요한 한 공격축인 C집단군은 계속 독일에 머무 르고 있었다.

　독일은 꺾어져 가던 고목에 전기톱을 대기로 결심하고 6월 5일 프랑스 완전 점령을 목표로 사전에 기안한 적색 작전Fall Rot에 돌입했다. 우리는 흔히 만슈타인이 기안한 낫질 작전을 프랑스 침공전의 모든 것으로 알고 있지만 엄밀히 말해 낫질 작전은 연합군의 됭케르크 철수로 종결되었다.

후속하여 실시된 적색 작전의 목표는 파리를 점령하고 마지노선을 함락하여 전쟁을 끝내는 것이었다.

최근에는 히틀러가 됭케르크로 돌진하던 기갑부대에게 미스터리한 정지 명령을 내린 이유가 이것과 관계가 있다는 주장도 등장했다. 사실 6월이 되었을 때 프랑스는 전의를 완전히 상실했지만 독일은 그런 사실을 알지 못했고, 오히려 파리 점령을 앞두고 더 큰 전투가 벌어질 것이라 생각했다. 독일군은 귀중한 자원을 보존할 필요가 있었고, 따라서 히틀러는 포위망이 완성된 됭케르크에 기갑부대를 투입하는 것에 신중을 기할 수밖에 없었다는 것이다. 이는 충분히 가능성 있는 주장이라고 할 수 있다. 막다른 구석에 몰린 쥐에게 고양이가 물릴 수도 있는데 40여 만의 연합군이 고립된 됭케르크의 형세도 그럴 가능성이 농후했다. 따라서 200여 만의 프랑스군이 포위망 밖에 건재한 상황에서 무턱대고 앞으로 가기 곤란했고, 적색 작전을 앞둔 시점에서 전력을 보존하는 것도 필요했다. 사실 당시의 상황으로만 본다면 앞으로 더 큰 전투가 남아있었고 이를 준비하는 것이 당연한 수순이었다.

적색 작전이 개시되자 프랑스 침공전의 초전에서 멋지게 활약한 B집단군과 A집단군이 전선에 재도열하여 남진을 개시했다. B집단군은 솜 Somme 강을 건너 파리로 쇄도하여 들어갔고, A집단군은 마지노선을 배후에서 공격하기 시작했다. 지난 전쟁에서의 기억을 잊지 않고 있던 독일은 프랑스가 이미 전의를 상실한 상대임에도 전혀 틈을 주지 않았다.

개전 후 지금까지 패턴처럼 독일의 지칠 줄 모르는 진격과 프랑스의 붕괴는 계속되었다. 프랑스는 처칠에게 도움을 요청했지만 구사일생으로 대륙에서 도망쳐 나온 영국군이 프랑스의 몰락을 막아낼 방법은 없었다. 오히려 가지고 있는 전력을 아껴서 차후에 있을 독일의 영국 본토 침

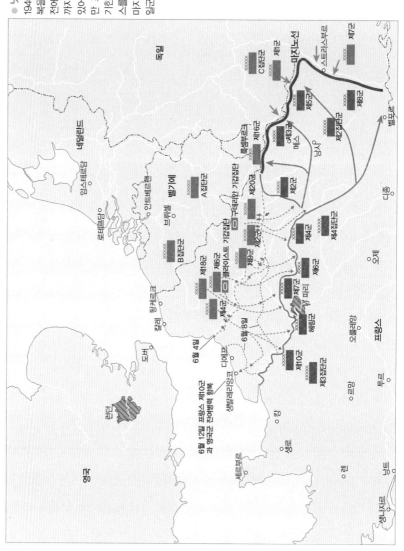

● 낫질 작전을 총결한 독일은 1940년 6월 5일 프랑스의 항복을 받아내기 위한 적색 작전에 돌입했다. 연합군은 아직까지도 200만의 대군이 남아 있어 격전이 예상되었다. 하지만 프랑스는 이미 저항을 포기한 상태와 다름없었고 프랑스를 보호해 주리라 생각하던 마지노선은 뒤에서 나타난 독일군에게 농락당할 처지였다.

● 1940년 6월 1일 독일군은 무방비도시로 선포된 파리를 접수했다. 1870년 보불전쟁 당시에 프랑스인들은 파리를 요새화하여 1년 가까이 저항했지만 이번에는 얌전히 도시를 헌납했다. 프랑스인들은 그렇게 파리의 파괴를 막았지만 사실 그것은 자랑이 아니라 굴욕이었다.

공에 대비하는 것이 올바른 선택이었다. 프랑스는 영국이 자신들을 버렸다고 분노했지만 그들 스스로 지킬 의지가 없는 나라를 영국이 무한정 도울 수는 없었다. 프랑스는 아직까지도 자신들의 잘못을 깨닫지 못했다. 그들은 스스로에 대해 분노해야 했음에도 불구하고 터무니없이 영국에게 비난을 퍼부었던 것이다.

6월 14일 독일군이 파리를 함락했다. 1차대전 당시에는 극적으로 지켜냈지만 이번에는 프랑스 스스로 파리를 무방비도시open city *로 선언하고 독일에게 거저 내준 것이었다. 이로써 프랑스는 역사상 두 번째로 독일에게 그들의 심장을 내주는 수모를 겪게 되었다. 1870년 보불전쟁 당시에는 적을 너무 얕잡아 보다가 큰코다쳤던 경우라면, 이때는 충분한 전력을 갖추었음에도 제대로 된 저항 한 번 못해보고 강간당한 셈이었다. 파리는 폭탄 한 발 맞지 않은 깨끗한 모습으로 고스란히 문을 열어 놓았고 독일군은 승자의 여유를 즐기면서 유서 깊은 도시로 진군하여 들어갔다. 이런 소식은 지난 전쟁에서 패전 아닌 패전을 당하여 프랑스에 대한 적개심이 높았던 독일 전체를 광분하게 만들었고 온 세계는 경악했다. 세계 최강의 육군 대국 프랑스가 불과 전쟁 한 달 만에 수도를 독일에게 내주었고 이것은 꿈이 아닌 현실이었다.

허무하게 끝난 마지노선에서의 저항

파리가 능욕당하던 바로 그때 다른 곳으로 남진하던 또 다른 독일군 부대가 마지노선을 향해 다가가고 있었다. 마지노선이 철옹성임은 자타가 인정하는 바였지만, 그것은 총안*이 나 있는 정면을 보았을 때나 그러했다. 요새 배후에는 평탄한 접근로가 이어져 있었고, 이곳으로 독일의 공격이 개시되었다. 동시에 개전 후 마지노선의 프랑스군이 움직이지 못하도록 강력히 견제하고 있던 빌헬름 리터 폰 레프Wilhelm Ritter von Leeb의 독일 C집단군도 정면에서 압박을 개시했다. 독일 C집단군은 주로 2선급 부대들로 편제되었고 1939년 프랑스군의 자를란트 진공 때에는 작전상 프랑스군에 쫓겨 도망 다니는 치욕도 감수했지만 이번 전쟁에서는 약 100만

＊ 적의 공격이 임박한 도시가 군사적으로 대항할 의사를 포기한 상태를 말한다. 1907년 10월 18일 선포된 헤이그 육전법규에 따라 무방비도시를 선언하면 공격하는 상대는 인도적 견지에서 물리적 공격을 하지 않고 도시를 점령한다.

● 마지노선을 담당하던 프랑스 제2집단군이 격렬히 저항했지만 너무 늦었고 무의미했다. 결국 상부의 지시로 요새 밖으로 나와 항복함으로써 프랑스의 군사적 저항은 종료되었다.

의 프랑스 제2집단군을 움직이지 못하도록 철저하게 단속하고 있었다.

마지노선은 1차대전 이전까지 독일의 영토였던 알자스-로렌Alsace-Lorraine 지역에 위치했다. 현재는 프랑스 영토지만 지난 500년 동안 수시로 주인이 바뀌어서 독일 또한 이 지역을 되찾을 수 있는 명분은 가지고 있었다. 비록 제1집단군처럼 허무하게 무너져 내리지 않고 마지노선의 프랑스군은 요새를 배경으로 방어에 나서고는 있었지만 마지노선의 허점을 파고 들어간 독일의 공격에 프랑스는 당황했다. 일반적으로 요새는 배후의 연결로가 막혀버리면 커다란 수용소로 변하는 구조를 가지고 있으므로 외부에서 철저히 봉쇄하면 스스로 말라 죽는 구조인데 독일도 이런 약점을 노렸다. 공세와 더불어 독일은 마지노 요새를 고립시켰는데 사실 그 당시 마지노선 안에 있는 프랑스 제2집단군이 연결을 시도할 수 있는 외부의 우군도 없는 형편이었다.

이런 와중에도 불구하고 프랑스군은 마지노선을 최후의 보루로 삼아 격렬히 저항했으나 요새선 곳곳이 차례차례 격파되거나 점령당했다. 어쩌면 프랑스 전역에서 이때가 프랑스군이 가장 강력한 투혼을 발휘한 순간이었다고 생각되지만 너무 늦었고 무의미했다. 결국 6월 22일 강화조약이 체결되면서 마지막까지 저항하던 프랑스군은 하달된 명령에 따라 총을 내려놓고 요새 밖으로 나와 항복했다. 지금도 '환율 방어의 마지노선' 하는 식으로 반드시 지켜야 할 최후의 보루라는 의미로 마지노선을 언급하지만 엄밀히 말해 마지노선은 아무런 쓸모도 없었던 대표적인 군사 건축물이었다. 건축물로는 매우 훌륭하지만 앞서 살펴본 것처럼 프랑스를 구원하는데 아무런 도움을 주지 못했고, 오히려 위기의 순간에 100만의 프랑스군이 움직이지 못하도록 잡아두는 족쇄만 되었기 때문이다.

마지노선이 함락당하기 시작했을 때 반대편 대서양의 브르타뉴^{Bretagne} 반도 끝에서는 다시 한 번 연합군의 대탈주가 재현되었다. 됭케르크의 기적에 가려서 잘 알려지지 않았지만 브르타뉴 반도까지 밀려간 총 20여만 영불연합군 최후의 병력이 6월 14일 셰르부르^{Cherbourg}와 브레스트^{Brest}를 통하여 해상 철수를 시작하여 6월 25일까지 영국으로 안전하게 빠져나가는데 성공했다(아리엘 작전^{Operation Ariel}). 이처럼 한 달간 됭케르크와 브르타뉴에서 탈출한 50여 만의 병력은 이후 연합군의 귀중한 자원이 되었고, 반면 이런 대군을 섬멸하지 못하고 눈앞에서 놓쳐버린 독일은 프랑스 정복이라는 찬란한 업적에도 불구하고 커다란 전략적 실책을 범한 것으로 역사에 기록되었다. 하지만 당시 대륙에서 허겁지겁 도망쳐 나온 병사들의 모습 때문에 독일에 대한 영국인의 두려움이 더욱 확대되었다.

막을 내린 전쟁

6월 중순이 되자 프랑스의 절반이 독일의 지배하에 들어왔다. 파리의 함락을 지켜보면서 당시 프랑스 정부는 단지 마지막 끈이라도 잡는 심정으로 1916년 베르됭 전투의 영웅이었던 필리프 페탱Philippe Pétain에게 국가를 위기에서 구원해 달라고 요청했다. 하지만 그가 선택한 것은 항전이 아닌 얌전한 항복이었다. 이후 그는 독일의 괴뢰정권인 비시 정부의 수반이 되어 매국노로 손가락질 당하고 전후에는 처벌까지 받았지만, 사실 페탱이 정부를 물려받았을 때 할 수 있는 것은 아무것도 없었다. 프랑스 스스로의 항전의지도 없었고 믿었던 영국마저 도망치듯 대륙에서 쫓겨나가 버린 고립무원의 상태였다. 가장 끔찍한 전쟁터를 경험했던 페탱은 아마 이 순간 민간인들을 상대로 바르샤바Warszawa와 로테르담에서 자행된 폭탄의 비*를 생각했을 것이다.

결국 전쟁을 끌면 불가피한 인명 손실과 파괴만 늘어날 것이라 판단한 프랑스는 독일에게 강화를 제의하는데, 엄밀히 말하면 단지 독일의 관대한 처분만 바라며 항복하는 형국이었다. 이때 히틀러는 복수극의 대미를 장식하는 멋진 이벤트를 기획했다. 1차대전 당시 프랑스와 정전협정을 체결했던 굴욕의 장소에서 프랑스의 무릎을 꿇리라고 지시한 것이다. 1918년 11월 11일 콩피에뉴Compiègne 숲 속에 있던 열차의 식당 칸에서 정

---

* 1939년 9월 바르샤바를 포위한 독일은 폴란드가 도시를 방패삼아 격렬히 저항하자 무차별적인 폭격을 가하여 항복을 받아냈는데 그 결과 무려 4만 명의 민간인이 희생되었다. 1940년 5월에는 네덜란드가 로테르담 초입에서 독일군의 진격을 막으며 저항하자 다시 한번 독일의 무차별 폭격이 개시되어 수많은 민간인이 희생되었다. 이들 사례는 이론의 여지가 없는 민간인 대량학살이었다.

● 1차대전의 영웅이었던 페탱(왼쪽)은 얌전한 항복을 선택했고, 그로 인해 전쟁 후 반역죄로 종신형을 선고받고 옥중에서 사망했다. 하지만 사실 당시에 그가 선택할 수 있는 방법은 아무것도 없었다.

전협정에 서명함으로써 패전 아닌 패전의 굴욕을 겪게 된 독일은 바로 그 열차를 다시 그 장소로 끌고 와 프랑스의 항복을 받아냈다. 결국 의기양양한 히틀러가 방문한 가운데 1940년 6월 22일 프랑스가 항복문서에 서명을 함으로써 독일은 프랑스를 형식적으로도 완전히 굴복시켜 버렸다.

　지칠 줄 모르고 계속된 독일의 진격이 드디어 멈추었을 때, 히틀러의 군대는 프랑스의 3분의 2를 군사적으로 점령한 상태였다. 그리고 프랑스가 치욕을 겪은 바로 그날 독일의 점령지가 된 파리에서 대대적인 승전 축하 행사가 벌어졌다. 제일 먼저 파리에 입성하는 영광을 얻은 독일 제30사단의 보무도 당당한 행진이 개선문을 가로질러 샹젤리제Champs-Élysées 거리를 지나갔다. 전공을 인정받은 사단장 쿠르트 폰 브리젠Kurt von Briesen 은 모든 상급자들을 제치고 마상에서 사열을 하는 영광을 누렸다. 그리고 그때의 인상적인 장면은 독일의 승리를 대변하는 역사의 기록물이 되었고 프랑스는 보불전쟁 당시 프랑스의 상징인 베르사유 궁전에서 독일 제국이 탄생하던 굴욕을 맞본 이후 최대의 치욕을 당했다.

그런데 프랑스가 항복하기 바로 직전인 6월 21일 엉뚱하게도 이탈리아가 선전포고를 하고 국경을 넘어 프랑스를 침공했다. 독일과의 동맹을 명분으로 내세웠지만, 이것은 전쟁 말기에 있었던 소련의 대일본 선전포고와 더불어 2차대전 당시에 있었던 가장 비열한 군사행동이었다. 그들이 동맹을 중요시했다면 독일의 프랑스 침공과 발맞추어 제2전선을 구축하는 것이 맞았는데, 그때까지 눈치만 보고 있다가 프랑스가 쓰러질 기미가 보이자 전리품을 얻고 싶어 달려들었던 것이다. 사실 전쟁에서 도덕 운운하는 것 자체도 우습지만 대일참전을 결정한 소련의 경우는 그나마 연합국 측으로부터 참전을 요청받았다는 명분도 있었고, 나름대로 짧은 시간 내에 일본 관동군關東軍*을 붕괴시키며 만주를 석권한 전과라도 있었다. 하지만 이탈리아의 참전은 히틀러도 불쾌하게 여겼을 정도였다. 그런데 이탈리아는 독일이 프랑스의 항복을 받는 그 순간까지도 프랑스에게 계속 얻어터지며 도망 다니는 황당한 모습만 연출했다. 2차대전 내내 오합지졸의 군대로 명성을 날린 이탈리아군다운 모습이었다.

괴뢰정부

7주 동안 있었던 전쟁의 결과는 실로 믿지 못할 정도였다. 패자인 프랑

＊ 만주국에 상주한 일본 육군부대. 괴뢰정권인 만주국의 실질적인 통치기구였으며, 관동군 사령관은 사실상 만주국의 실권자로 막강한 권한을 가졌다.

스는 전사 및 실종 12만, 부상자 24만의 인명 피해와 더불어 200만이 독일의 포로가 된 반면 승자인 독일은 전사 및 실종 3만 5,000에 부상 11만의 피해만 입었다. 더구나 독일은 제대로 사용해보지도 않은 수많은 프랑스군 장비를 고스란히 노획하여 이후의 전쟁에서 요긴하게 사용하게 되었다. 1차대전 당시 4년간에 걸쳐 무려 400만 명의 청춘들이 희생되고 800만 명이 부상을 당한 지옥의 서부전선이 20년 후에는 불과 7주 만에 완전히 정리되었다. 1939년 폴란드가 살려달라고 애타게 도움을 요청할 때 말로만 서비스를 제공했던 프랑스는 1년도 되지 않아 비극적인 폴란드의 운명을 그대로 따르게 되었고, 역시 적극적으로 행동하지 못했던 영국은 이제 홀로 남게 되었다.

6월 22일 항복문서에 서명한 프랑스는 이후 7월 10일 독일군의 군화가 닿지 않은 남부 프랑스의 소도시인 비시Vichy에 수도를 정하고 친독 정부를 수립했다. 전후에 엄중히 처벌된 사실에서 알 수 있듯이 비시 정부는 군말할 것 없는 괴뢰정권이지만, 성립 당시에는 상당히 미묘한 모양새를 가지고 있었다. 비시 정부는 독일 점령지를 제외한 프랑스 일부 지역 외에도 알제리Algérie, 모로코Morocco, 인도차이나Indo-China 반도 같은 식민지에서도 형식상 통치권을 행사했다. 반면 아프리카 적도 지방의 식민지들은 런던에 망명한 드골이 주도하여 수립한 자유 프랑스를 지지했는데, 이처럼 프랑스 본국이나 독일의 영향권에서 멀리 떨어진 식민지가 비시 정부의 지시를 실제로 따랐던 것은 아니다. 하지만 한동안 많은 식민지들은 비시 정부에 협조했다.

더불어 비시 정부는 경찰력은 물론 상당한 무력도 보유하고 있었다. 예를 들어 보존된 비시 프랑스의 해군력은 독일 해군보다 강했을 정도였다. 외교적으로도 입장이 미묘했는데 영국의 경우는 드골을 수반으로 런던

● 독일에게 항복한 후 세계 도처에 있던 프랑스의 식민지 정부와 이를 관리하던 원정군이 비시 정권을 따르기도 했지만 그렇지 않았던 경우도 있었다. 영국은 드골을 내세워 비시 정권을 지지하던 식민지와 군대를 자유 프랑스 편으로 만들기 위해 노력했다. 사진은 1940년 9월 영국의 에드워드 스피어스^{Edward Spears} 장군(왼쪽)과 함께 세네갈^{Senegal}의 다카르^{Dakar}를 방문하는 드골의 모습이다.

에 성립된 망명정부인 자유 프랑스를 합법 정부로 인정했다. 반면 미국은 자유 프랑스를 일종의 정치단체로 취급했고 비시 정부를 합법 정부로 인정하는 태도를 오랫동안 견지했다. 하지만 이런 표면적인 이유와 핑계에도 불구하고 비시 정부는 프랑스의 자주를 수호하지는 못했다.

패전 후에도 프랑스의 난맥상은 계속되었다. 영화에서는 멋지게 활약하는 레지스탕스^{résistance}의 모습이 자주 등장하고 이러한 끊임없는 저항 때문에 나중에 승전국의 지위를 얻었다고 하지만, 사실 독일 점령 기간 중 군사적으로 대단한 전과를 올린 예는 찾아보기 힘들다. 이들의 투쟁을 폄하하는 것은 아니지만 소련 파르티잔의 활약과 비교하자면 감히 명함도 내밀지 못할 정도였다. 이런 레지스탕스 조직도 자유 프랑스와 연계하여 투쟁하는 조직도 있었던 반면 좌파 레지스탕스는 자유 프랑스와 대립각을 세웠을 만큼 제각각이었다.

괴뢰정권이지만 어쨌든 형식상 정부가 유지되었고 독일의 공격도 멈추었지만 프랑스의 고난은 사실 이제부터 시작이었다. 전쟁을 그토록 회피한 것도, 전쟁이 벌어지자 충분한 무력이 있었음에도 제대로 싸워보지 못하고 허무하게 무너진 것도 한마디로 전쟁의 무서움 때문이었다. 하지만 이 무서움을 피하기 위하여 모든 것을 포기하자, 프랑스는 독일의 착취대상으로 전락했다. 독일은 애당초 프랑스에서 쉽게 물러날 생각이 없었다. 즉 외교상 강화조약을 맺었다고 보불전쟁 후의 프랑스 제3공화국이나 혹은 1차대전 후 독일 바이마르 공화국처럼 프랑스가 즉시 주권을 회복할 수 있던 상태는 아니었다. 승전국 독일에게 패전국 프랑스는 복수의 날만 기다리게 만든 철천지원수였기 때문이었다.

수탈의 대상으로 전락한 프랑스

프랑스는 독일에게 자비를 바라고 있었는지는 모르겠지만 히틀러와 나치는 그 정도로 이성적인 집단은 아니었다. 점령된 프랑스는 이후 계속된 독일의 전쟁 수행을 위한 제1의 착취대상이 되었다. 무려 200만의 프랑스군 포로들은 대부분 전쟁 기간 내내 강제로 노역에 동원되었고 설령 군인이 아니었다 하더라도 많은 프랑스인 장정들이 노동 착취의 대상이 되었다. 또한 농수산물은 물론 많은 자원과 생산물들이 강제공출되어 독일을 위해 사용되었다. 지금도 유럽의 농축산 대국으로 각국에 농수산물을 수출하는 프랑스는 천혜의 기후와 자연조건으로 유사 이래 식료품이

● 독일은 후방 군사기지로 사용하기 위해 점령지 프랑스에 거대한 대서양 장벽을 구축했다. 이를 위해 프랑스 · 벨기에 · 네덜란드 · 룩셈부르크 등 점령지 주민들이 45만 명 가까이 강제로 동원되었고, 1,000만 톤의 콘크리트와 100만 톤의 철재가 현지에서 착취되었다. 하지만 이것도 전쟁 말기에 극도의 고통을 안겨주었던 식량 수탈보다는 그나마 나았다.

풍부한 나라였다. 그런 프랑스인들이 독일 점령 시기에는 먹을 것이 없어 비둘기나 쥐까지 잡아먹었을 정도로 말도 못할 고통을 겪었다.

또한 영국본토항공전 당시에는 최전방 군사기지 역할을 담당했고, 독소전쟁 당시에는 독일 제3제국의 최후방 안전지대로 여겨져 전투 중 손실을 입은 수많은 부대가 복구와 휴식을 위하여 프랑스 곳곳을 파헤치며 자리를 잡았다. 또한 많은 프랑스인들이 자의 반 타의 반으로 독일군에 복무하여 전쟁에 동원되기도 했다. 또한 프랑스 내 유대인들이 강제수용소로 끌려가 학살되는 고초도 겪었고, 레지스탕스의 저항이 있다면 불과 반나절 만에 전 주민들이 학살당하고 마을이 폐허가 된 오라두르쉬르글란Oradour-sur-Glane 사건*처럼 무차별적인 피의 보복을 당하기도 했다. 한마디로 프랑스는 독일이 수탈하기 쉬운 만만한 식민지로 전락했다.

● 잔혹한 학살과 파괴의 현장이었던 오라두르쉬르글란은 현재도 당시의 모습 그대로 보존되어 전쟁의 참상을 영구히 알리는 교육의 장으로 사용되고 있다.

그런데 2차대전 당시 프랑스와 관련한 내용을 살펴보면 프랑스는 패전국이지만 독일에게 특별한 대접을 받았다는, 혹은 은혜를 입었다는 황당한 주장이 나오고는 한다. 물론 이런 주장은 극우파나 신나치^{Neo Nazi}들이 자신들이 추종하는 나치를 미화하려 선전하는 이야기인데, 문제는 최근 이와 유사한 주장이 어느 틈엔가 공개적으로 언급되고 있다는 사실이다. 이들의 주장을 알아보면 "소련과 달리 프랑스는 독일로부터 잔인한 학살이나 파괴를 면제받은 제3제국의 안전지대였고 독일의 통치 시기가 사실 가장 평화스러웠다", "1940년 파리 점령 때 포탄 한 발 쏘지 않았

---

* 1944년 6월 10일 레지스탕스에 의해 일단의 독일군이 사살당하자, 그 보복으로 독일의 무장 친위대가 인근의 오라두르쉬르글란을 습격하여 주민 642명을 학살하고 마을을 폐허로 만들었다.

고, 1944년 파리를 연합군에 내줄 때도 파리를 너무 사랑해서 파괴하지 않고 그대로 내주었다"라는 그럴듯한 주장이다. 하지만 이것은 "중일전쟁으로 대학살과 파괴가 자행되던 중국과 달리 식민지 조선은 일제의 은혜로 근대화되었고 많은 혜택을 받았다" 혹은 "태평양전쟁 중 조선 반도는 가장 안전한 지대여서 일본군 패망 시까지 폭탄 한 발 맞지 않았다"라는 주장과 전혀 차이가 없다.

수탈의 방법과 그 대상을 관리하는 방법에서 차이가 있었을 뿐이었지 겉으로 드러난 사실만 가지고 액면 그대로 받아들일 수는 없다. 이런 주장의 허무맹랑함을 굳이 세세히 설명할 필요도 없지만 현대 프랑스에서도 장-마리 르펜^{Jean-Marie Le Pen}처럼 나치 독일을 찬양하는 정치인이 등장했다는 사실을 상기한다면 심히 걱정스러운 현상이 아닐 수 없다.

놀라웠던 별개의 전쟁

2차대전 당시의 수많은 전역 중에서 1940년 프랑스에서 벌어진 짧았던 전쟁은 필자가 개인적으로 관심이 많았던 분야다. 비슷한 크기의 공룡들이 부딪혔는데 어떻게 그렇게 쉽게 결판이 났느냐 하는 궁금증이 가장 큰 이유였다. 더구나 두 공룡은 이미 20년 전에도 같은 곳에서 한 번 겨루어 끝장을 보지 못했을 정도로 막상막했기 때문에 더욱 그러했다. 의외로 지금까지 인류사를 아무리 살펴보아도 대등한 상대를 이렇게 쉽게 무너뜨린 경우를 찾는 것은 힘들다.

물론 "프랑스 전역에서는 승리했지만 결국 2차대전에서 독일이 패하지 않았느냐"는 반문이 있을 수 있다. 이것은 결론적으로 프랑스는 전후

● 1944년 6월 연합군이 노르망디에 상륙함으로써 프랑스 땅에서 다시 전쟁이 시작되었지만 엄밀히 말해 이것은 1940년에 벌어진 전쟁과는 별개의 전쟁이었고 프랑스는 주역도 아니었다.

승전국이 되었기 때문에 1940년이 결코 프랑스의 마지막이 아니라는 주장과 같은 의미다. 그렇지만 1940년 프랑스 전역과 1944년 노르망디 상륙작전 이후 같은 장소에서 벌어진 전쟁은 엄밀히 말해서 전혀 다른 전쟁이었고 후자의 경우는 프랑스가 주역도 아니었다. 즉, 1940년 독일이 프랑스 점령 후 다른 전쟁을 벌이지 않았다면 그것으로 끝이었다는 의미이기도 하다. 예를 들어 히틀러는 프랑스와 한편이 되어 독일에게 맞섰던 영국에 대해서 처음에는 동맹이나 제휴도 염두에 두고 있었다. 그만큼 프랑스 전역은 독일과 프랑스가 벌인 별개의 전쟁이었다. 굴복한 프랑스가 자력으로 회생할 방법은 없었으며 만일 당시 대륙에서 쫓겨난 영국이 독일의 의도대로 외교적으로 대결을 종식했다면, 아니 이후 독일이 소련과 일전을 벌이지만 않았어도 독일의 프랑스 지배나 영향력 행사는 상당히 오래 갔을 것이다.

1944년 외세에 의해 프랑스에서 전투가 재개되었으나 이것은 1940년처럼 프랑스와 독일의 전쟁이 아닌 단지 프랑스라는 공간을 배경으로 했던 영미연합군과 독일군의 대결이었고 엄밀히 말하면 1940년 전역과 그리 관련도 없다. 분명히 전쟁 말기 연합국은 프랑스 해방보다는 독일의 처단이 먼저였고 그러한 진행 과정 중에 프랑스가 놓여있을 뿐이었다. 만일 처칠의 주장대로 이탈리아를 통해 독일 본토로 진격했거나 또는 대륙의 일에 영국과 미국이 간섭하지 않고 독일의 운명을 오로지 소련에게만 맡겨두었다면 프랑스는 과연 어떠했을지 상상해 보는 것도 흥미롭다.

즉, 1940년 독일과 프랑스의 전쟁은 2차대전이라는 카테고리에 있지만 다른 전역과는 분리된 별개의 전쟁이었다. 따라서 사방에서 동시에 전쟁에 뛰어든 1차대전과는 확연히 달랐다. 2차대전의 흐름 속이 아닌 독립된 하나의 전쟁으로만 놓고 본다면 더욱 그 의미를 이해하기 쉽다. 그런데 이토록 극적이었던 프랑스 전역을 설명한 자료는 대부분 독일의 전격전에 대해서만 초점이 맞추어져 있다. 전쟁의 패러다임을 일순간 바꾸어 버렸을 만큼 전격전을 완성한 독일군의 군사적 성과가 대단했기 때문이다.

패배자를 통해 살펴 본 전쟁

하지만 단지 전격전의 신화만 가지고 1940년 프랑스 전역의 모든 것을 설명하기는 뭔가 부족하다. 일발필살의 KO펀치가 종종 단일 전투에서 승패를 좌우할 수 있겠지만 전쟁에서, 그것도 600만의 병력과 장비가 동원된 1940년 프랑스 전역 같은 거대한 전쟁에서 단 한 번의 강펀치로 모든 것이 허무하게 끝날 수 있느냐는 점이 그동안 필자의 첫 번째 의문이었다. 시대를 앞서갔던 독일의 전략이 승리를 이끈 점은 두말할 필요 없는 사실이지만 분명히 이에 더한 무엇인가가 있었다.

그런데 승자였던 독일보다 패전한 프랑스를 중심으로 당시를 분석하니 오히려 그 원인이 쉽게 도출되었다. 사실 프랑스는 대혁명 시기에도 이에 반동하는 외세의 도발에 처절히 대응했고 나폴레옹 시대에는 대륙을 호령했던 적도 있었으며 바로 직전인 1차대전에서 한 세대의 피를 바쳐가며 독일과 맞섰던 나라였고, 이런 프랑스를 독일도 사실 두려워했다. 그런 상무적인 기상을 가지고 있던 프랑스의 꺾여버린 저항의지가 바로 1940년의 몰락을 불러왔던 것이었다. 프랑스도 당대 최강의 육군을 보유했지만 문제는 눈으로 보이는 병력과 장비가 아니었다. 이것은 단지 군만의 문제가 아닌 프랑스 전체의 문제였다. 물론 이런 분위기는 1차대전의 끔찍했던 경험에서 비롯된 것이지만 이런 지옥은 독일도 똑같이 겪었다.

저항의지가 꺾인 이유가 설령 지난 전쟁의 악몽이라 하더라도 프랑스는 위기가 닥치고 있었는데도 이를 회피하려만 했고 또한 사회적으로 극심하게 분열되어 있었다. 한마디로 훌륭한 하드웨어는 있었지만 이를 사용할 준비가 전혀 되어있지 않았다. 때문에 독일의 전격전은 전쟁을 피하려는 자를 상대로 더욱 빛을 발할 수 있었고, 그 결과가 바로 1940년 프랑스의 몰락이었다. 분명히 프랑스는 패망하지 않을 수 있었던 수차례의 결정적인 기회가 있었지만 이를 스스로 날려 보냈고 결국 독일의 발 아래 들어갔다. 그리고 프랑스 전역의 승리는 독일이 유럽 대륙의 유일한 패자가 되었음을 알려주게 되는 계기가 되었다. 이런 자신감을 바탕으로 히틀러가 동유럽으로 총부리를 돌리도록 만들었는데 분명히 프랑스를 평정하지 못하고는 벌일 수 없는 일이었다.

● 1941년 4월 아테네Athenae의 아크로폴리스Acropolis에 깃발을 게양하는 독일군의 모습. 독일은 1940년 프랑스를 굴복시킨 후 분명히 다른 모습으로 변했다. 군사 도발을 전혀 두려워하지 않게 바뀌었고 그만큼 전쟁은 점점 거대해져 갔다.

1939년까지 독일이 승리를 거둔 대상은 인근 약소국들이었고, 당시만해도 독일군은 최강이란 평가를 내리기에는 부족한 것이 많았던 군대였다. 하지만 프랑스와의 대결에서 자신들도 놀랄 만큼 일방적으로 승리한경험은 독일군의 능력을 분명히 한 단계 향상시켰는데, 문제는 이런 자신감이 또 다른 도발을 촉구했다는 점이었다. 당시 프랑스와 소련은 군사적으로나 정책적으로 아무런 연관을 가지고 있지는 않았지만 프랑스의 허무한 몰락은 독일에게, 아니 히틀러에게 일생의 집념인 러시아 진공을 조속히 현실화시켰다. 소련도 초창기에는 프랑스의 한심함을 재현하는 것 같았지만, 그들에게는 프랑스에는 없던 항전의지가 있었다. 그것이 비록 등 뒤에 총칼을 들이댄 강요된 것이었는지도 모르지만 프랑스는 그러한 극단적인 최후의 노력도 없었다.

그 결과 프랑스는 몰락했고 소련은 승리했다. 물론 거대한 전쟁을 단칼에 재단할 수는 없지만 이러한 사실은 분명히 중요한 요소로 작용했다. 그리고 이런 과거는 단지 종이 위에 기록된 지나간 역사만이 아니고 현재도 진행되고 있으며 분명히 앞으로도 그럴 것이다. 1940년 전쟁 직전에 있었던 프랑스와 비교한다면 현재 우리의 모습은 과연 어떨지 상당히 궁금해진다.

전투서열(1940년 5월 1일 기준)

독일군

독일 육군 최고사령부(OKH)

총사령관	발터 폰 브라우히치Walther von Brauchitsch
참모총장	프란츠 할더Franz Halder

(OKH 예비)

제2군 막시밀리안 폰 바익스Maximilian von Weichs
    제29군단 한스 폰 옵슈트펠더Hans von Obstfelder
제9군 요하네스 블라스코비츠Johannes Blaskowitz
    제1군단 쿠노-한스 폰 보트Kuno-Hans von Both
    제17군단 베르너 키니츠Werner Kienitz
    제38군단 에리히 폰 만슈타인Erich von Manstein
    제39군단 루돌프 슈미트Rudolf Schmidt
    제42군단 발터 쿤체Walter Kuntze
    제43군단 헤르만 리터 포 슈펙Hermann Ritter von Speck

A집단군   게르트 폰 룬트슈테트Gerd von Rundstedt

제4군 귄터 폰 클루게Günther von Kluge
    (4군 예비) : 제87사단, 제211사단, 제267사단
    제2군단 칼-하인리히 폰 슈틸프나겔Carl-Heinrich von Stülpnagel
    제5군단 리하르트 루오프Richard Ruoff
    제8군단 발터 하이츠Walter Heitz
    제15(장갑)군단 헤르만 호트Hermann Hoth
제12군 빌헬름 리스트Wilhelm List
    제3군단 쿠르트 하세Curt Haase
    제6군단 오토-빌헬름 푀르스터Otto-Wilhelm Förster
    제18군단 오이겐 바이어Eugen Beyer

제16군 에른스트 부슈Ernst Busch

    (16군 예비) : 제6사단, 제26사단, 제71사단

    제7군단   오이겐 폰 쇼베르트Eugen von Schobert

    제13군단   하인리히 폰 비팅호프Heinrich von Vietinghoff

    제23군단   알브레히트 슈베르트Albrecht Schubert

클라이스트 기갑집단 에발트 폰 클라이스트Ewald von Kleist

    (클라이스트 기갑집단 예비) : 제27사단

    제14(장갑)군단   구스타프 안톤 폰 비터스하임Gustav Anton von Wietersheim

    제19(장갑)군단   하인츠 구데리안Heinz Guderian

    제41군단   게오르크-한스 라인하르트Georg-Hans Reinhardt

B집단군   페도르 폰 보크Fedor von Bock

제6군 발터 폰 라이헤나우Walther von Reichenau

    제4군단   빅토르 폰 슈베들러Viktor von Schwedler

    제6군단   요아힘 폰 코르츠플라이슈Joachim von Kortzfleisch

    제9군단   헤르만 가이어Hermann Geyer

    제16(장갑)군단   에리히 회프너Erich Hoepner

    제27군단   알프레트 베거Alfred Wäger

제18군 게오르크 폰 퀴흘러Georg von Küchler

    (18군 예비) : 제208사단, 제225사단, 제526사단, SS전투사단,
        제7공정사단, 제22공수사단, 제9전차사단, 제207사단

    제10군단   크리스티안 한젠Christian Hansen

    제26군단   알베르트 보트리히Albert Wodrig

C집단군   빌헬름 리터 폰 레프Wilhelm Ritter von Leeb

제1군 에르빈 폰 비츨레벤Erwin von Witzleben

    제12군단   고트하르트 하인리키Gotthard Heinrici

    제24군단   레오 가이거 폰 슈베펜부르크Leo Geyr von Schweppenburg

    제30군단   오토 하르트만Otto Hartmann

    제37군단   알프레트 뵘-테텔바흐Alfred Boehm-Tettelbach

제7군 프리드리히 돌만Friedrich Dollmann

    제25군단   칼 리터 폰 프라거Karl Ritter von Prager

    제33군단   게오르크 브란트Georg Brandt

영불연합군

프랑스군 최고사령부

사령관	모리스 가믈랭Maurice Gamelin

제1집단군	가스통 비요트Gaston Bilotte

제1군　　조르주 블랑샤르Georges Blanchard
　　　　기병군단　　　르네 프리우Rene Prioux
　　　　제3군단　　　베누아-레옹 포르넬 드 라 로뱅시Benoît-Léon Fornel de La Lauvencie
　　　　제4군단　　　에메Aymes
　　　　제5군단　　　알트마이에르Altmayer
　　　　벨기에 제7군단
제2군　　샤를 욍치제르Charles Huntziger
　　　　(2군 직할) : 제2경기병사단, 제5경기병사단, 제1기병여단
　　　　제10군단 : 그랑사르Grandsard
　　　　제18군단 : 로샤르Rochard
제7군　　앙리 지로Henri Giraud
　　　　(7군 직할) : 제21사단, 제60사단, 제68사단
　　　　제1군단
　　　　제16군단
제9군　　앙드레 조르주 코랍André-Georges Corap
　　　　(9군 직할) : 제4북아프리카사단, 제53사단
　　　　제2군단　　　장 부페Jean Bouffet
　　　　제11군단　　　마르탱Martin
　　　　제41군단
영국해외원정군(BEF)　고트Lord Gort
　　　　(BEF 직할)　　제5사단, 제12사단, 제23사단, 제46사단
　　　　영국 제1군단　마이클 바커Michael Barker
　　　　영국 제2군단　앨런 브룩Alan Brooke
　　　　영국 제3군단　로널드 아담Ronald Adam
벨기에군　레오폴드 3세Léopold III
　　　　벨기에 제1군단
　　　　벨기에 제2군단

벨기에 제3군단

벨기에 제4군단

벨기에 제5군단

벨기에 제6군단

벨기에 기병군단

제2집단군	앙드레-가스통 프레틀라André-Gaston Prételat

제3군　**샤를 콩데**Charles Condé

　　(3군 직할) :제3경기병사단, 제6사단, 제6북아프리카사단,

　　　　　　　제6식민지사단, 제7사단, 제8사단

　　프랑스식민지군단

　　제6군단　　　뤼시앵 루아조Lucien Loizeau

　　제24군단

　　제42군단　　시보Sivot

제4군　**에두아르 레캥**Edouard Réquin

　　(4군 직할)　　폴란드 제1사단, 제45사단

　　제9군단　　　에밀 로르Emile Laure

　　제20군단　　위베르Hubert

제5군　**빅토르 부레**Victor Bourret

　　(5군 직할) : 제44사단

　　제8군단　　　오베르 프레르Aubert Frère

　　제12군단

　　제17군단

　　제43군단

제3집단군	앙투안-마리-브누아 베송Antoine-Marie-Benoit Besson

제8군　**마르셀 가르세리**Marcel Garchery

　　제7군단　　　샹퐁Champon

　　제13군단　　미세레Misserey

　　제44군단

　　제45군단　　다유Daille

1942년
태평양

겉으로만 외치던 고립

거대한 대서양과 태평양으로 인하여 구®대륙과 멀리 떨어져 있는 미국은 전통적으로 고립주의_{孤立主義, isolationism} * 정책을 펼쳐왔다. 1차대전 종반기에 전격적으로 유럽의 전쟁에 뛰어들어 승자의 위치에 서기는 했지만, 막상 전쟁이 처음 터졌을 때에는 자신들과 전혀 상관이 없는 남의 일처럼 수수방관했다. 전후 새로운 세계 질서 구축을 논의했을 때에도 미국은 자기들이 먼저 국제연맹 설립을 제안했지만 정작 가입하지는 않았다. 하지만 미국이라는 나라는 이미 1차대전 이후 세계 질서에 영향을 끼치는 주요 국가로 부상하여 있었다. 20세기 이전에 세계를 호령하던 영국과 프랑스조차 경제적으로 미국에 서서히 밀리기 시작했고, 1차대전은

---

* 국가가 다른 국가와의 정치·군사적 동맹을 피하여 대외 활동의 자유를 확보하고, 국가 이익을 지키려는 외교 성향. 미국의 고립주의는 독립 당시부터 시작되었다고 보는 것이 일반적인 견해다. 1823년 5대 대통령이던 제임스 먼로_{James Monroe}가 고립주의를 더욱 강화했고, 이후 제1차 세계대전이 발발하기 전까지 이 정책을 대체로 유지했다. 하지만 미국의 국력이 커지면서 정책에 변화가 일어났고 오늘날에는 세계의 경찰임을 자임할 정도가 되었다.

● 1932년 뉴욕의 구직자 행렬. 고립주의를 외쳤지만 미국에서 발생한 대공황이 전 세계에 영향을 끼칠 만큼, 미국은 어느덧 세계 질서에 커다란 영향을 끼치는 존재가 되었다.

그러한 균형추가 대서양 서쪽으로 급속히 기울게 만든 결정적 계기가 되었다. 미국에서 발생한 대공황이 세계 경제를 흔들어 놓았을 만큼 어느덧 미국은 전후에 재편된 세계 질서에 싫든 좋든 관여할 수밖에 없는 입장이 되어있었다.

그러한 와중에 유럽에는 이탈리아의 파시스트, 독일의 나치 같은 호전적인 전체주의 정권이 등장했고, 세계사의 변방으로 취급되던 극동 지역에서도 야금야금 침탈을 계속하던 군국주의 일본이 득세하면서 세계에는 전운이 감돌게 되었다. 이외에도 최초의 공산주의 국가인 소련이 혁명의 혼란을 점차 수습하고 세계 평화를 위협하는 거대세력으로 등장했다. 그야말로 1차대전 이후의 세계는 제국주의 말기에 접어든 선발 자본주의 국가들과 이들의 이권을 나누어 갖기를 원하는 후발 자본주의 국가들, 그리고 이러한 자본주의 자체에 철저히 반대하며 대안으로 제시된 새로운 체제인 공산주의가 복잡하게 어우러져 서로를 적대시하며 치열하게 경쟁하고 대립하는 혼란한 시기였다.

한때 미국은 구대륙을 휩쓰는 이러한 극심한 이념의 대립을 남의 일처럼 생각하고 외면하려 했다. 하지만 지난 전쟁에서 겪었듯이 대립이 격해지면 그것은 결국 전쟁으로 비화될 수밖에 없고, 전쟁이라는 행위는 피해만 다닌다고 멀어지는 것이 아니라는 사실을 미국은 깨닫고 있었다. 따라서 아무리 거대한 바다에 의해 구대륙과 멀리 떨어져 있다 하더라도 전쟁에 대한 준비는 하고 있어야 했다. 하지만 엄밀히 말해서 미국 스스로의 필요 때문에 군사력을 강화할 절대적인 이유가 있었다.

남북전쟁American Civil War이 끝난 후 서서히 국력이 신장되기 시작한 미국은 건국 당시의 이상을 망각하고, 독립 이전 그들을 옥죄려 하던 열강들처럼 그들의 헤게모니를 외부로 표출하려 부단히 노력했다. 이미 미국은 그들의 잠꼬대처럼 주창하던 고립주의와는 별개로 약소국을 침탈하여 지배하려는 또 하나의 제국주의 세력이 되어있었던 것이다. 그들은 고고한 학처럼 우아하게 고립주의를 외치면서도 한편으로는 아메리카America 대륙을 그들의 입김 아래 두기 위하여 주변국들과 무력 충돌도 마다하지 않았고, 또한 태평양을 건너 동아시아로도 세력을 넓히고자 부단히 노력했다. 한마디로 미국의 고립주의는 외부의 간섭 없이 미국이라는 테두리 안에서만 잘 먹고 잘 살겠다는 의미가 아니라, '내가 세력을 행사하는 곳에 다른 이는 절대 간섭하지 말라'는 의미가 강했다. 따라서 형식적인 고립주의를 앞세우고 뒤로는 대외 팽창을 가속화하기 위해서라도 미국은 군사적으로도 강대국이 되어야 할 필요성을 느꼈던 것이다.

이처럼 커나가는 국력에 걸맞게 19세기 이후 어느덧 군사대국으로서의 위치까지 점한 미국은 주체할 수 없는 그들의 대외 팽창 야심을 드러내게 되었는데, 그 대상은 바로 태평양이었다. 유럽과 아프리카는 물론 아시아까지도 이미 영국과 프랑스로 대표되는 제국주의 국가들이 확고하게 선점한 상태여서 미국이 비집고 들어갈 틈이 없었기 때문이다. 결국 미국은 유럽의 패권국가로부터 멀리 떨어진 태평양으로 자신들의 세력을 넓히게 되었다. 하지만 태평양 반대편에 이곳으로의 진출을 노리던 또 하나의 세력이 있었고, 1930년대에 들어 이 둘의 대립은 점차 심각하게 변하여 갔다.

일본의 야망

1905년 5월 28일, 쓰시마對馬 해전에서 일본이 러시아의 발트함대를 수장시키며 1년 넘게 계속되어 온 러일전쟁露日戰爭, Russo-Japanese War에서 승리하자 세계는 경악했다. 비록 10년 전에 있었던 청일전쟁에서도 일본이 승리했었지만 그때까지만 해도 일본을 강대국으로 보았던 이들은 거의 없었다. 당시 세계를 분할하던 서구 열강들은 청일전쟁을 덩치만 커다란

● 일본 함대를 혼내는 러시아 함대의 모습을 그린 러시아의 선전 삽화. 러시아와 일본이 전쟁을 벌이게 되었을 때 대부분의 국가들은 러시아의 일방적인 승리를 예상했다. 그만큼 20세기 초 국제사회에서 일본의 존재는 미미했다.

노쇠한 청나라와, 희한하게도 비서구 국가 중 유일하게 근대화에 성공했지만 아직까지는 극동의 저개발국으로 여기던 일본 간에 벌어진 난쟁이들 간의 충돌로 여겼다. 그렇게 관심 밖의 대상이었던 변방의 일본이 러시아와 일전을 벌여 대승을 거둔 것은 한마디로 이변이었다.

비록 유럽에서는 발전이 뒤진 농업국으로 여겨졌지만 러시아는 나폴레옹 전쟁 이후 영국·프랑스·독일과 더불어 당대의 패권을 좌지우지했고 북유럽과 동유럽 상당 부분을 식민지로 삼고 있던 거대제국이었다. 더구나 러시아는 독일·프랑스와 함께 이른바 3국간섭三國干涉, Triple Intervention으로 청일전쟁에서 승리한 일본을 외교적으로 겁박하여 랴오둥(요동)반도遼東半島와 뤼순(여순旅順) 항에 대한 권리를 포기시키고 이 지역을 대신 차지한 장본인이기도 했다. 그러한 러시아가 불과 10년 후 일본과 전쟁을 벌여서 치욕적으로 패하고, 대한제국大韓帝國과 만주에 대한 주도권을 넘겨주게 되었다. 1905년 9월 5일, 미국의 주선으로 양국은 포츠머스 강화조약Treaty of Portsmouth을 체결했는데 말이 강화였지 실질적으로는 러시아의 항복이었다. 그리고 승자로 등극한 일본은 비록 서구 열강들이 탐탁지 않게 생각했지만 당당한 제국주의 국가의 일원으로 대접받았고, 그 결과 한반도에 대한 침탈을 가속화할 수 있었다.

그런데 러시아의 공식적인 항복을 이끌어내는데 일조한 미국은 강화조약 직전인 1905년 7월 29일, 이른바 태프트–가쓰라 밀약Taft-Katsura Agreement *으로 알려진 비밀 회담을 통하여 한반도와 필리핀Philippines에 대한 각각의 지배권을 일본과 사이좋게 약조한 사이였다. 포츠머스 강화조약을 주선한 공로로 대통령 시어도어 루스벨트Theodore Roosevelt가 노벨 평화상을 수상하는 등, 미국은 겉으로는 싸움을 말리는 평화의 사도처럼 행동했지만 러시아가 극동에서 힘을 잃어가는 틈을 타서 나름대로 세력을 넓히던 중이었다. 이때까지만 해도 미국은 일본의 야심을 한반도와 만주 정도로 생각하고 있어서 미국이 서태평양으로 세력을 확장하는데 일본과 충돌할 일은 없을 것으로 판단하고 있었다. 하지만 거대한 충돌은 이미 예고되고 있었다. 청일전쟁 직후까지만 해도 러시아의 눈치를 보던 일본이 이제는 러시아와 일전을 벌여 승리했다는 엄연한 사실을 미국이 망각한 것이다. 미국은 러시아가 당한 굴욕의 자리에 자신들이 대

＊이후 27대 미국 대통령이 되는 육군장관 윌리엄 H. 태프트William H. Taft와 일본 총리 가쓰라 다로桂太郎가 맺은 밀약이다. 1924년에 기록이 발견되었는데 대화를 기록한 각서memorandom만이 있어서, 미국이나 일본의 학자들은 정식 외교조약이나 협정으로 보기 힘들다고 주장하기도 한다. 하지만 이후 그들의 의도대로 극동에서의 지배권이 정립되었다.

신 들어갈 수도 있다는 가능성을 전혀 생각하지 못하고 있었다.

일본은 1910년 공식적으로 대한제국을 멸망시키고 강제로 병합했지만 그것은 침략의 끝이 아니었다. 제국주의 시대로 본격 돌입한 일본은 유사 이래 동아시아의 패권자 노릇을 하던 중국을 염두에 두었다. 비록 청나라 멸망 후 대륙이 혼돈의 시대로 접어들었고 이 틈을 타서 서구 열강들도 세력 확대에 몰두하고 있었지만, 아직까지 일본이 차지할 수 있는 구석이 가장 많아 보였던 거대한 땅덩어리가 바로 중국이었다. 그리고 이러한 일본 제국주의의 야욕을 막을 상대도 그리 많지 않았다. 일본의 대륙 침략은 얼마 가지 않아 시작되었다. 1914년 1차대전이 발발하자 일본은 연합국 측에 가담하여 독일 조차지*인 칭다오(청도)를 공격하여 세력을 넓혔다. 한마디로 유럽에서 전쟁이 벌어지는 혼란한 틈을 타서 야비한 방법으로 그들의 제국주의 야심을 충족한 것이다.

그리고 1920년대 말 대공황이 시작되자, 새로운 시장과 자원공급지를 확보하기 위해 일본은 대외 침략을 더욱 노골적으로 가속화했다. 1931년 9월 18일 일본은 이른바 류탸오후 사건**을 조작하여 만주사변을 일으켰고, 순식간에 만주를 석권하여 이듬해에는 청나라의 마지막 황제였던 아이신교로 푸이를 내세워 친일 괴뢰국가인 만주국(1932~1945년)을 수립했다. 그때서야 세계는 비로소 일본의 침략 야욕에 심각한 우려를 나타내게 되었으나 폭주하는 기관차 같은 일본을 당장 제재할 방

---

* 다른 나라에서 일시적으로 빌린 영토라는 뜻이지만 사실상 영토를 내준 국가의 주권이 미치지 못하는 경우가 대부분이므로 상대를 겁박하여 강제로 할양받은 영토와 다름없었다.
** 관동군이 만주를 침략하기 위한 구실을 만들기 위해 벌인 자작극. 일본은 류탸오후에 있는 남만주철도를 폭파하여 이를 중국 동북군의 소행이라고 발표한 후 만주 침공을 개시했다.

● 만주 침공의 구실로 삼기 위해 류타오후 사건을 일으킨 일본이 중국에 책임을 전가하기 위해 제시한 물증.

법이 없었다. 아니 엄밀히 말하면 당시 국제 정세로 볼 때 서구 열강이 일본을 비난하는 것은 마치 똥 묻은 개가 겨 묻은 개를 나무라는 격이었다. 국제연맹이 일본의 침략을 비난하고 군대의 철수를 요청하자 일본이 즉각 국제연맹을 탈퇴하여 버렸을 만큼 자신만만해 한 것도 바로 이런 이유 때문이었다. 19세기 말에서 20세기 초는 국제 정세에 무지하고 힘도 키우지 못한 한국과 같은 수많은 아시아·아프리카 지역의 국가들이 수탈의 대상으로 전락했다. 한마디로 이 시기는 힘을 가진 자들이 그렇지 못한 자를 대놓고 수탈하는 것이 용인되었던 인류사의 미친 시기였다.

일본의 중국 침략

지난 1895년 청일전쟁에서 최초의 승리를 맛본 이후 계속 승승장구한 일본은 더 이상 중국을 두려워하지 않았다. 오히려 1930년대에 들어와서는 중국을 자신들이 당연히 차지해야 할 대상으로 여기게 되었다. 이미 차지한 거대한 만주도 그들의 야욕을 해소하여 주기에는 작아 보였다. 1937년 7월 7일, 만주사변에서처럼 또다시 자작극인 루거우차오(노구교盧溝橋) 사건*을 일으킨 일본은 이를 빌미로 그동안 꿈꾸던 중국 본토 침략을 개시했다. 위기의 순간에도 화합하지 못하고 국공내전國共內戰**으로 혼돈 상태에 빠진 중국은 일본의 기습에 적절히 대응하지 못하여 요충지 베이징北京과 톈진天津을 순식간에 내주었고 8월이 되었을 때 상하이上海까지 위협받는 처지가 되었다. 2차대전의 일부이기도 한 중일전쟁이 이렇게 시작된 것이다.

많은 이들이 간과하지만 대부분의 전쟁사에서 부수적인 전쟁으로 취급하는 중일전쟁은 태평양전쟁과는 엄연히 분리된 별개의 전선으로, 사실 2차대전 중 가장 잔인한 전선이었다. 흔히 2차대전 기간 중 군인과 민간인을 합한 총 사망자를 약 5,000만 정도로 추산하는데 가장 많이 피해

---

* 만주를 장악한 일본군과 중국군은 베이징 부근의 루거우차오를 경계로 대치하고 있었는데, 1937년 7월 7일 병사 1명이 훈련 중 행방불명되자 일본군은 군사를 파견하여 중국 지역을 수색하려 했다. 중국군이 수색 요구를 거절하자 일본군은 이를 빌미로 다음 날 군사도발을 감행하여 루거우차오를 점령했다. 이후 일본은 중국이 받아들이기 힘든 요구조건을 내세워 정전협상을 불발로 만들고 침략을 가속화했고 이것은 중일전쟁으로 비화했다.
** 중국의 패권을 놓고 중국의 국민당과 공산당 사이에 일어난 내전. 1927~1937년을 제1차 국공내전, 1946~1950년까지를 제2차 국공내전이라 한다.

를 입은 나라가 소련과 중국이었다. 독일의 침략으로 소련에서 약 2,000만이 사망한 사실은 많이 알려져 있지만, 일본의 침략을 받은 중국도 이와 비슷한 수의 인명이 희생당하는 엄청난 피해를 당했다. 특히 사망자 대부분은 난징 대학살南京大虐殺*에서처럼 잔인하게 학살당하거나 일본군의 무차별 공격으로 사상당한 민간들이었다.

그런데 청말민초淸末民初 시기를 마치 영웅호걸이 날뛰는 춘추전국시대春秋戰國時代로 착각한 군벌들의 경쟁으로 말미암아 외세의 침략에 단합하지 못하고 이처럼 엄청난 피해를 입었지만, 중국은 일본의 생각과 달리 쉽게 굴복하지 않았다. 거대한 대륙 자체를 방어막으로 삼은 중국은 점차 하나가 되어 끈질기게 저항했고, 국제사회도 일본의 호전성에 우려를 표하면서 중국을 음으로 양으로 지원했다. 때문에 초전의 승리에도 불구하고 중일전쟁은 지구전으로 바뀌어 갔고 일본은 단지 점령한 대도시들과 이들을 연결하는 도로만을 간신히 관리할 수 있는 처지로 바뀌었다. 더구나 전선이 길어지고 넓어질수록 일본이 감당해야 할 부분이 급속도로 커지기 시작했고 이를 장악하기 위해 투입할 병력과 자원도 극히 부족했다. 일본이 그동안 대외 팽창을 하며 타이완臺灣, Taiwan, 사할린Sakhalin, 한반도, 만주 같은 많은 지역을 차지했지만 필요로 하는 자원을 이곳에서 모두 구할 수는 없었다. 특히 석유의 경우는 미국의 공급에 절대적으로 의존하고 있었고, 그러한 이유 때문에 중국으로의 진출을 서두르고 있기도 했다.

이러한 끊임없는 일본의 도발은 필리핀을 기반으로 태평양에서 세력

---

* 1937년 12월 13일부터 1938년 2월까지 6주간에 걸쳐 난징南京을 점령한 일본군이 중국인을 무차별 학살한 사건으로 5만~30만 명의 중국인들이 학살된 것으로 알려졌다.

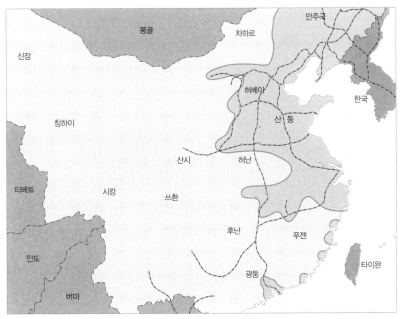

● 중일전쟁 개전 후 1940년 당시 일본 점령지. 중국이 넓은 땅을 배경으로 끈질기게 저항에 나서 전쟁은 점차 장기전으로 변해갔고 일본은 해안 일대와 교통이 편리한 곳에서만 영향력을 행사할 수 있었다.

을 유지하려던 미국과 동남아시아를 식민지로 삼고 있던 영국과 프랑스를 자극했고, 더불어 만주와 국경을 접한 소련도 위협을 느끼게 만들었다. 비록 미국은 유럽에서 발발한 전쟁과 관련하여 중립을 표명하고 있었지만 연합국에 호의적이었고, 특히 프랑스의 몰락 후 고군분투하는 영국을 표가 날 정도로 지원하고 있었다. 더구나 일본은 1940년 9월 27일, 독일·이탈리아와 함께 3국군사동맹을 체결하여 미국의 가시적인 적대 세력이 된 상태였다. 결국 미국은 일본이 침략을 멈추지 않는다면 석유를 비롯한 필수물자의 수출을 금지하겠다는 강경한 입장을 표명했고, 이에 일본은 난감해질 수밖에 없었다. 비록 중국을 완전히 굴복시킨 것은 아니지만 엄연히 많은 부분을 점령하고 있는 상태에서 발을 뺄 수도 없었고, 미국의 요구를 거부하자니 석유가 너무 아쉬웠다.

그런데 이와 관련하여 상당히 재미있는 사실이 후에 밝혀졌다. 태평양 전쟁처럼 거대한 전쟁이 단지 하나의 갈등 요소 때문에 벌어졌다고 할 수는 없지만, 많이 알려진 것처럼 석유는 일본이 미국을 공격하게 된 가장 직접적인 구실이었다. 미국이 일본에게 석유를 공급하지 않는다면 유일한 대안은 네덜란드령 동인도(지금의 인도네시아Indonesia)의 유전지대를 확보하는 것뿐이었다. 이것은 일본이 미국과 전면전을 펼쳐 반드시 승리할 수 있다는 확신도 없이 남방진출을 선택한 이유 중 하나이기도 했다. 그런데 그처럼 석유 때문에 고민에 빠져있던 일본은 정작 엄청난 석유창고를 발밑에 깔고 있었던 사실을 모르고 있었다. 만주의 지하에 매장된 엄청난 석유를 미처 발견하지 못했던 것이다. 2차대전 종전 후 10년이 지난 1955년 중국은 헤이룽장 성(흑룡강성黑龍江省) 남부에서 유전을 발견하여 정권 수립 10주년이 되는 1959년 이를 다칭大慶 유전으로 명명했는데 이는 현재도 중국 최대의 유전이다. 비록 지금은 소비량이 급증하여 중국도 외국에서 석유를 수입해야 하지만, 한때는 다칭 유전에서 나온 석유를 일부 수출하기도 했을 정도였다. 이 유전의 생산량은 1930년대 일본의 필요를 충족하기에 충분한 수량이었다. 만일 일본의 만주 강점기에 석유를 발굴했다면 과연 역사는 어떻게 흘러갔을까? 상당히 궁금해지는 가설이 아닐 수 없다.

또 다른 전쟁이 잉태되다

결국 미국의 외교적·경제적 압박을 받은 도조 히데키東條英機를 필두로 하는 일본의 강경 군국주의자들은 전쟁을 기정사실로 받아들였다. 호전적인 군부가 정권을 장악한 일본은 평화가 아닌 칼을 들기로 결심한 것이다. 이때 그들이 나갈 곳은 시베리아Siberia로 향하는 이른바 북방진출과 동남아시아를 목표로 하는 남방진출로 크게 나눌 수 있었는데, 관동군으로 대표되는 일본 육군은 소련과의 불가침조약을 들먹이며 시베리아로의 진출을 거부했다. 일본 육군이 이처럼 소극적으로 행동했던 이면에는 1939년에 있었던 노몽한 사건의 악몽이 자리 잡고 있었다.

만주와 소련의 접경에서 마주하던 일본 관동군과 소련 극동군 사이에서는 소소한 국경분쟁이 벌어지곤 했다. 이러한 분란을 근원적으로 제거하고자 관동군이 대대적으로 소련을 공격함으로써 국지전이 대규모로 확전되었는데, 이것이 바로 노몽한 사건이다. 일본 대본영大本營*이 소련과의 전면전을 우려하여 충돌을 강력히 만류했는데도 불구하고 관동군은 이를 무시하고 개별적으로 작전에 돌입했다. 하지만 대규모의 기갑부대를 동원한 소련 극동군에게 관동군은 대패를 당했고, 이것은 고루한 총검돌격 전술을 맹신하고 현대식 장비도 부족했던 일본 육군에게 커다란 충격을 안겨주었다. 사실 일본이 승리한 지난 러일전쟁에서도 막상 육군끼리 벌인 전투에서는 반자이 돌격萬歲突擊**을 감행한 일본군의 피해가 훨씬 컸다. 하지만 일본은 지난 50여 년간 계속된 승리로 말미암아 이러한 교훈을 망각하고 있었던 것이다. 엄밀히 말해 한반도·만주·중국

---

* 전시나 이에 준하는 사변 중에 설치된 일본 제국 육군 및 해군을 총괄하는 최고 지휘기관.
** 포위되거나 적진 돌파 시 착검을 하고 적진으로 달려들어가는 극단적인 일본군의 공격방법. 러일전쟁 당시 처음 등장했다. 총격에도 아랑곳하지 않고 돌격하는 모습 때문에 상대에게 충격을 주었지만, 너무 과도한 희생을 유발한 잘못된 공격전술로 평가된다.

● 노몽한 사건(할힌골 전투) 직후 파괴된 일본 관동군의 장비를 검사하는 소련 극동군 사병. 구시대적인 일본 육군의 장비와 교리로 소련군을 이길 수는 없었다. 이런 사실을 뼈저리게 깨달은 일본 육군은 내심 북방진출을 두려워했다.

으로의 진출을 선도한 일본 육군은 제대로 된 적들과 맞서 싸워본 적이 없었고 그렇다보니 장비나 교리가 구시대적이었다.

결국 지금까지의 승리에 도취되어 있다가 현대화된 소련군에게 엄청 크게 당한 일본 육군에게 1941년 4월에 체결된 일소중립조약은 북방진출을 거부하는 좋은 핑계거리가 되었다. 지금까지 허약한 중국군만을 상대하며 팽창만 거듭하던 일본 육군은 제대로 된 상대와 겨루면 이기기 힘들다는 뼈저린 교훈을 얻었고, 이것은 그동안 고려해오던 북방으로의 진출에 대해 두려움을 갖게 만들었다. 따라서 그들이 약자의 입장에서 체결한 일소중립조약은 소련군과의 전쟁을 꺼리게 된 일본 육군에게 좋은 명분이 되었고 당연히 충실히 지켜야했다.

그런데 그해 6월 독소전쟁이 발발하고 소련이 풍전등화의 위기에 몰리게 되자 상황은 정반대가 되었다. 소련은 독일의 동맹국인 일본이 시베리아로 쳐들어오지 않기를 간절히 바라는 입장이 되어버렸다. 일본 육군이 두려운 존재는 아니었지만 당시 소련의 입장에서 서쪽의 독일과 동쪽의 일본을 동시에 상대하는 것은 몹시 곤란했기 때문이다. 지레 겁먹고 조약을 철저히 준수하려는 일본 육군의 소극적인 태도는 이처럼 위기에 처한 소련에게 그야말로 눈물 나도록 고마운 행위였다. 하지만 이러한 고마움에 대한 보답은 소련의 배신이었다. 소련은 2차대전이 막을 내리기 직전인 1945년 8월 8일 조약을 파기하고 만주를 침공하여 관동군을 괴멸시켜 버렸다. 사실 악마들 사이에 조약이니 동맹이니 하는 것은 찢어버리기 쉬운 한낱 종이쪽에 불과할 뿐이다. 사실 소련을 침공하여 사상 최대의 전쟁을 벌인 독일도 소련과 불가침조약을 체결하고 사이좋게 폴란드를 분할 점령한 사이였다. 일본은 그런 엄연한 사실을 굳이 외면하고 자신들 입맛대로 해석하고 있었던 것이다.

이처럼 소련에게 무서움을 느끼던 육군이 주저했던데 반하여 군부의 헤게모니를 놓고 육군과 경쟁하던 일본 해군은 일부의 우려*에도 불구하고 대외 진출에 적극적이었다. 어느덧 자타가 공인하는 세계 최강의 해군 중 하나임을 자부하게 된 일본 해군은 석유를 비롯해 그들이 원하는 자원이 무궁무진하게 매장된 동남아시아를 순식간에 휩쓸 자신이 있었다. 더구나 이곳의 터줏대감으로 군림하던 프랑스와 네덜란드는 1941년에 독일의 발아래 놓인 패전국이었고, 영국은 연일 계속된 독일의 맹폭격에 생존하기도 힘든 상황이었다.

따라서 남방으로 진출하려는 일본에게 방해 세력이라면 이제 석유 금수를 선언한 미국뿐이었다. 일본은 전쟁을 피할 수 없다면 초전에 미국

---

* 확전을 반대하던 가장 대표적인 인물이 연합함대 사령관이었던 야마모토 이소로쿠
다. 그는 미국과의 전면전은 일본을 패망으로 이끌 것이라 생각하여 개전을 반대했고 이 때문에 호전적인 일본 군국주의자들의 암살 위협에 시달렸다.

● 독일의 공습으로 불타는 런던. 동남아시아의 맹주였던 영국은 이처럼 본토 방어도 힘겨운 상황이었고 프랑스와 네덜란드는 일본의 동맹국인 독일에게 항복한 상태였다. 이제 일본의 진출을 방해할 세력은 미국밖에 없었다.

을 박살 내 교전의지를 꺾고자 했고, 또 그것이 가능하다고 생각했다. 그렇게 생각한 이유는 미국과 일본이 싸운다면 얼굴을 마주 대할 곳이 태평양이기 때문이었다. 일본은 태평양에 있는 미군 전력 대부분이 집결한 하와이Hawaii의 진주만眞珠灣, Pearl Harbor을 주목했고, 이곳을 급습하여 미 해군을 일거에 격멸한다면 태평양을 순식간에 장악할 수 있으며, 추후 일본에게 유리한 방향으로 대결국면을 이끌어 미국과 강화조약을 맺을 수 있을 것이라 낙관했다.

일본에서 그렇게 판단한 근거로는 첫째, 태평양은 넓지만 대규모 병력을 동원하여 밀고 밀리는 육상의 전투와 달리 상대방 함대를 격멸한다면 손쉽게 전략적 우위를 확보할 수 있는 공간이라는 점이었다. 즉, 그 크기와 상관없이 제해권만 확보하면 지배하기 수월한 환경이다. 예를 들어

진주만의 미 태평양함대가 완전히 괴멸되거나 일본이 하와이를 점령한 다면 미국 본토와 하와이 사이에 전략거점이 없기 때문에 미 해군의 활동영역은 샌디에이고San Diego 인근의 동태평양 연안으로 축소될 수밖에 없다고 생각했다.

둘째, 제해권을 담보할 수 있는 유일한 수단인 군함의 건조는 상당한 시간을 필요로 한다는 점이다. 만일 미국의 태평양 해군전력이 일거에 소멸된다면 이를 복구하거나 보충하는데 많은 시간이 필요하므로, 이러한 시간 동안 일본은 최대한 그들에게 유리한 국면으로 전쟁을 이끌고 갈 수 있다는 점이었다.

셋째, 어차피 미국이라는 나라는 전통적으로 고립정책을 펼쳤던 국가 였기 때문에 일본이 유리한 국면을 만들어 미국 본토에 대한 안전을 약속하고, 미국과는 그리 이해관계가 없는 중국과 동남아시아에 대한 지배 권만 요구하는 형식으로 강화를 주장하면 미국이 순순히 여기에 응하여 외교적으로 모든 것을 마무리할 수 있을 것으로 생각했다.

일본이 이렇게 긍정적인 망상에 빠지게 된 가장 큰 이유는 이순신李舜臣 장군에게 참패를 당한 이후 지난 400년간 불패의 신화를 자랑하는 일본 해군이 있기 때문이었다. 만일 이때의 패전이 충분히 기억이 날 수 있는 가까운 과거의 사실이었다면 일본 해군도 육군처럼 함부로 도발을 감행 하지는 못했을 것이다. 하지만 400년이라는 시간은 아픈 기억을 망각하 기에 충분한 시간이었다. 일본 해군은 같은 섬나라인 영국을 모델 삼아 비약적인 발전을 하여 태평양전쟁 직전인 1941년에는 이미 세계 3대 해 군 강국의 위치에 올라와 있었다. 비록 미 해군이 세계 최고이기는 했지 만 전력을 대서양과 태평양에 반분하여 놓았기 때문에 태평양만 놓고 본 다면 일본 해군이 미국보다 우위에 있어 더욱 자신이 있었다. 이제 전혀 새로운 전쟁이 시작되려 하고 있었다.

진주만을 기습한 새로운 해군

지금도 그렇지만 미국 국방의 기본원칙은 싸움이 벌어진다면 미국 밖에서 해야 한다는 것이다. 따라서 멀리 원정을 나가서도 충분히 싸울 수 있는 강력한 해군력과 공군력이 미국 군사력의 근간이 된다. 현재 미국의 지상군도 강력한 편이지만 타의 추종을 불허할 만큼 세계 최고의 전력을 유지하고 있는 해군력과 공군력에 비한다면 상대적으로 약한 편이라 할 수 있다. 이미 미국이 대외 팽창을 본격적으로 시작했던 19세기 말부터 미국의 군비는 해군력에 집중되었고 1차대전이 끝났을 무렵에는 수백 년간 대륙을 호령한 전통적인 해군 강국인 영국과 맞설 수 있는 규모로까지 팽창하여 있던 상태였다. 1차대전을 거치면서 새로운 전쟁터로 부각한 하늘도 마찬가지였는데 미국은 전투기보다 장거리를 비행하여 적진을 공격하는 폭격기 분야에서 특별히 앞서 있었다.

　미국은 전운이 감도는 1930년대 들어 그동안 군축조약 등으로 증강에 많은 제약을 받고 있던 해군력을 서서히 강화하기 시작했다. 핵심은 조약에는 빠져있었지만 해군력의 새로운 패러다임으로 서서히 등장하고 있던 항공모함^{Aircraft Carrier} 전력의 육성이었다. 사실 당시까지는 거함거포주의가 해군의 사상을 지배하던 시기라서 육중한 전함^{Battleship}이 해군력의 중추를 이루고 있었고 미국·영국·일본 같은 해군 강국들은 모두 경쟁적으로 거대한 전함을 제작하여 보유하고 있었다. 따라서 1차대전 이후 체결된 워싱턴 군축조약^{Washington Naval Treaty} 같은 협정에서도 주로 전함

● 일본 해군의 항공모함인 호쇼. 처음부터 항공모함으로 설계되고 제작된 것은 호쇼가 세계 최초였다. 그만큼 일본은 항공모함 역사에 있어 커다란 발자국을 남긴 국가다.

과 순양함Cruiser 같은 중重전투함의 보유를 제한하는 것에 머무르고 있었다. 하지만 깨닫지 못하고 있던 사이에 해군력의 중심은 서서히 항공모함으로 이전하는 중이었다. 그것은 다시 말해 바다에서의 전쟁도 항공력에서 우세를 잡고 있는 쪽에서 승리를 쟁취할 수 있다는 의미이기도 했다.

그런데 이러한 새로운 해군을 건설하는데 가장 앞서고 있던 나라는 일본이었다. 항공모함을 최초로 만들어 운용했던 나라는 전통의 해군 강국인 영국이었지만* 엄밀히 말해 항공모함으로 전쟁사에 커다란 획을 그은 나라는 일본이었다. 예를 들어 1919년에 건조에 들어가 1922년 취역한 호쇼鳳翔는 처음부터 항공모함으로 설계가 이루어져 제작된 세계 최초의 항공모함이었다. 이전의 항공모함들은 기존의 함정들을 개조하여 만

---

* 1919년 건조된 영국 해군의 I95 허미스Hermes를 세계 최초의 항공모함으로 본다.

든 실험적인 것들이 대부분이어서 함재기를 운용하는데 많은 제약이 따랐고, 사실 1930년대까지만 해도 함재기들의 성능은 육상에서 운용하는 공군기에 비해 미흡했다. 하지만 일본은 진주만을 기습했을 당시에 이른바 제로^{Zero}기*로 대표되는 세계 최고 수준의 함재기들을 보유하여 미국을 압도했고, 더불어 중일전쟁 기간 동안 풍부한 실전 경험을 거친 양질의 조종사들을 보유했다.

이렇게 항공모함을 이용한 일본 해군의 능력이 극적으로 선보인 곳이 바로 태평양전쟁의 시작을 알린 진주만 공격이다. 선전포고 이전에 벌어진 야비한 기습이라는 비난도 있지만 사실 전쟁에서 도덕을 찾는 것은 우스운 일이고 전쟁사상 이토록 완벽하게 그리고 엄청난 피해를 안겨준 기습은 전무후무하다고 평가되고 있다. 일본은 당시 그들이 보유한 6척의 대형항공모함을 모두 동원하여 일격에 미 태평양함대를 불구로 만들어 버릴 만한 엄청난 타격을 가했다. 미국이 이때 입은 피해를 단시간 내에 회복하기란 불가능해 보였고 일본은 이를 기회로 태평양을 신속히 장악했다.

태평양전쟁 발발 직전인 1941년 11월을 기준으로 미국은 5척의 대형항공모함과 22척의 전함을 보유한 세계 최강의 해군을 가지고 있었다. 일본도 미국에 못지않은 6척의 대형항공모함과 12척의 전함을 보유하고 있었는데, 앞에서 말한 바와 같이 미국은 전력을 대서양과 태평양으로 나누어 놓고 있었기 때문에 태평양만 놓고 본다면 일본이 우세했다. 또한 일본의 항공모함이나 함재기, 전함의 성능은 당시 미국의 동급 무기

---

* A6M 영(0)식 함상 전투기. 1명의 승무원이 타고, 날개가 동체의 아래에 부착된 단엽기로서 2차대전 중에 일본이 크게 활용했다.

들을 능가하고 있었고 더불어 오랜 실전 경험을 통해 일본 해군은 이들 무기를 보다 효과적으로 운용할 줄 알았다. 그런데 미국이 범한 가장 큰 실수는 기습과 관련한 수많은 정보들을 입수했음에도 불구하고 단지 서구우월주의에 입각한 오만한 시각으로 일본을 과소평가하고 있었다는 점이다. 그들은 러일전쟁에서 참패한 러시아로부터 교훈을 얻지 못했던 것이다.

미국을 타격하겠다고 결심한 일본과 도발 상대인 미국이 모두 위와 같은 무시무시한 전력을 보유하고 있었기 때문에 전쟁이 벌어진다면 그들이 구축한 해군력을 총동원한 사상 최대의 해전이 벌어질 수밖에 없었다. 반면 초전에 상대에게 회복하기 힘든 타격을 입힌다면 해군의 특성상 전쟁을 쉽게 이끌어 나갈 수 있었던 상황이었다. 일본의 진주만 공격은 역사상 최고의 기습이었다. 작전은 전반적으로 일본의 의도대로 진행되어 미 태평양함대는 일거에 전투서열에서 삭제되는 엄청난 타격을 받았던 것이다.

당시에 해군전력의 전부라 할 수 있는 6척의 대형항공모함을 모두 동원하여 하와이 근처까지 함대를 이끌고 온 일본의 전략은 미국의 상상을 초월할 정도였지만, 이미 일본은 항공모함의 효용성을 높게 평가하여 세계 최초로 항공모함 함대를 창설했고 운용 노하우에서도 세계 최고를 달리고 있었다. 물론 종전 때까지 일본 또한 고루한 거함거포주의를 신봉하기는 했지만 그러면서도 전략기동타격무기로써 항공모함의 역할을 누구보다도 먼저 깨달았던 것이다.

여담으로 진주만 공격과 관련하여 미국이 일본의 도발을 알면서도 전쟁에 참전할 구실을 찾기 위해 일부러 도발을 방임했다는 설이 종종 제기되고는 있지만 사실 이것은 음모론에 불과하다. 가장 큰 이유로 만일

● 일본의 진주만 공격 당시 폭격을 받고 침몰하는 미 해군 전함 BB-39 애리조나Arizona. 진주만 공격은 역사상 최고의 기습이자 항공모함의 효용성을 입증한 사건으로 기록되었다.

미국이 일본의 전쟁 도발을 유도했다면 개전 즉시 미국의 의도대로 전쟁을 이끌어가야 하는데, 진주만 공격 직후 미국은 전쟁을 이끌어 나갈 아무런 준비도 되어있지 않았기 때문이다. 오히려 1942년 말까지 엄청난 굴욕을 감수하면서 현상유지에만 급급했다. 만일 개전의 구실을 찾고 있었다면 그 정도의 희생을 감수하면서까지 상대의 도발을 알고도 모른 척할 수는 없었을 것이다. 루거우차오 사건을 일으킨 일본이나 글라이비츠Gleiwitz 방송국 습격 사건*을 조작한 나치가 구실을 만들자마자 자기들 의

---

* 1939년 8월 31일 국경 지대에 위치한 글라이비츠 방송국을 폴란드 군복을 입은 나치 친위대가 공격했는데, 이는 폴란드를 침공할 명분을 만들기 위한 독일의 자작극이었다.

도대로 전쟁을 벌여온 것만 보아도 알 수 있는 사실이다.

　일본의 진주만 공격으로 전함을 비롯한 미국의 수상함 전력이 일거에 무력화되었지만 구사일생으로 항공모함 전력은 보존할 수 있었다. 항공모함 전력은 대부분 대서양쪽에 배치되어 있었고 진주만에 배치되었던 엔터프라이즈Enterprise호와 새러토가Saratoga호도 훈련을 나가있었기 때문에 참화를 면했다. 그리고 이때 보존된 미국의 항공모함 전력은 1942년의 기적을 연출하는 힘이 되었다.

기적을 이끈 3형제의 탄생

1920년 3월, 기존 석탄보급함으로 사용되던 AC-3 주피터Jupiter를 개조하여 미 해군 최초의 항공모함인 CV-1 랭글리Langley가 제작되었는데, 본격적인 항공모함은 아니었고 단지 가능성을 실험하기 위해서 제작된 시험함정이었다. 실험 결과 해상에서도 충분히 비행기가 이·착함할 수 있음이 입증되자, 미 해군은 이를 근거로 전력화할 수 있는 본격적인 항공모함 개발에 착수했다. 1923년 8월 워싱턴 군축조약이 발효되자 미 해군은 조약에 의해 제약을 받게 되는 많은 함정들의 건조를 부득이 취소할 수밖에 없었다. 그러나 당시 한창 건조 중이던 일부 순양전함Battlecruiser들은 폐기하지 않고 조약이 미치지 않는 항공모함으로 개조하기로 결정했다. 이렇게 하여 1927년 2척의 항공모함이 만들어졌는데 바로 렉싱턴급 항공모함으로 알려진 CV-2 렉싱턴Lexington과 CV-3 새러토가였다. 이처럼 우여곡절 끝에 탄생한 두 항공모함은 각각 태평양과 대서양에서 활동하게 되었다. 하지만 해군 내에 지배적인 거함거포주의의 영향으로 주역은 아

● 최초 순양전함으로 제작되다가 중도에 항공모함으로 변경되어 탄생한 CV-2 렉싱턴. 1927년에 배치된 실질적인 미 해군 최초의 항공모함이며 형제함으로 CV-3 새러토가가 있다. 그런데 이때까지만 해도 미 해군은 거함거포주의를 맹신하여 항공모함의 효용가치를 제대로 알지 못했다.

직도 전함이었고 항공모함은 함대의 보조전력 취급을 받았다.

렉싱턴급은 전술한 바와 같이 기존에 건조되던 함정을 개조하여 탄생한 항공모함이어서 막상 운용에 들어가자 미처 생각지 못했던 많은 문제점들이 대두했다. 사실 무력투사의 상징이 된 오늘날의 항공모함은 영화의 주인공처럼 어느 날 갑자기 등장한 것이 아니고 초기부터 나타난 여러 가지 문제점을 오랜 기간 해결하고 개선하면서 바다의 제왕으로 자리를 잡게 된 것이다. 미 해군은 렉싱턴급 항공모함을 운용하는 과정에서 나타난 여러 문제점을 개선하여 1934년 5월 새로운 항공모함 건조에 착수했는데, 이때는 처음부터 항공모함으로 설계가 되었고 제작이 이루어졌다. 새로 건조한 항공모함은 배수량 2만 6,000톤 규모로 크기는 이전 렉싱턴급에 비해 조금 작았지만 작전능력은 더 좋았다. 총 3척이 건조되었는데 초도함이 1936년 4월 4일 진수하여 1937년 9월 30일 취역했다. 함의 이름은 독립전쟁American Revolution 당시 유명한 전투 중 하나였던 요크타운 전투*를 기려 CV-5 요크타운Yorktown으로 명명되었고, 동급의 CV-6 엔터프라이즈와 CV-8 호넷Hornet이 연속적으로 건조되었다. 이들 세쌍둥이 항공모함을 요크타운급Yorktown Class으로 통칭한다.

전술한 바와 같이 전쟁 발발 당시에 미국은 요크타운급을 포함하여 총 5척의 대형항공모함**을 보유했는데 그중 2척을 태평양에 배치했다. 미국은 전운이 감돌던 유럽과 태평양을 동시에 견제하기 위하여 대서양과 태평양에 함대와 항공모함을 분산하여 배치했으나 유럽을 우선시하여 대서양함대에 전력을 편중시켰다. 하지만 막연한 예측과 달리 2차대전 동안 미 해군의 진정한 싸움터는 태평양이었다. 미국은 전쟁 전 일본이 6척의 대형항공모함을 태평양에서 운용하고 있었고 또한 그들이 보유한 함재기의 성능이 생각보다 좋다는 정보를 분명히 가지고 있었음에도, 위에서 언급한 함정 배치 상황에서도 충분히 알 수 있듯이 일본을 너무 과소평가하고 있었다. 그것은 자만이었다.

이런 상황에서 전쟁이 벌어졌고 그동안 중립을 외치던 미국은 자연스럽게 연합국의 일원이 되어 거대한 전쟁에 휘말려 들어가게 되었다. 그

---

* 버지니아Virginia주 요크타운 반도에서 영국군 부대가 프랑스-미국 연합군에게 완패한 전투(1781년 9월 28일~10월 9일). 콘월리스Cornwallis가 지휘하는 영국군이 뉴욕으로부터의 지원군 및 해상으로부터의 함대의 원조를 기대하여 버지니아의 요크타운으로 물러났을 때, 워싱턴Washington의 식민지군은 육상에서 이를 포위하고 해상에서는 프랑스 함대가 출격하여 영국 함대를 격파함으로써 식민지군이 승리했다. 이 같은 전과로 말미암아 미국 독립전쟁을 사실상 종결시켰다.

** 항공모함의 규모는 절대적인 것이 아니라 시대에 따라 바뀐다. 요크타운급 같은 3만 톤 내외의 항공모함은 지금은 중 항공모함으로 분류하지만, 태평양전쟁 발발 당시에는 항공모함 중 가장 큰 규모였다.

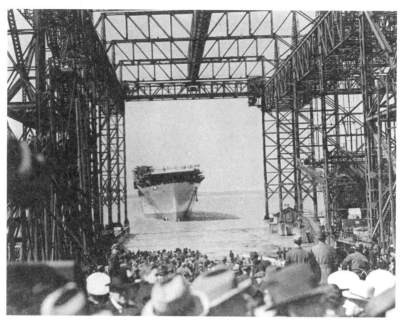

● 지금도 항공모함이 제작되는 뉴포트뉴스Newport News 조선소에서 1936년 4월 4일 진수식을 갖는 신형 항공모함 CV-5 요크타운. 모두 3척의 동급 항공모함이 제작되어 2차대전에 참전했는데 이들 모두는 전사에 길이 전해지는 전설이 되었다.

러한 와중에 요크타운, 엔터프라이즈, 호넷은 미 해군전사에 찬란하게 기록된 위대한 참전기록을 남겼다. 특히 미국이 열세였던 태평양전쟁 초기의 1942년에 벌어진 모든 격전에 등장한 이들 3형제는 전투의 주역으로 전설 같은 활약상들을 보여주었다. 그들이 스스로를 불태우며 치른 격전을 통하여 얻은 승리는 욱일승천하던 일본의 기세를 꺾고 태평양전쟁의 향방을 바꾸어버린 결정적인 전환점이 되었다. 그리고 앞으로의 이야기는 이들 3형제의 눈으로 바라본 가장 격정적이었던 1942년 태평양의 이야기라고 할 수 있다.

상상과 현실

1941년 12월 7일 일요일 아침 하와이로부터 들려온 소식에 온 세계인들, 특히 미국인들은 경악했다. 예상치 못한 일본의 기습공격으로 세계 최강을 자랑하던 미 태평양함대가 순식간에 코피가 터졌다는 사실은 미국인들 스스로도 믿기 어려울 만큼 충격적이었다. 결론적으로 진주만 공격이 있은 후 곧바로 추축국에 선전포고를 하고 전쟁에 참가한 미국은 연합국의 거대한 군수공장이 되어, 태평양은 물론이거니와 대서양 건너 유럽에까지 엄청난 규모의 병력과 물자를 투입하여 전쟁을 주도하는 거인이 되었다. 결국 하룻강아지 범 무서운 줄 모르고 도발을 감행한 일본은 실컷 얻어터지고 핵폭탄의 뜨거운 맛을 본 후에야 살기 위해 싹싹 빌게 되었다.

그런데 일본의 일격으로 미국이 전대미문의 피해를 본 직후 대부분의 미국인들은 전쟁이 종식될 때까지 무려 4년이나 걸리게 될 줄은 꿈에도 생각하지 못했다. 미군이 곧바로 대대적인 반격을 가하여 일본을 쉽게 굴복시킬 수 있을 것이라 막연히 생각했던 것이다. 그러나 현실은 전혀 달라서 전선에서 들려오는 소식은 패배, 패배 그리고 패배였다. 진주만 공격 직후 곧바로 동남아시아로 진격을 개시한 일본에게 말레이^{Malay}*를 지키기 위해 파견된 영국 동양함대가 수장당하고 난공불락의 요새라 자부했던 싱가포르^{Singapore}가 함락되었으며 필리핀의 미군도 얼마 버티지 못하고 일본에게 항복했다. 이렇게 연이어 전해지는 비참한 소식을 들은

---

* 동남아시아의 영국령 말레이 반도와 그 주변의 싱가포르 섬을 비롯한 여러 섬들을 통틀어 이르는 이름.

● 1942년 4월 9일 바탄Bataan에서 항복한 필리핀 주둔 미군. 태평양전쟁 개전 초에 미군
과 연합군은 연일 치욕을 겪었으나 현실적인 대응 방법은 전무하다시피 했다.

미국인들의 실망은 대단했으며 정치인들도 군부의 무능을 질타했다. 당연히 이런 질타를 받은 미군 수뇌부의 심기 또한 편할 수는 없었다. 그렇지만 정치인들이나 일반인들의 생각과는 달리 당시 미국이 일본을 응징할 방법은 사실 아무것도 없었다.

일본과 가까운 동아시아에 주둔하고 있던 미군의 병력과 장비는 현지 치안 유지 정도에나 적합한 수준이어서 전쟁에 투입할 수 없었고, 미국 본토 또한 제대로 된 전쟁 준비를 마친 상태가 아니었기 때문이다. 당연히 당시에는 오늘날의 전략폭격기나 대륙간탄도탄(ICBM)처럼 미국에서 일본 본토를 직접 타격할 수단이 없었으며 그렇다고 육지에서 전선을 맞대고 있었던 것도 아니었다. 사실 서로의 심장부를 직접 타격하기 힘든 바다에서의 전쟁이었기 때문에 일본이 자신감을 갖고 전쟁을 일으킨 것이었다. 그렇다면 미국이 취할 수 있는 유일한 방법은 바다에서 적의 주력을 수장하여 일본을 대외적으로 고립시키고, 차츰차츰 일본 본토를 향해 압박하여 들어가 항복을 유도하는 것뿐으로 당연히 시간이 많이 걸릴 수밖에 없었다. 더 큰 문제는 당장 동원할 수 있는 해상전력에서 미국이 일본에 뒤지고 있다는 점이었다.

미국의 전함세력은 진주만에서 하루아침에 박살이 났고 항공모함 전력도 대형항공모함 기준으로 6대 5의 열세를 보이고 있었다. 더구나 개전과 동시에 태평양을 휘젓고 다니는 일본의 해군 항공전력에 비하여 미국의 전력이 절대적인 열세로 판가름 났기 때문에, 즉시 반격은커녕 일본의 공세를 겨우겨우 막아내기에 급급할 정도였다. 이런 상황을 대등하게 혹은 우세하게 반전시키기 위해서는 많은 시간이 필요했으나 국민들과 정치인들은 기다려주지 않고 즉각적인 복수를 주문했다. 당연히 군부도 뭔가 획기적인 대책을 필요로 했다. 비록 현재는 밀리고 있지만 자신감까지 잃으면 곤란하기 때문에 국민들에게 용기를 주고 군의 사기를 올릴 수 있는 대책을 생각하게 되었다.

결국 미국이 찾아낸 방법은 바로 '눈에는 눈, 이에는 이'라는 것이었다. 미국이 진주만 공격으로 충격을 받았다면 미국도 태평양 건너 일본에 폭격을 가하여 복수한다는 단순한 논리였다. 그런데 작전을 구상하면서도 전술적인 효과에 대해서는 미군 당국도 그리 신통한 결과를 얻을 것이라 생각하지는 않았다. 일본의 경우는 기습의 효과를 최대한 살려서 심리적인 효과뿐만 아니라 순식간에 미 태평양함대를 불구로 만들어버리는 엄청난 전략적 성과까지 이루었다. 하지만 미국이 일본에 폭격을 가한다면 이만큼의 전과를 얻기는 사실 어려웠다. 전쟁이 발발한 이상 일본이 미국의 역습에 대해 나름대로의 방어대책을 세워 놓았을 것은 너무나 당연하기 때문이었다.

그것보다도 당장 일본 본토를 폭격할 마땅한 장소와 장비가 없는 것이 보다 현실적인 문제였다. 태평양전쟁 말기에 미군이 엄청난 피를 흘려가면서 이오지마硫黃島, Iwo Jima나 오키나와沖繩, Okinawa 같은 섬을 탈취한 이유는 일본 본토를 폭격하기 위한 비행장을 확보하기 위해서였다. 전쟁 초기에는 당연히 일본 본토에 가까운 미군 비행장이 없었고 B-29처럼 장거리 항속이 가능한 폭격기도 등장하기 전이었다. 그렇다면 유일한 방법은 진주만 공격 때 일본이 그랬던 것처럼 미 항공모함 전력을 한곳에 모아 일본 본토까지 접근시켜서 폭격을 하는 것인데, 이것 또한 자살행위에 가까웠다. 전쟁이 발발한 이상 일본의 해상 감시망을 뚫기도 힘들뿐더러 설령 뚫었다 하더라도 수적으로나 성능으로나 미 해군 항공전력이 하늘에서 제압당할 가능성이 컸기 때문이다. 그것보다 진주만 공격으로부터 기적적으로 보존된 항공모함 전력을 잃는다면 미국은 하와이까지 포기해야 하는 위험에 닥칠 수 있었다. 하와이를 포기하면 그 다음은 바로 미국 본토였다.

하지만 지체할 수도 없었다. 프랭클린 루스벨트Franklin Roosevelt 대통령을 비롯한 고위 권력자부터 뉴욕New York 할렘Harlem의 빈민들까지 국민 모두가 복수를 외치고 있었음에도, 연이은 미군의 패전으로 미국인과 미군의 사기가 떨어지고 있었기 때문이다. 미국은 어찌되었든 반전을 위한 극적인 기회를 잡아야 했고 설령 그 효과가 보잘것없다 하더라도 일본을 응징하는 모양새는 보여야 했다. 이러던 중 해군성 작전참모인 프랜시스 로Francis Low 대령은 다음과 같은 구상을 군 당국에 제안했다.

"항공모함을 최대한 일본 본토에 근접시켜 폭격작전을 하되 일본의 감시망 밖에서 폭격기를 이함시키면 항공모함도 안전할 수 있고 폭격도

가능할 것이다. 하지만 항공모함에 탑재한 해군 공격기들은 폭장량도 적고 항속거리가 짧으므로 육군이 보유한 장거리 폭격기들을 항공모함에 탑재하여 작전에 나서면 된다."

육군항공대USAAF, United States Army Air Forces *의 폭격기를 항공모함에 탑재하여 작전한다는 단순한 구상이 의외로 지휘부의 관심을 끌게 되어 세부단계에 착수했다. 그런데 막상 작전계획을 짜다보니 미 육군이 보유한 폭격기들을 항공모함에서 이함시키는 것이 한마디로 장난이 아니라는 것을 깨닫게 되었고, 더더구나 작전 후 귀환하여 착함을 한다는 것은 불가능하다는 결론에 도달했다. 결국 한계에 다다른 해군은 육군항공대를 찾아가 협조를 구했다. 비록 평시에는 자존심 경쟁에서 질 수 없는 맞수였지만 국가의 위기 앞에서 육군은 이미 경쟁의 대상이 아니었다. 해군의 작전안을 들고 찾아온 로 대령 일행을 반갑게 맞은 미 육군항공대 사령관 헨리 아널드Henry Arnold 장군은 묵묵히 제안을 듣고 짧게 그러나 단호하게 대답했다.

"이 작전은 반드시 실행해야 한다."

비장한 임무

아널드 장군은 부하인 제임스 둘리틀James Doolittle 중령을 불러서 해군의 제안을 설명하고 즉시 실행에 옮기라고 명령했다. 둘리틀은 제안을 듣는 순간 결코 승무원들의 생환을 보장할 수 없는 작전이라는 것을 알았지

*2차대전 후인 1947년 육군에서 분리되어 공군USAF, Unite States Air Force이 창설되었다.

만, 모든 미군 중에서 제일 먼저 일본에게 복수할 수 있는 기회가 자기에게 찾아왔다는 것을 깨닫고 가슴이 뛰기 시작했다. 노련한 조종사 출신인 둘리틀은 B-25 미첼Mitchell 경폭격기를 개조하면 충분히 항공모함에서 이함이 가능할 것으로 판단했다. 둘리틀로부터 이러한 의중을 전해들은 해군은 불과 두 달 전 취역한 최신예 항공모함인 호넷을 이번 작전에 투입하기로 낙점했다. 그와 동시에 둘리틀은 비밀리에 대원들을 선발하여 B-25경폭격기를 이용하여 150미터 거리에서 출격하는 훈련을 반복했다. 선발된 대원들은 평소에는 상상도 못할 거리에서 벌이는 이런 훈련을 의아하게 생각했지만 그들이 아는 것은 전혀 없었다.

1942년 2월 2일, 대서양의 군항인 노퍽Norfolk에서 출항을 위해 분주하게 서둘던 호넷의 승무원들은 눈이 휘둥그레졌다. 갑판 위에 B-25경폭격기 2기가 실리는 광경을 목격했는데, 이들 폭격기들은 해군 소속도 아니었고 더구나 항공모함에 실리기에는 덩치가 너무 컸기 때문이었다. 그렇다고 단순히 항공모함의 넓은 갑판을 이용하여 멀리 싣고 가기 위해 실은 것도 아닌 것 같았다. 왜냐하면 호넷에 탑재한 B-25경폭격기는 항공모함에서 이함할 수 있게끔 동체에 장착된 자위용 기관포탑과 무전기는 물론 폭격조준기까지 제거한 대신, 장거리 운항을 위해 연료탱크를 설치했고 저공으로 침투하여 육안으로 폭격하도록 개조된 상태였기 때문이었다. 당시까지 B-25처럼 거대한 비행기를 항공모함에서 이함시켜 본 적도 없을뿐더러, 해군항공대와 상극인 육군항공대의 대원들이 항공모함에 승선하여 훈련을 하려고 했기 때문에 호넷 승무원들의 호기심은 더욱 커졌다. 혹시나 하던 승무원들의 생각은 인근 해역으로 출항을 나간 호넷에서 이들이 출격훈련을 하면서 현실이 되었다. 하지만 그 어느 누구도 이들 이방인들에 대한 설명을 해주지 않았고 해군 함정에 승선하여 훈련을 받고 있는 육군항공대 조종사들조차도 자신들이 어떠한 임무에 투입될지 모르고 있었다. 다만 호넷에 타고 있던 모두가 자신들이 상당히 중요한 임무에 투입될 것이라는 추측만 하고 있었을 뿐이었다.

작전을 총괄한 둘리틀이 B-25경폭격기의 이함 및 저공 침투를 통한 육안 폭격훈련이 완료되었음을 보고하자, 호넷은 1942년 3월 파나마 운하를 거쳐 태평양 연안으로 이동했다. 호

● 기상천외한 일본 본토 폭격작전을 진두지휘한 제임스 둘리틀. 이후 그는 의회명예훈장Medal of Honor을 수여받고 장군이 된다.

넷이 샌프란시스코San Francisco에 정박하자 해군항공대 소속의 함재기가 모두 내려지고 대신에 개조된 미 육군항공대의 B-25경폭격기 16기와 150여 명의 육군항공대 조종사와 정비사들이 승선했다. 그리고 모든 준비를 마친 호넷은 1942년 4월 2일 호위함들을 거느리고 역사적인 출항을 개시했고, 이와 동시에 호넷에 실린 둘리틀 특공대에게는 도쿄東京, Tokyo와 나고야名古屋, Nagoya의 도심과 공업지대 등 사전에 선정한 열 곳의 목표를 타격하라는 명령이 하달되었다.

태평양으로 진입하여 순항하던 호넷은 4월 13일, 미드웨이 섬 인근 해역에서 호넷의 형제함인 엔터프라이즈가 이끄는 항공모함 전투단과 합류하여 제16기동함대를 형성하고 북서쪽으로 항해를 계속했다. 엔터프라이즈에게는 예상되는 일본의 공격으로부터 제16기동함대의 방공을 담

당하라는 명령이 하달되어 있었다. 그리고 함대가 일본을 향해 항해를 시작하자 둘리틀은 그동안 열심히 훈련에 임했던 대원들을 모아놓고 그들이 앞으로 수행할 작전에 대해 설명했다.

"우리는 이제 일본의 심장을 폭격하러 간다."

이 말을 들은 순간 80명의 대원들이 술렁였다. 그들은 뭔가 중요한 임무에 투입될 것이라 짐작하고는 있었지만, 그때까지 구체적으로 어떤 것인지는 전혀 모르고 있었다. 둘리틀의 이야기는 계속되었다.

"우리가 승선한 호넷은 일본 본토에 최대한 접근하고 우리는 여기서 이함하여 일본의 주요 도시들을 폭격한다. 그러나 함대는 비행대 이함 후 곧바로 회항하고 우리는 폭격 후 일본을 횡단하여 중국으로 날아간다. 만일 요격당하지 않고 살아남으면 알아서 귀환해야 한다. 귀관들의

● 16기의 육군항공대 소속 B–25경폭격기가 항공모함 호넷에 실려 항해하고 있다.

안전을 절대로 장담할 수 없는 위험한 작전이므로 원한다면 이 임무에서 빠져도 좋다."

이와 동시에 함대를 지휘한 홀시Halsey 제독은 호넷의 모든 승무원들에게 현재 자신들이 어떠한 임무에 투입되었는지 알려주었다. 일본을 직접 타격하러 갈 둘리틀의 육군항공대도 그랬지만, 이들을 태우고 최대한 적진 깊숙이 다가가야 할 호넷의 승무원들도 그들이 어떤 임무를 수행 중인지 깨닫는 순간 가슴속 깊은 곳에서 끓어오르는 형언할 수 없는 감정을 느끼게 되었다. 순간 거함 호넷은 병사들의 지르는 환호에 파묻혔다.

"진주만의 복수를 위해 우리가 간다!"

호넷이 취역하여 최초로 투입된 실전 임무가 진주만의 굴욕을 복수하기 위한 일본 본토 공격작전이었다. 비록 일본까지 직접 날아가 분노의 폭탄을 떨굴 주역들은 호넷에 승선한 육군항공대였지만 그것은 아무런 문제가 되지 않았다. 미 육군과 해군의 항공대는 평화 시에는 누가 하늘의 제왕인지 치열한 경쟁을 벌이는 라이벌이었지만 국가가 위기에 빠졌을 때는 함께 협력해야 할 친구였다. 호넷에 탑재한 육군항공대의 B-25 경폭격기는 항공모함에서 이함할 수 있게 개조되었지만 착함할 수는 없는 구조였기 때문에, 둘리틀 특공대원들은 한번 출격하면 돌아오지 못할 것이었다. 이러한 용사들이 자랑스러웠던 호넷의 승무원들은 그들을 위해 가장 안전하게 그리고 최대한 일본 본토 가까이 이들을 수송하는 것이 당연하다고 생각했다.

이처럼 미 함대는 은밀한 항해를 계속하여 최대한 일본 가까이 다가갔다. 일본 동쪽 1,100킬로미터까지 근접하게 된 4월 18일 오전, 가장 앞장서 나가던 초계함이 인근 해역을 순시하던 일본 초계함과 마주쳤다. 약간의 교전으로 이들을 격퇴했지만 함대의 위치가 이미 일본 측에 노출되고 항해를 계속한다면 함대 본진이 일본 함대와 마주칠 가능성이 커졌다. 함대를 이끈 홀시 제독은 둘리틀의 의사를 타진했다.

"현재 예정보다 300킬로미터를 덜 왔지만 적의 감시망에 우리 함대가 포착된 것으로 판단한다. 함대의 안전을 위해 이 이상 전진하는 것은 무리인데, 이 시점에서 비행대가 출격할 수 있겠는가? 귀관의 생각은 어떠한가?"

둘리틀은 잠시 지도를 보고 결정했다.

"제독님, 우리는 일본을 공격하기 위해 지금 출동하겠습니다. 행운이 함께한다면 작전을 펼치고 중국까지 충분히 날아갈 수 있을 것입니다. 이 시점에서 회항이나 작전 취소는 불가능합니다."

그리고 얼마 지나지 않아 호넷은 탑재한 16기의 B-25경폭격기를 발진시키기 위해 부산해졌다. 호넷의 많은 승무원들은 둘리틀 특공대원들의 비장한 출격장면에 숨을 죽일 수밖에 없었다. 항공모함 호넷은 B-25경폭격기를 이함시키기 위하여 선수를 맞바람 방향으로 틀어 전속력으로 항진하기 시작했다. 드디어 발함 신호가 떨어지자 B-25경폭격기들은 차례차례 하늘로 날아오르기 시작했고, 조마조마하게 이 장면을 지켜보던 홀시 제독 이하 해군 승무원들은 우레와 같은 함성으로 그들의 출격을 성원했다. 지금 이 순간만큼은 라이벌 육군항공대가 아니라 조국을 위해 돌아오지 못할 수도 있는 비장한 출격을 감행하는 동료이며 전우였을 뿐이었고, 해군 승무원들은 진심으로 이들의 무사귀환을 기도했다. 그들이 B-25경폭격기 비행대원들을 위해 해줄 수 있는 일이란 안전하게 이함할 수 있도록 최적의 이함 환경을 만들어 주는 것과 폭격기들이 하늘로 날아오를 때 환호로써 용기를 불어넣는 일밖에 없었다. 그리고 16기의 B-25경폭격기를 성공적으로 이함시킨 제16기동함대는 선수를 돌려 진주

● B-25경폭격기가 호넷의 갑판을 박차고 날아오르고 있다. 이들은 보무도 당당히 일본의 심장부를 폭격하러 나섰지만 안전에 대해서는 담보된 것이 아무것도 없었다.

만을 향해 재빨리 속도를 높였다. 전함세력이 일거에 몰락한 미군에게 호넷과 엔터프라이즈는 귀중하게 보존해야 할 몇 안 되는 귀한 전력이기 때문이었다.

예고된 확전

성공적으로 이함한 둘리틀 특공대는 고도 50미터로 저공비행하며 일본 본토의 목표지점으로 서서히 다가가기 시작했다. 비행 중 수차례 일본 정찰기들과 마주치는 위험한 순간도 있었으나 쌍발중폭격기가 항공모함에서 출격했으리라고는 상상하지 못한 일본군이 이를 아군기로 오판했고, 이러한 결정적 실수에 힘입어 별다른 요격 없이 비행을 계속할 수 있었다. 만일 그들이 일본 전투기의 요격을 받는다면 대항할 자위수단이 없었기 때문에 속절없이 죽음의 길로 빠져들 수밖에 없었을 것이다. 이처럼 그들에게는 행운이 같이하고 있었다. 긴장 어린 장시간의 비행 끝에 예정대로 13기의 B-25경폭격기 비행대는 도쿄에 접근했고 나머지 3기는 나고야로 비행경로를 바꾸었다. 수동식 육안 폭격에 의존할 수밖에 없었던 비행대는 공장으로 보이는 산업시설을 골라 분노의 폭격을 개시했다. 순간 엄청난 폭발음과 연기가 하늘을 뒤덮고 마른하늘에 번개를 맞은 일본인들은 순식간에 공황에 빠져들었다. 그러나 1기당 단 4개의 폭탄을 일본에 떨구는 것만으로 커다란 전술적인 폭격 효과를 기대하기는 힘들었다.

하지만 비행대는 그들의 임무가 심리적인 면에서 일본에 충격을 주고 미 국민과 미군에게 엄청난 용기를 줄 수 있을 것으로 굳게 믿고 있었다. 폭격을 무사히 마친 비행대는 곧바로 서쪽으로 기수를 돌려 중국을 향해 필사의 탈출길에 올랐다. 이런 계획은 항공모함에서 이함은 가능하나 착함이 어려운 지상발진 폭격기의 구조로 인하여 어쩔 수 없이 선택한 길이었으나 결과적으로는 그들의 운명을 좋은 방향으로 이끌어 주었다. 진주만의 미국처럼 아니 그 이상으로 얼떨결에 폭격을 당한 일본은 상당히 놀라 곧바로 요격기를 출동시켰는데, 폭격을 마치고 도망간 미군기들이 항공모함이 있을 것이라 생각한 태평양 방향, 즉 동쪽으로 도망갔을 것이라 판단하여 둘리틀 특공대가 달아난 정반대 방향으로 대거 요격에 나섰던 것이다.

에드워드 요크Edward York 대위가 지휘하는 1기의 폭격기가 일본의 요격에 피해를 입었으나 다행히도 격추를 면하여 예정된 중국이 아닌 가까운 소련 연해주░*로 피신하게 되었다. 행운을 거듭하며 서쪽으로 필사의 탈출을 감행한 나머지 15기의 둘리틀 특공대는 연료가 모두 소모되고 땅거미가 내리기 시작할 무렵 중국 동부 해안지역에 다다를 수 있었다. 그러나 여기도 결코 안전한 지역은 아니었다. 왜냐하면 중국 해안지역의 주요 거점은 대부분 이미 중일전쟁으로 대륙 깊숙이 진출한 일본군이 장악하고 있었기 때문이었다. 때문에 최대한 내륙 깊숙이 날아간 비행대는 기체가 불시착하거나 추락 전 승무원들이 낙하산으로 탈출했다. 당시까지 비록 동맹국은 아니었어도** 일본과 항전 중인 중국인들에게 발견된 많은 승무원들은 중국인들의 적극적인 도움을 받아 무사히 탈출할 수가 있었다. 하지만 모두가 안전하게 귀환한 것은 아니었다. 작전 중 3명이 전사했고, 탈출 도중 8명의 대원이 일본군에 체포되어 그중 3명이 처형되고 1명이 옥사를 당하는 불운을 겪기도 했다.

이들 16기의 B-25경폭격기에서 투하한 폭탄은 총 64개에 불과하여 사상자 363명, 건물파괴 300여동의 미미한 전과만 얻었으며, 이 작전으로 전세가 곧바로 역전된 것도 아니었다. 오히려 너무 무모해 보이는 이 작전을 위해서 일부 승무원들과 16기의 귀중한 폭격기를 소모하고, 이들을 이함시키기 위해 그때까지 최대한 안전하게 보존해야 할 항공모함 호넷을 위험지역까지 출동시키는 모험도 감수했다. 하지만 이들의 전과는 결코 숫자로만 계량할 수 없는 엄청난 효과를 발휘했다. 얼마 지나지 않아

---

* 러시아의 동남쪽 끝, 우리나라 동해에 접해 있는 지방.
** 이미 미국과 중국은 우호적인 관계로, 미국은 일본의 중국 침략을 공개적으로 비난하고 나섰을 정도였다. 하지만 중국이 공식적으로 연합국의 일원이 된 것은 1943년 11월에 개최된 카이로 회담부터라고 할 수 있다.

● 둘리틀 특공대는 성공적으로 폭격작전을 마친 후 대부분 탈출에 성공했으나 일부 대원들은 포로가 되어 처형되거나 옥사를 당하기도 했다.

미국의 언론매체는 미군이 일본 본토를 폭격했다는 뉴스를 대대적으로 보도했다. 비록 전술적으로는 효과가 없었던 작전이었지만 둘리틀 특공대의 일본 본토 공습은 이처럼 개전 후 계속 일본에 밀려 심리적으로 압박감을 받고 있던 미군과 미 국민들에게 용기를 불어넣는 전략적 효과를 발휘했다.

반대로 그동안 승전만 거듭해온 일본과 일본 국민들은 대낮에 중심부가 폭격을 당하자 언제 어디서 또다시 미군 폭격기들이 날아오지 몰라 불안에 떨 수밖에 없었다. 결국 진주만에서 미국의 항공모함 전력을 제거하지 못해 꺼림칙하던 일본군 수뇌부는 미국의 잔존세력을 없애기 위한 건곤일척의 싸움을 준비했다. 그것은 거대한 해전을 암시하는 전주곡이기도 했다. 이제 태평양은 양측 함대가 물러설 수 없는 싸움을 벌일 공간이 되었다. 둘리틀 특공대를 성공적으로 이함시킨 항공모함 호넷도 진주만의 모항을 향해 빠른 속도로 회군하고 있었다. 하지만 호넷이 도착하기 이전에 약 2,000킬로미터 떨어진 남태평양의 외딴 곳에서 이미 전초전이 벌어지려 하고 있었다. 그리고 이곳으로 호넷의 형제함인 요크타운이 또 다른 미국의 대형항공모함인 렉싱턴과 함께 달려가고 있었다.

도전과 응전

* 산호해 전투 참전 항공모함
　미국 **CV-2 렉싱턴**(침몰), **CV-5 요크타운**(대파)
　일본 **쇼카쿠**(손상), **즈이카쿠**(손상), **쇼호**(침몰)

일본의 진주만 공격으로 태평양함대가 순식간에 와해될 정도의 엄청난 타격을 입은 후 미국은 구멍 난 전력을 메우기 위해 항공모함 요크타운과 호넷을 비롯한 대서양함대의 일부 전력을 긴급 이동전개했으나, 진주만의 후유증은 너무 커서 파죽지세로 뻗어가는 일본의 초기 진격을 효과적으로 막기 어려웠다. 미국이 진주만의 상처를 치료하고 전력을 보충하기 바쁜 사이 일본은 동남아시아로 그 세력을 넓혀나갔다. 이를 견제하기 위해 이른바 Z함대라고 불린 영국의 동양함대가 출동했지만 말라카 Malacca 해협에서 일본군의 공습을 받고 순식간에 고기밥이 되는 참담한 패배를 맛보았다. 개전 후 불과 여섯 달도 되지 않은 1942년 4월 말이 되자 일본의 세력은 남반구의 오스트레일리아 Australia 대륙 근처까지 이르게 되었다.

　일본은 미국이 오스트레일리아를 발판으로 태평양 남쪽에서 일본을 견제할 것을 우려하여 오스트레일리아 북부 뉴기니^{New Guinea}의 군사 요충지인 포트모르즈비^{Port Moresby}를 점령, 미국과 오스트레일리아의 연결을 막고 오스트레일리아를 대외적으로 고립시키는 작전을 세웠다. 인근 라바울^{Rabaul}을 점령하고 있던 일본군이 이동전개하여 포트모르즈비에 상륙하는 것이 작전의 핵심이었는데, 이를 위해 1만 톤급 경항공모함 쇼호^{祥鳳}가 상륙부대를 호위하도록 했다. 사전에 이러한 정보를 알게 된 미국은 이곳을 빼앗기면 서남태평양에서 미국의 작전거점을 완전히 상실하게 됨을 깨닫고 결사적으로 방어에 나서기로 결심했다. 미 태평양함대 사령관 체스터 니미츠^{Chester Nimitz} 제독은 일본 상륙부대를 저지할 곳으로 포트모르즈비 남부의 산호해^{Coral Sea}를 지목하고 항공모함 요크타운과 렉싱턴을 주축으로 한 제17기동함대를 이곳으로 즉시 출동시키도록 명령했다.

그런데 미 항공모함 함대가 출동했다는 사실을 일본의 정보기관이 감청했고, 이를 보고받은 일본 연합함대^{連合艦隊} * 사령관 야마모토 이소로쿠^{山本五十六}는 회심의 미소를 지었다. 진주만 공격 당시에 공교롭게도 자리를 비워 온전하게 보존된 미국의 항공모함 전력을 일거에 격멸할 수 있는 좋은 기회로 생각했던 것이다. 야마모토는 즉시 남방작전을 성공적으로 수행하고 본토로 귀환 중이던 제4항공모함전단의 주력인 대형항공모함 쇼카쿠^{翔鶴}와 즈이카쿠^{瑞鶴}에게 항로를 바꾸어 산호해로 향하라고 명령했다. 이들 항공모함들은 진주만 공격에도 참전한 일본 해군의 최신예 대형항공모함들이었다.

---

* 일본 제국 해군의 작전 단위. 예하에 2개 이상의 상설 함대를 포함한 상위 개념의 비상설 함대로 사실상 일본 해군의 모든 함대가 연합함대에 속했다.

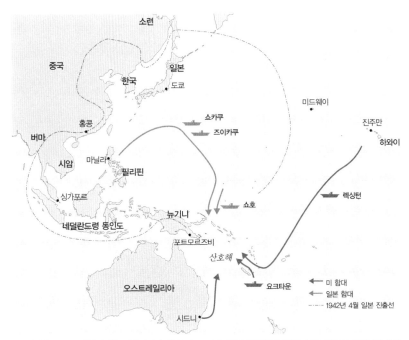

도쿄, 소련, 중국, 한국, 일본, 홍콩, 버마, 시암, 마닐라, 필리핀, 싱가포르, 네덜란드령 동인도, 뉴기니, 포트모르즈비, 산호해, 오스트레일리아, 시드니, 쇼카쿠, 즈이카쿠, 쇼호, 미드웨이, 진주만, 하와이, 렉싱턴, 요크타운

← 미 함대
← 일본 함대
---- 1942년 4월 일본 진출선

● 일본은 오스트레일리아를 고립시키기 위해 포트모르즈비를 점령하려 했고, 이런 계획을 알게 된 미국은 2척의 항공모함으로 구성된 함대를 파견하여 이를 저지하려 했다. 그런데 미국의 대응을 알게 된 일본은 이번 기회에 미 항공모함 전력을 분쇄하고자 2척의 항공모함으로 구성된 함대를 추가 파견했다. 이들은 산호해에서 만나 사상 최초의 항공모함 함대 간 대결을 펼쳤다.

아마도 이때 진주만 공격이나 이후에 벌어질 미드웨이 해전처럼 근처에 항공모함들이 더 있었다면 야마모토는 최대한 전력을 끌어모아 미 해군의 항공모함 전력을 박살낼 건곤일척의 도박을 했을지도 모를 일이나, 당시에는 그럴만한 시간은 없었다. 쇼카쿠와 즈이카쿠의 증원을 받은 일본 원정군은 1942년 5월 1일 과달카날Guadalcanal 근처의 툴라기Tulagi 섬을 먼저 점령하고, 이곳을 전초기지 삼아 최종 목적지인 포트모르즈비를 공격하려고 준비했다. 그러나 툴라기 섬이 공격받는다는 소식을 접한 미국은 이곳에 나타난 일본군 선도 부대를 공격하기 위해 요크타운과 렉싱턴의 함재기들을 날려 보내 즉각 응전에 나섰다.

야마모토는 툴라기에 미군 함재기들이 나타났다는 보고를 받자 미 항공모함들이 근처에 있음을 직감하고 즉시 다음과 같은 명령을 내렸다.

"포트모르즈비는 예정대로 쇼호가 호위하여 상륙작전을 수행하고, 쇼카쿠와 즈이카쿠의 항공대는 미 항공모함들을 찾아 격멸하라."

야마모토는 포트모르즈비도 중요하지만 그보다 미 항공모함을 제거하는 것이 전략적으로 더 중요하다고 인식하고 있었고 바로 지금이 이들을 제거할 절호의 기회라고 생각했다. 태평양전쟁 당시 일본 해군은 거함거포주의를 완전히 벗어난 것은 아니었지만 항공모함 함대를 별도로 운용했을 만큼 선구자로서 항공모함의 효용성을 상당히 높게 평가하고 있었다. 특히 야마모토는 누구보다도 이를 잘 알고 있어서, 전함세력이 와해된 이 시점에서 미 항공모함의 제거가 제일 중요하다고 판단했던 것이다. 일본이 이런 생각을 하고 있던 바로 그때 미국 또한 근처에 일본의 항공모함 전력이 있음을 인식하고 있었다. 다만 일본도 미국도 상대가 정확히 어디에 있는지를 모르고 있었을 뿐이었다. 먼저 발견하면 먼저 공격할 수 있는 상황 때문에 양측은 정찰기를 띄워 산호해를 샅샅이 뒤지고 다니면서 상대를 발견하기 위해 필사적으로 노력하고 있었고 그렇게 피가 마르는 초조한 시간이 점점 흘러가고 있었다.

5월 7일 아침, 드디어 미국의 정찰기가 포트모르즈비 상륙군을 호위하던 일본의 경항공모함 쇼호를 먼저 발견했고, 이러한 급박한 소식을 받자마자 요크타운과 렉싱턴에서 무려 90여 기의 함재기들이 일제히 날아올랐다. 오전 11시, 정찰기가 보고한 해역으로 날아간 미 공격비행대는 쇼호를 향해 맹수같이 달려들었는데, 마침 쇼호는 함재기들이 모두 출격하여 항공모함 방어를 위한 요격기가 전무한 무주공산이었다. 최초의 항공모함 함대 간 대결에서 미국의 급강하폭격기Dive Bomber *들과 뇌격기

● 미 해군 함재기들의 집중 공격을 받아 불타고 있는 일본의 경항공모함 쇼호.

Torpedo Bomber **들이 파상공격을 퍼부어 무방비 상태의 쇼호를 철저하게 유린했다. 공격 30분 만에 쇼호는 11발의 폭탄과 7발의 어뢰를 맞고 순식 간에 불덩이가 되어 침몰함으로써 태평양전쟁에서 최초로 피격된 항공 모함으로 기록되었다. 하지만 쇼호는 상륙작전부대를 지원하기 위한 경 항공모함이었을 뿐이고 아직 일본의 주력인 대형항공모함 쇼카쿠와 즈 이카쿠가 건재했다. 결국 양국의 주력 대형항공모함이 2대 2로 격돌하게 된 상황이었는데 상대가 정확히 어디에 있는지는 모르고 있었다. 그런데 쇼호에 대한 미국의 선제공격은 일본의 상륙을 저지하는 역할은 훌륭히 수행했지만 반대로 일본 본진에게 미 항공모함들의 예상 위치를 노출시

---

* 전술적으로 중요한 대상들을 빠른 속도로 지상으로 내려가면서 폭격하는 비행기.
** 폭탄 대신 어뢰로 적의 배를 공격하는 비행기.

키게 되었다.

드디어 5월 8일 새벽, 양국 정찰기들이 거의 동시에 상대편 항공모함들을 발견했고 양국의 공격비행대들이 항공모함을 박차고 날아올랐다. 쇼카쿠와 즈이카쿠에서 70여 기, 요크타운과 렉싱턴에서는 80여 기의 함재기가 서로를 공격하기 위해 날아올랐다. 우연인지 필연인지는 모르겠으나 양국 비행대는 하늘에서 마주치지 않고 적 항공모함으로 곧바로 돌진했다. 그런데 양국 모두 대규모 공격을 막기 위한 방공용 전투기들이 부족했기 때문에 어느 쪽 공격력이 더 뛰어나 상대 항공모함을 제압할 수 있는가의 여부로 전체 승부가 귀결될 수밖에 없었다. 일본의 항공모함들은 벌 떼처럼 달려드는 미군기들의 공격으로 갑판에 여러 발의 폭탄을 두들겨 맞았지만, 적절한 회피기동과 더불어 호위함들의 효과적인 대공포격 그리고 남아있는 제로기의 결사적인 방어로 피해를 최소화하는 데 성공했다. 쇼카쿠와 즈이카쿠는 본토로 귀환하여 약간의 수리만 받으면 즉시 재투입하는데 무리가 없을 정도로 경미한 피해만 입었다. 그렇지만 미국의 경우는 최악의 상황으로 흘러갔다.

끝나지 않은 싸움

우선 렉싱턴은 일본 항공대의 공격으로 어뢰 2발과 폭탄 2발을 연이어 맞았는데 연료파이프가 정확히 강타당하여 엄청난 연쇄폭발이 일어났다. 거대한 불길이 순식간에 항공모함 전체를 감싸고 사상자가 속출하자 결국 일본 측에서 노획하여 사용하지 못하도록 렉싱턴을 자침시킬 수밖에 없었다. 렉싱턴은 태평양전쟁에서 산화한 최초의 미 항공모함이라는

● 함 포기가 결정되자 바다로 뛰어들어 퇴함하는 항공모함 렉싱턴의 수병들. 렉싱턴은 태평양전쟁에서 최초로 침몰한 미 항공모함이 되었다.

불명예를 얻었다. 이와 더불어 요크타운 또한 필사의 방어에도 불구하고 여러 발의 폭탄세례를 받았는데 그중 99식 급강하폭격기가 투하한 폭탄 1발이 갑판을 뚫고 폭발하여 70여 명의 승무원이 전사했고 동시에 엄청난 화재가 발생했다. 천만다행히도 렉싱턴과는 달리 연쇄폭발은 없었고 승무원들이 필사적으로 불을 끄는데 성공한 덕분에 함을 포기해야 하는 극단적인 상황은 피할 수 있었지만, 더 이상 함재기를 운용할 수 없는 상황이 되었다.

　이 상태로 계속 항전한다는 것은 자멸을 재촉하는 무의미한 행동일 뿐이었다. 결국 미국 제17기동함대 사령관 프랭크 플레처 Frank Fletcher 제독은 반신불수가 된 요크타운과 잔여함대를 산호해의 동쪽 수역으로 이동시켜 후퇴할 수밖에 없었다. 산호해에서의 전투 결과 미 함대는 쇼호를 침몰시키고 쇼카쿠와 즈이카쿠에게 피해를 입혔지만 반대로 렉싱턴을 상실하고 요크타운은 장기간 운용이 불가능할 정도의 피해를 입었기 때문에 해전 자체만 놓고 보면 결과는 미군의 패배였다. 미군이 후퇴하지 않고 교전을 계속했다면 요크타운도 산호해에서 최후를 맞았을 가능성이 컸으므로 플레처의 후퇴 명령은 상당히 시의적절한 조치였고, 이것은 이후 미드웨이 해전에서 언급할 일본의 야마구치 다몬(山口多聞) 제독과 극명하게 대비되는 행동이었다. 야마구치는 사무라이처럼 끝까지 싸우는 용기가 있었지만 귀중한 전력을 상실했고, 플레처는 소극적으로 보였지만 반격의 귀중한 기틀을 만들 수 있었다. 그렇지만 그것은 결과를 알기 때문에 할 수 있는 이야기이고, 사실 그 순간 누구의 지휘가 옳았다고 단정하여 말하기는 힘들다.

그런데 문제는 다른 곳에서 발생했다. 당시 상황에서 연합군에게는 일본군의 포트모르즈비 점령을 저지할 방법이 없었는데도 불구하고, 상륙군을 지휘한 이노우에 시게요시(井上成美)는 경항공모함 쇼호가 침몰했다는 이유만으로 상륙을 포기했던 것이다. 비록 미 항공모함의 격멸이 중요했지만 포트모르즈비 점령이라는 작전 목표를 바꾼 것은 결코 아니었기 때문에 야마모토는 격노하여 이노우에를 질타했다. 결국 일본군이 상륙을 포기하게 만들어 포트모르즈비의 함락을 막았기 때문에 일본의 확장을 저지하는 성과를 가져왔으므로 미국은 전술적 패배에도 불구하고 전략적으로 승리하는 결과를 얻었다. 결국 야마모토는 미 항공모함 1척을 격파하고 1척을 작전불능 상태에 빠뜨린 것으로 만족해야 했다.

일본은 비록 이번 해전에서 요크타운을 침몰시키지는 못했지만 수개월간 작전에 투입되지 못할 정도의 커다란 타격을 입혔다고 생각했고, 그렇게 생각한 것은 피해를 당한 미국 또한 마찬가지였다. 즉 일본이나 미국 모두 앞으로 오랜 기간 요크타운이 전력에서 제외될 것으로 여겼다. 더구나 미국의 전함세력은 아직도 병원 신세를 지고 있었으므로 이제부터 미국은 엔터프라이즈와 호넷 2척만으로 태평양을 지켜야 할 것으로 보았다. 반면 일본은 가가(加賀)·아카기(赤城)·히류(飛龍)·소류(蒼龍) 등 4척의 대형항공모함이 건재했고 이번 작전 동원된 쇼카쿠와 즈이카쿠도 작은 수리만 필요할 정도였기 때문에 태평양에서 미국의 전력으로 일본을 막는 것은 거의 불가능해 보였다.

진주만 공격으로 미국의 전함세력을 일거에 몰락시킨 일본은 산호해 전투를 분석한 결과 미국의 잔존 항공모함 전력이 그들에게 눈엣가시 같은 위험요소임을 재차 확인했다. 미국에서 무관으로 근무했기 때문에 미국의 산업생산능력을 누고보다도 잘 알고 있던 연합함대 사령관 야마모토 이로소쿠는 전시 경제 체제로 전환한 미국의 생산력이 정점에 달하기 이전에 2척의 잔존 항공모함 전력만 단번에 일축하면 태평양에서 앞으로도 오랜 기간 일본이 전략적 우위를 점할 수 있을 것으로 생각했다. 그렇다면 자연스럽게 일본에게 유리한 방향으로 강화조약을 맺어 전쟁을 마무리할 수 있을 것이었다. 이런 이유로 야마모토는 진주만 공격을 능가하는 사상 최대의 원정대를 조직하여 미국의 잔존 항공모함 전력을 모두 한곳으로 불러들여 건곤일척의 승부를 벌이고자 했다. 그는 결투장으로 미드웨이 해역을 지목했는데 이러한 일본의 계획은 미국 정보기관에 감청되었고 미국도 물러섬 없는 응전에 나서게 되었다. 이제 태평양전쟁의 향방을 가를 거대한 해전이 시작되려 했다.

기적을 만든 시간

* 미드웨이 해전 참전 항공모함
　미국 CV-5 요크타운(침몰), CV-6 엔터프라이즈, CV-8 호넷
　일본 **제1기동함대(미드웨이 공략 주공부대) : 아카기(침몰), 가가(침몰), 소류(침몰),**
　　　　　　　　　　　　　　　　　　　　　　　　　히류(침몰)
　　　제2기동함대(알류산 열도 기만 공격 조공부대) : 류조, 준요(1942년 6월 취역)

　1942년 5월 26일, 지체하지 않고 작전을 개시한 일본은 대형항공모함 4척으로 편성한 대함대를 출동시켜 6월 4일 미드웨이를 급습하기로 했다. 일본의 목표는 미드웨이 섬을 공략함과 동시에 미 항공모함들을 끌어내어 일거에 소탕하는데 있었다. 또한 일본은 북태평양 알래스카^Alaska 인근의 알류산^Aleutian 열도를 기만 공격하여 미 해군의 전력을 분산시키는 양동작전을 구사하기 위해, 2척의 경함공모함을 주축으로 한 제2기동함대를 투입했다. 한편 정보망을 통하여 일본의 작전을 꿰뚫고 있었던 미국도 대서양에서 이동전개를 마친 엔터프라이즈와 도쿄 공습작전에 투입되었다가 막 귀환한 호넷을 주축으로 편성된 제16기동함대를 5월 29일 미드웨이 해역으로 출동시키기로 결정했다. 이들 항공모함 2척과 미드웨이 섬에 주둔한 항공대를 항공모함 1척으로 계산하여도 일본 함대와 대등하게 맞서기는 역부족이라 판단했지만, 태평양의 미군에게 더 이상의 항공모함은 없었다. 고심 끝에 미 태평양함대 총사령관 니미츠 제독은 산호해 전투에서 중상을 입고 진주만을 향해서 돌아오고 있던 요크타운에게 최대한 속력을 높여 5월 27일까지 귀환할 것을 지시하고 진주만에 있는 정비부대에게도 다음과 같이 명령했다.

　"함재기가 이・착함할 수 있도록 요크타운을 수리하라! 단, 주어진 시

● 산호해 전투에서 엄청난 타격을 입은 요크타운. 니미츠는 커다란 전투를 마치고 힘겹게 귀환하고 있던 요크타운을 사흘 안에 수리하여 미드웨이 해역으로 출발하도록 명령을 내렸다.

간은 사흘이다!"

  만신창이가 된 요크타운은 명령에 따라 최대한 속력을 높여 뒤뚱거리며 항진했고 그 결과 명령받은 대로 5월 27일 진주만에 모습을 드러냈다. 요크타운은 누가 보아도 수개월간의 수리가 필요한 상태였으나, 이유 불문하고 함재기를 운용할 수 있을 정도로 사흘 내 응급 복구를 완료하라는 엄중하지만 다급한 명령을 받은 2,000여 명의 기술진은 요크타운이 부두에 접안하자마자 개미 떼처럼 항공모함으로 뛰어들어가 곧바로 수리에 돌입했다. 개전 후 최초로 적 항공모함을 격침하는 영광을 얻었지만 그에 못지않은 중상을 입은 요크타운이 응급실에서 심폐소생술을 받기 시작한 것이다. 하지만 그 어느 누구도, 심지어 그러한 명령을 내린 니미츠조차도 요크타운을 사흘 만에 전투가 가능하도록 살려내기는 불가능하다고 생각했다. 그러나 기적은 연출되었다. 밤낮없이 수리를 받은 요크타운은 감았던 눈을 뜨고 함재기 운용이 가능한 상태로 서서히 살아 나기 시작했다. 마침내 요크타운은 그의 형제들인 엔터프라이즈와 호넷 으로 구성된 제16기동함대가 출동한 바로 다음 날인 5월 30일, 산호해 전 투의 피로도 회복하지 못한 채 다시 제17기동함대를 이끌고 미드웨이로 향했다.

하지만 요크타운은 온몸을 깁스로 동여매고 링거 주사를 맞는 환자 같 은 모습이었다. 미드웨이로 향하는 요크타운 함내에서는 수많은 기술진 이 계속 수리를 하고 있었다. 부상병 요크타운은 국가의 부름에 망설이 지 않고 부실한 몸을 추스르며 전선으로 달려나간 것이다. 이런 기적과 도 같은 요크타운의 재출동은 미드웨이 해전에서 미국이 승리한 요인 중 하나였다. 미국 스스로도 불가능했다고 생각했을 정도였으니, 당연히 일 본은 요크타운을 전력에서 제외하여 놓은 상태였다. 불과 보름 전 산호 해 전투에서 대파당한 요크타운이 미드웨이에 다시 등장하리라고는 상 상도 하지 못했다. 이에 비하면 경미한 피해를 입은 쇼카쿠와 즈이카쿠 는 미드웨이 해전에 참전하지 않았다.

아니, 쇼카쿠와 즈이카쿠를 굳이 동원하지 않아도 이미 일본의 항공모 함 전력은 부상병 요크타운까지 동원한 미국을 충분히 압도하고 있었다. 그리고 1942년 6월 3일 일본 항공대가 선제공격하여 미드웨이 섬을 도륙 함으로써 역사에 길이 남는 장대한 해전이 시작되었다. 그러나 망망대해 에 떠 있는 작은 섬의 점령이 일본의 최종 목적이 아니라는 사실을 미리 간파하고 있던 미국은 일본의 항공모함들을 먼저 찾아내기 위해 애썼고, 그 결과 미국이 일본보다 먼저 적의 함대를 발견하여 쉴 틈 없는 공격을 가하기 시작했다. 엄밀히 말해 미국이나 일본이나 목적은 똑같았다. 바로 상대편의 항공모함 전력을 격멸하는 것이었다. 일본도 미국의 항공모함을 찾기 위해 애쓰고 있었지만 미국이 조금 더 빨랐다. 그리고 이러한 미세한 차이가 거대한 전투의 승패를 갈랐다.

공격 시작

호위하는 전투기도 없이 TBF뇌격기 6기와 B-26경폭격기 4기가 저고도로 일본 항공모함들을 향해 접근하고 있었다. 이들은 미드웨이 섬에 전개하고 있던 미 해군과 육군항공대의 합동부대였는데, 미드웨이 해전 당시에 적 항공모함을 향해 제일 먼저 투입되었다. 함교에서 이를 지켜보던 항공모함 히류의 함장 야마구치 다몬 제독은 기막히다는 듯이 혼잣말을 했다.

"호위기도 없이? 죽는 줄도 모르고 모닥불로 뛰어드는 불나방들 같군."

야마구치 제독의 말처럼 저공비행으로 일본 항공모함들을 향해 접근해온 이들은 곧 대공포의 무자비한 포격과 제로기의 집요한 요격 때문에 무참히 괴멸되고 말았다. 단지 1기의 TBF뇌격기와 2기의 B-26경폭격기만 온몸에 총탄자국을 남긴 망신창이가 되어 미드웨이 섬으로 귀환했을 뿐, 나머지는 모두 모닥불에 뛰어든 불나방처럼 격추되어 장렬히 최후를 맞이했다. 하지만 이것은 죽음을 두려워하지 않은 용감한 불나방들의 계속 이어질 도전의 작은 시작이었을 뿐이었다. 비록 전사에는 단 한 발의 어뢰도 명중시키지 못하고 전멸한 것으로 나와 있지만, 이들로부터 시작된 뇌격기들의 희생은 결국 역사상 가장 극적이었던 미드웨이 해전을 미국의 승리로 이끄는 원동력이 되었다.

적함을 침몰시키는 가장 좋은 방법은 갑판 상부를 타격하는 것이 아니라 배의 흘수선吃水線* 밑에 구멍을 내는 것이다. 갑판 위의 무장이 아무리 타격을 입어도 선체가 온전하다면 시간이 걸리더라도 수리하여 재사용할 수 있기 때문이다. 배의 하부를 강타하여 일발필살로 적함을 공격하는 가장 좋은 무기는 어뢰다. 어뢰는 선박이나 잠수함의 어뢰관을 통하여 발사하거나 뇌격기를 이용하여 투하할 수도 있는데, 항공모함이 본격 등장하면서부터 뇌격기의 역할은 훨씬 커졌다.

영국 해군이 소드피시Swordfish 뇌격기를 이용한 1940년 타란토Taranto 항공습이나 일본 나카지마中島 97식 뇌격기에 의한 진주만 공격은 뇌격기의 효용성을 널리 알린 대표적인 사례다. 하지만 뇌격기들은 어뢰투사를 위해서 최대한 고도를 낮추어 적함 가까이 침투해야 하는데 기습이 아니면 침투 자체가 상당히 어렵다. 게다가 일단 공격에 돌입하면 속도를 내기가 힘들고 어뢰투사 직전까지 방향을 변경할 수 없어 대공포나 적 요격기에게 손쉬운 먹잇감이 될 수밖에 없는 약점이 있었다. 하지만 이런 위험에도 불구하고 어뢰를 명중시켰을 경우 그 효과도 비교할 수 없을 만큼 좋아 2차대전 당시 미국·영국·일본 등의 해군 강국들은 뇌격기들을 운용하고 있었다.

미드웨이 해전 당시 미 해군이 동원한 항공전력은 3척의 요크타운급 항공모함에 탑재한 비행단과 미드웨이 섬에 긴급 전개한 혼성 비행단이었는데, 이들은 F4F전투기·F2A전투기·SBD급강하폭격기·SB2U급강하폭격기·B-26경폭격기·B-17중폭격기·TBD뇌격기·TBF뇌격기 그리고 각종 정찰기 등으로 구성되어 있었다. 이처럼 신형·구형은 물론이

---

*배가 물 위에 떠 있을 때 배와 수면이 접하는 선.

거니와 인근에서 동원할 수 있는 육·해군항공대를 모두 망라하여 편성한 항공전력은 미국이 얼마나 다급했는지를 보여준다. 반면 미드웨이를 침공하는 일본은 중무장한 전함과 순양함, 다수의 구축함으로 구성된 호위함대에 엄중히 보호받는 4척의 대형항공모함에 탑재한 A6M 영(0)식 함상 전투기(일명 제로기) 81기, 99식 급강하폭격기 83기, 나카지마 97식 뇌격기 93기, 정찰기 다수를 포함한 막강한 전력이었고 개별 항공기는 동종의 미군기에 비해 월등한 성능을 가졌다. 이러한 함재기의 성능 차이는 미드웨이 해전 초반에 미국의 엄청난 희생을 가져오는 원인이 되기도 했다.

특히 1935년 제작된 TBD뇌격기는 일본의 97식 뇌격기와 성능을 비교할 수 없을 정도로 시대에 뒤떨어진 비행기였다. 일본의 뇌격기들은 진주만 공격이나 산호해 전투처럼 그들이 등장한 모든 전투에서 연일 놀라

● 항공모함 엔터프라이즈 소속 제6뇌격비행대(VT-6)의 TBD뇌격기. 태평양전쟁 초기 미 해군의 뇌격기는 성능이 미흡하고 탑재했던 어뢰의 신뢰성도 낮았지만 비행대원들은 이를 탓하지 않고 용감하게 전투에 임했다.

운 전과를 보여주고 있었지만 미국은 그렇지 못했다. 당시 해군 비행사들은 온갖 나쁜 형용사를 붙여 이 항공기를 욕했을 정도였는데, 예를 들어 항공모함 호넷에 배치된 제8뇌격비행대대(VT-8) 승무원들이 자신들은 "관을 탄 비행대 Coffin Squadron"라고 자조할 정도였다. 이처럼 악명 높은 TBD뇌격기를 대체하기 위하여 신형 TBF뇌격기가 막 생산에 들어간 상태였지만 미드웨이 해전에는 단지 6기만이 전투에 참가할 수 있었다. 이 6기의 TBF뇌격기도 원래는 호넷에 배치될 예정이었으나 이들이 진주만에 도착했을 때는 제16기동함대가 이미 진주만을 출항한 이후여서 미드웨이 섬의 육상 기지에 긴급히 배치되었을 정도였다.

그런데 신형 뇌격기의 숫자가 모자란 것은 둘째로 치고 더욱 문제가 되었던 것은 뇌격기의 필살기인 Mk-13 공중투하 어뢰의 신뢰성이었다. 미드웨이 해전 바로 직전에 있었던 산호해 전투에서 발사한 어뢰 중 과반수가 목표에 명중했음에도 폭발하지 않았다고 요크타운과 렉싱턴 소속 뇌격기 조종사들이 격분했을 정도였다. 이처럼 일본과 건곤일척의 대결을 미드웨이에서 펼칠 시점까지 미군은 성능 좋은 뇌격기도 신뢰성 있는 어뢰도 갖출 시간이 없었다. 다시 말해 미국은 겉으로 드러난 항공기의 숫자와 상관없이 적 항공모함을 공격할 수단이 그리 많지 않았던 심각한 상황이었다.

일본 항공모함을 격침하라

1942년 6월 4일 오전 5시 20분, 일본 함대를 찾기 위해 태평양을 밤새 수색하던 제23정찰비행대(VP-23) 소속의 PBY정찰기장 하워드 애디 Howard

^{Ady} 대위로부터 긴급한 무전이 미군 지휘부에 날아왔다.

"적 항공모함 발견. 방위 320, 거리 180!"

이 보고를 받자 미드웨이 섬의 항공기지에 전개되어 있던 항공기들은 차례차례 시동을 걸고 하늘로 날아올랐다. 니미츠는 항공모함에 탑재한 항공전력을 주머니 속의 송곳처럼 결정적인 순간에 사용하려 했기 때문에 출격 순서를 그 다음으로 미루고 있었다.

로프턴 헨더슨^{Lofton Henderson} 소령이 이끄는 SBD급강하폭격기 16기를 선두로 벤저민 노리스^{Benjamin Norris} 소령이 지휘하는 SB2U급강하폭격기 11기, 늦게 도착하여 호넷에 실리지 못한 TBF뇌격기 6기, 그리고 육군항공대의 B-26경폭격기 4기, 마지막으로 B-17중폭격기 19기가 차례차례

● 제23정찰비행대(VP-23) 대원들. 미드웨이 해전은 상대의 항공모함을 누가 먼저 발견하여 선제공격을 하느냐에 작전의 성패가 달려있었다. 하워드 애디가 지휘하는 PBY정찰기가 일본 함대를 먼저 발견하여 미국이 먼저 공격에 나설 수 있었다.

서북쪽 하늘로 날아갔다. 이들에게 내려진 명령은 간단명료했다.

"일본 항공모함을 격침하라!"

그러나 이들은 전투기의 호위를 받지 못했다. 함께 주둔하던 제221해병전투비행대(VMF-221) 소속의 F4F전투기와 F2A전투기들은 내습하는 일본 공격기들을 저지하기 위해서 미드웨이 기지 상공에 머물렀기 때문이었다. 전투기의 호위도 없이 일본 함대 상공으로 돌입하는 것이 무엇을 의미하는지 공격비행대들은 잘 알고 있었다. 하지만 그들은 모닥불로 뛰어 들어가는데 결코 주저하지 않았다. 그리고 조금 시간이 지난 오전 7시, 바다 위에 있던 제16기동함대의 항공모함 호넷과 엔터프라이즈의 비행갑판에서 SBD급강하폭격기 72기, TBD뇌격기 29기, 그리고 이들을 호위하는 F4F전투기 20기로 이루어진 공격비행대가 차례차례 하늘로 날아올랐다. 그리고 다시 약간의 시차를 두고 오전 8시 30분 제17기동함대의 항공모함 요크타운에서도 SBD급강하폭격기 17기, TBD뇌격기 12기, F4F전투기 6기가 발진을 시작했다. 이들에게 주어진 명령도 똑같았다.

"일본 항공모함을 격침하라!"

미드웨이 해전에서 미국이 승리하게 된 데에는 여러 가지 우연이 결정적인 요소로 작용했는데, 이러한 미 공격비행대가 순차적으로 따로따로 비행한 것도 포함되어 있다. 원래는 항공모함의 상공에서 대편대를 이루어 일거에 공격을 가하려 했으나 일본 정찰기가 미 함대를 발견하자 대편대를 구성하지 않고 이미 출격한 비행대부터 지체하지 않고 공격에 나섰고, 이것은 긍정적인 결과로 나타났다. 이들 중 일본 함대와 제일 먼저 결전을 벌인 것은 미드웨이 섬에서 발진한 6기의 TBF뇌격기와 4기의 B-26경폭격기로 구성된 혼성비행대였다. 이들은 호위기의 보호도 받지 못하고 대공포의 무자비한 포격과 제로기의 요격에 차례차례 불타서 사라져 갔다.

　최초의 불나방들이 모닥불로 뛰어들어 스스로를 태운 지 얼마 되지 않은 오전 7시 48분, 뒤이어 미드웨이에서 출동한 SBD급강하폭격기 16기가 일본 항공모함 소류에 접근했다. 그러나 이들을 조종하는 조종사들은 대부분 신참이어서 고공에서 급강하하여 적함을 공격하는 공격기동을 숙달하지 못한 상태였다. 헨더슨은 어쩔 수 없이 낮은 각도로 강하해 함대를 공격하라고 대대원들에게 명령했다. 조종이 미숙한 신참 조종사들은 죽음을 향한 돌격명령에 망설임 없이 제로기와 대공포 탄막이 가득찬 모닥불 속으로 뛰어들었다. 결국 그들 또한 불나방일 수밖에 없었다. 미국은 절망적인 상태였다.

　적함에 접근하기도 전에 선두에서 비행하던 지휘관 헨더슨을 포함한 8기의 SBD급강하폭격기가 차례로 격추되고 나머지들도 대공포의 탄막을 가르지 못하고 명중탄을 투하할 수가 없었다. 피격당하지 않고 겨우 모닥불을 빠져나온 8기의 SBD급강하폭격기들은, 마침 고도 2만 피트 상공에서 나타난 19기의 B-17중폭격기 편대가 일본 항공모함들을 향해 대량의 600파운드 폭탄을 마구 쏟아붓는 틈을 타서 간신히 탈출할 수 있었다. 그런데 고공 수평폭격으로 움직이는 함선을 맞춘다는 것은 사실 불가능했다. B-17중폭격기의 고공폭격을 지켜보던 일본 기동함대 사령관 나구모 주이치(南雲忠一) 제독이 "아니 저렇게 높은데서? 저런 방법으로 우리를 맞출 것으로 생각한단 말인가?"라고 말했을 정도였다. 물론 그것은 공격에 나선 미국 또한 잘 알고 있었다. 어쨌든 이들의 등장으로 위기에 빠졌던 8기의 SBD급강하폭격기들의 탈출을 도울 수 있었고, 일본 함대의 회피기동 시간만큼 일본 함재기의 이함을 막을 수 있었다. 결론적으로 무모해 보이던 미국의 이런 시도들은 미드웨이 해전에서의 기적을 만

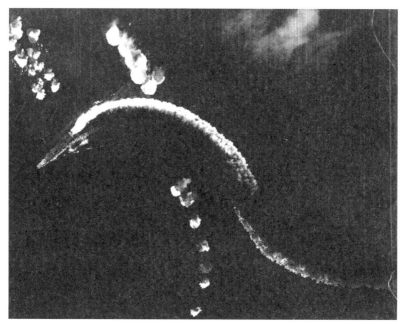

● B-17중폭격기들이 고공에서 투하한 폭탄을 일본의 항공모함 히류가 피하고 있다. 사실 함정을 고공에서 수평폭격으로 맞추는 것은 거의 불가능에 가까운 행위였다. 미국은 모든 수단을 동원한 연쇄 공격으로 일본군의 출격을 지체시킬 수 있었다.

드는 단초가 되었다.

오전 8시 20분, 미드웨이 섬에서 출격한 마지막 공격비행대인 노리스의 SB2U급강하폭격기들이 일본 함대 상공에 나타나 공격을 했지만, 이 또한 모닥불로 뛰어든 불나방 꼴을 면하지 못하고 차례차례 불붙어 바다 위로 사라져 갔다. 호위기의 보호도 없이 무모하게 일본 함대를 향해 뛰어든 이러한 일련의 공격은 계속하여 실패했고 코앞에서 미군기가 차례차례 격추되는 모습을 지켜본 일본군의 사기는 올라가기 시작했다. 하지만 이때까지도 일본 함대는 미국의 항공모함 3형제에서 발진한 후속 공격부대가 그들 가까이 다가오고 있는 것을 모르고 있었다.

현장에서 일본 함대를 지휘하던 나구모 제독도 미 항공모함의 존재여부에 상당한 주의를 기울이고 있었지만 불운의 연속이었다. 미국의 정찰기가 일본 함대를 즉시 발견하여 대응 태세를 갖춘데 반하여 일본의 정찰기는 약간의 문제를 일으켜 출격이 늦어졌고, 미국의 항공모함을 발견했을 때는 공교롭게도 무전기가 고장 나서 함대에게 연락을 하지 못했다. 이것은 미드웨이 해전에서 미국이 승리할 수 있었던 또 하나의 우연이었다.

불타 사라져간 불나방들

시간이 조금 흐른 오전 9시, 존 월드론^{John Waldron}이 지휘하는 항공모함 호넷 소속 제8뇌격비행대대(VT-8)의 TBD뇌격기 15기가 항공모함 4척이 모여 있는 일본 함대 상공에 나타났다. 이들은 요크타운과 그 형제들로부터 출격한 최초의 공격비행대였다. 비록 함께 출동한 제8전투비행대(VF-8) 소속의 F4F전투기가 있었지만, 전투기들은 뇌격기 편대보다 2만 피트나 높이 날고 있었기 때문에 효과적인 엄호가 불가능한 상태였다. 하지만 월드론은 일고의 지체도 없이 대대원들에게 돌격 명령을 내리고 가장 가까이에 있던 항공모함 아카기를 향해 돌진했다.

그와 동시에 일본 함대를 방어하던 제로기들도 이들에게 벌 떼처럼 몰려들었다. 느리고 둔한 TBD뇌격기는 날렵한 제로기의 손쉬운 먹잇감이었다. 제로기의 사냥에 4기의 뇌격기가 순식간에 격추되었고 나머지 TBD뇌격기들은 일본 항공모함까지 조금 더 접근할 수 있었으나 대공포격에 의해서 차례차례 불나방이 되어버렸다. 조지 게이^{George Gay} 소위가 조종한 단 1기만이 아카기 가까이에 접근해 어뢰를 투사할 수 있었으나, 이마저도 빗나가고 게이의 TBD뇌격기는 바다에 추락하면서 호넷에서

● 일본 항공모함을 공격하기 위해 제8뇌격비행대대(VT-8)를 이끌고 출격하는 월드론의 마지막 모습.

출격한 제8뇌격비행대대는 완전히 전멸당했다. 유일한 생존자인 게이는 중상을 입은 채로 일본 함대 외곽에 추락해 해상을 표류하다가 다음 날 구조되었는데, 그 덕분에 그는 일본 함대의 몰락 과정을 가장 가까이서 생생하게 지켜본 유일한 미국인이 되었다.

잠시 후 9시 58분, 이번에는 유진 린지Eugene Lindsey 소령이 이끄는 엔터프라이즈 소속의 제6뇌격비행대대(VT-6) 소속의 TBD뇌격기 14기가 일본 함대상공에 나타나 연이은 공격을 가하기 시작했다. 그러나 이들 역시 이전의 불나방들처럼 일본의 공격으로 순식간에 7기가 격추되고 말았다. 남은 7기는 저공 돌진하여 야마구치 제독이 승선해 있던 항공모함 히류를 향해 어뢰를 투사했으나 이번에도 명중하지는 않았다. 그 대가로 5기가 더 격추되고 단지 2기만이 구사일생으로 귀환에 성공했다. 하염없이 시도되는 미국의 무모한 공격은 그야말로 절망적인 상황에서 나타난 마지막 몸부림처럼 보였다. 반면 뇌격기들을 중심으로 한 미국의 집요한 공격을 완벽하게 물리쳐 자신감이 하늘을 찌를 만큼 충만한 일본 함대는 미 함대를 공격하기 위한 대규모 출격 준비에 박차를 가했고, 나구모가 지휘하는 4척의 항공모함 갑판 위는 그야말로 북새통이 되어있었다.

그러던 오전 10시 15분, 항공모함 요크타운으로부터 날아온 미국의 마지막 뇌격기 편대가 일본 함대 상공에 나타났다. 랜스 매시Lance Massey 소령이 지휘하는 제3뇌격비행대대(VT-3)가 그들이었다. 제3전투비행대(VF-3) 소속의 F4F전투기 6기가 이들을 근접 호위하고 있었다. 호위기들이 뇌격기를 향해 달려드는 제로기와 치열한 공중전에 돌입한 와중에 12기의 TBD뇌격기들은 일본 항공모함 히류와 가가를 향해 돌진했다. 하지만 상공에는 일본 함대를 방어하는 제로기가 너무 많았고 호위함들에서 발사하는 수많은 대공포가 그들의 돌격을 가로막았다. 단지 6기의 F4F전투기로 수적·질적으로 앞선 제로기들의 공격을 막아내고 TBD뇌격기들이 안전하게 공격할 수 있는 침로를 확보하는 것은 사실 불가능에 가까웠다. 어뢰를 투하해 보기도 전에 사정없이 날아오는 대공포에 맞은 대대장 매시를 포함하여 7기의 TBD뇌격기가 시뻘건 불덩이가 되어 바다로 추락했고, 곧이어 남은 5기의 TBD뇌격기가 투하한 어뢰는 모두 빗나가 버렸다. 일본 함대 상공으로부터 탈출하던 도중 3기의 TBD뇌격기가 더 격추되어 12기 중 단지 2기만이 살아 돌아왔다.

결국 오전 7시 20분에 시작되어 10시 20분까지 벌어진 총 여덟 차례(그중 뇌격기 비행대가 다섯 차례)에 걸친 미군의 공격은 단 한 발의 어뢰나 폭탄도 일본 함대에 명중시키지 못하고 작전에 투입된 41기의 TBD뇌격기 중 37기, 6기의 TBF뇌격기 중 4기, 4기의 B-26경폭격기 중 2기, 16기의 SBD급강하폭격기 중 8기, 11기의 SB2U급강하폭격기 중 8기가 피격당하고 승무원들이 몰살당하는 참담한 결과를 가져왔다. 이때 미군은 그들이 보유하고 있던 항공전력의 절반을 잃은 상태였는데, 만일 이 상태에서 일본이 미국의 항공모함을 공격한다면 그야말로 재앙에 가까운 결과를 가져왔을 가능성이 크다. 함재기가 사라져 버린 항공모함은 단지 덩치만 커다란 폭격 목표라는 점이 이미 산호해 전투에서 입증된 상태였다. 미국은 그들이 감내할 수 있던 모든 것을 이처럼 무차별적으로 쏟아붓고 있었지만 상황은 그야말로 절망적이었다. 그 사이에 계속하여 승리를 맛본 일본 항공모함들에서는 공격비행대들이 갑판을 가득 메우고 미 항공모함을 격멸하기 위한 출격을 서두르고 있었다.

하지만 모닥불에 뛰어들면 불타 없어지는 존재임을 알면서도 두려움 없이 작전에 임한 이들의 희생은 결코 헛된 것이 아니었다. 수시간에 걸친 파상공격 때문에 미 항공모함을 공격하려던 일본 함재기들은 발진이 지연될 수밖에 없었고, 더구나 집요하다고 표현할 만큼 계속해서 저공 침투하는 뇌격기들을 요격하기 위해 일본 함대를 방어하던 제로기들도 저공으로 내려와 있었다. 그리고 또한 함대의 대공포 및 감시망도 뇌격기들이 출몰하던 수평선을 바라보고 있었다.* 세 시간에 걸친 미국의 파상공격을 성공적으로 막아내어 승기가 일본으로 기울었다고 생각하는 순간, 죽음을 불사하고 계속 저고도로 침투하는 미국의 뇌격기 비행대를 막기 위하여 일본의 방공수단들이 모두 수면으로 내려왔던 바로 그때 태평양전쟁의 역사가 바뀌게 되었다.

바로 그 순간 웨이드 매클러스키Wade McClusky 소령이 이끄는 항공모함 엔터프라이즈 소속의 제6폭격비행대대(VB-6) 소속의 SBD급강하폭격기

---

* 당시에는 대부분의 대공감시망이 병사의 눈에 전적으로 의지했기 때문에 뇌격기가 연이어 출몰하자 고공에 대한 감시가 소홀할 수밖에 없었다.

35기가 일본 함대의 상공에 나타났다. 이들은 하늘 높은 곳에서 이를 악물고 불타 사라져가는 뇌격기 비행대의 비참한 최후를 내려다보았다. 매클러스키는 복수를 외치면서 대대원들에게 돌격을 명령했다. 급강하폭격기들은 날카로운 매가 되어 고공에서 일본 항공모함의 갑판 위로 번개같이 내려오기 시작했고 이 순간 분노의 질주를 감행하는 이들을 막을 방법은 아무것도 없었다. 일본 함대의 수호신이었던 제로기들은 저공으로 내려와 있었고 함대의 방공을 책임지던 대공포를 다시 조준할 틈도 없었다. 일본의 방공망이 무너져 버린 잠시간의 틈을 기막히게 노려 급강하폭격기들은 차례차례 폭탄을 투하했다. 더구나 일본의 항공모함 갑판에는 폭탄을 가득 달고 출격준비를 하던 함재기들로 가득 찬 상태였다. 가장 앞에 서있던 가가에서 거대한 폭발음이 들렸고 바로 옆에 있던 아카기도 뒤이어 같은 운명에 처했다.

연료를 채우고 폭탄을 장착한 함재기들로 가득 찼던 가가와 아카기의 갑판에서는 연쇄적으로 폭발이 일었고 순식간에 아비규환의 장으로 바뀌었다. 엄청난 불기둥이 가가와 아카기의 갑판을 덮쳤고 수많은 수병들과 조종사들이 산화했다. 그리고 일본의 자랑이었던 이 두 항공모함은 망망대해에 갑자기 솟아난 화산처럼 까맣게 타들어가기 시작했다. 이 극적인 단 한 번의 공격으로 일본 함대는 완전히 운명했다. 아니 엄밀히 말하자면 그것은 거대했던 태평양전쟁의 균형추가 한쪽으로 기우는 순간이었다.

바로 이때 요크타운에서 출동한 제3급강하폭격비행대(VB-3)가 전투공역에 등장했고, 매클러스키 비행대의 공격에서 간신히 목숨을 건진 소류가 그들의 눈에 들어왔다. 비행대장 맥스 레슬리Max Leslie 소령은 그의 대대원들에게 지체 없이 소류로 돌격할 것을 지시했다. 순식간에 소류의

● 뇌격기들의 계속된 공격으로 고공 감시가 소홀했던 바로 그 순간 나타난 SBD급강하폭격기들이 일본 항공모함을 공격했다. 때마침 무장을 완료하고 출격 준비에 나선 함재기들이 갑판에 가득 찼던 일본의 항공모함들은 연쇄폭발을 일으켜 회복할 수 없는 타격을 입었다.

갑판도 지옥의 불기둥으로 바뀌었고 가가와 아카기의 운명을 따를 수밖에 없었다. 산호해 전투에서 만신창이가 되었다가 간신히 미드웨이 해전에 참전한 불멸의 요크타운이 두 번째로 잡은 일본 항공모함에 소류가 이름을 올려놓는 순간이었다. 3척의 일본 항공모함들이 당한 피해는 회복이 불가능할 정도로 심각했고 처음 항공모함 전력 4대 3으로 개전한 미드웨이 해전은 불과 반나절 만에 1대 3으로 힘의 균형추가 바뀌었다. 이것은 예상을 벗어난 요크타운의 참전이 없었다면 이루기 힘든 성과였다. 그러나 전투가 종결된 것은 아니었고 일본에게는 이러한 대참사에서 가까스로 벗어나 있던 마지막 항공모함 히류가 남아있었다. 참담한 몰락을 그냥 옆에서 지켜만 보았던 지휘관 야마구치 제독은 즉각 반격을 지시했다.

불멸의 요크타운

야마구치 제독이 좀 더 냉정한 지휘관이었다면 당시 시점에서 눈물을 머금더라도 잔여전력을 추슬러 후퇴했을 것이다. 산호해 전투에서 항공모함의 보존이 더 급하다고 판단한 플레처가 요크타운의 전략적 후퇴를 결정하여 결국 미드웨이의 승리를 낚는데 일조했던 것만 보아도 알 수 있듯이, 야마구치 제독은 감정적인 반격보다 이성적인 전력 보존을 우선 고려했어야 한다. 왜냐하면 항공모함이라는 물건은 뚝딱하고 하루아침에 만들어낼 수 있는 장비가 아니기 때문이다. 반면에 잃어버리는 것은 한순간이었다. 당시 일본이 보유한 총 6척의 대형항공모함(그중 4척이 미드웨이 해전에 참전) 중 순식간에 3척이 손실되었다면 당연히 작전을 취소하고 히류만이라도 보존하는 것이 옳았다.

하지만 사무라이 공격정신으로 가득 찬 야마구치 제독은 복수심에 불타 전후좌우 가리지 않고 과감하게 반자이 돌격을 감행하기로 결정했다. 그는 히류를 포기하는 한이 있어도 미국을 두들겨 부수고 싶었고, 이러한 그의 결심이 전사에 길이 남는 히류와 요크타운의 대격전을 불러왔다. 곧바로 남은 항공전력을 수습한 야마구치 제독은 즉각 미 항공모함들을 찾아서 격침할 것을 항공대에 명령했다. 히류에서 출격한 일본의 공격비행대는 소류의 목숨을 거둔 요크타운 소속의 제3급강하폭격비행대가 사라진 방향으로 하염없이 날아갔다. 그때까지도 일본은 미국이 몇 척의 항공모함을 가지고 있는지 모르고 있어 막연히 엔터프라이즈와 호넷, 이렇게 2척이 이번 전투에 동원되었을 것이라고 추측할 뿐이었다.

조심스럽게 추격한 일본의 공격비행대는 드디어 미 항공모함을 찾아냈다. 그들이 찾은 항공모함은 공교롭게도 요크타운이었다. 일본기를 발

● 히류에서 출격한 일본기들의 공격으로 커다란 타격을 입은 요크타운. 다행히도 탄약고나 연료창고 등이 피격을 피해를 입지 않아 일본 항공모함들과 같은 참사는 면했다.

견한 미국 방공전투기들이 악착같이 방어에 나서서 많은 일본 공격기들을 격추했지만 3발의 폭탄이 정확히 요크타운의 갑판 위에 떨어졌고 그중 1발은 기관실에 들어가 폭발했다. 순간 엄청난 불기둥이 하늘로 치솟으면서 요크타운의 갑판은 불바다가 되었다. 하늘에서 이를 지켜본 일본의 급강하폭격기 조종사들이 1척의 미 항공모함을 잡았다고 보고했고 야마구치 제독은 이로써 항공모함 전력이 1대 1이 되었다고 판단했다. 그는 마지막으로 남은 1척의 미 항공모함을 잡으면 비록 일본이 엄청난 피해를 입었지만 결국 해전을 승리로 이끌 것이라 생각했다.

산호해 전투에서 당한 상처를 제대로 추스르지도 못하고 급하게 미드웨이 해전에 참전한 요크타운이 이번에는 그 운명을 다하는 것 같았다. 하지만 불사조 요크타운은 다행히 참화를 당한 일본 항공모함들처럼 후속한 연쇄폭발이 없었다. 더 이상의 폭발이 없자 요크타운의 승무원들은 필사적으로 진화와 응급 복구에 들어갔다. 이들의 노력으로 파괴된 기관실이 자력으로 움직일 수 있게 조치되었고 폭탄에 의해 구멍 난 갑판도 함재기의 이·착함이 가능할 정도로 그 기능을 회복하게 되었는데 여기에 걸린 시간은 불과 한 시간이었다. 또 한 번 요크타운의 기적이 이루어지는 순간이었다.

한편 성공적으로 공격을 마친 일본의 공격비행대가 히류로 귀환하는 것에 발맞추어 야마구치 제독은 마지막 남은 미국의 항공모함을 마저 잡기 위해 그들이 동원할 수 있었던 마지막 비행대를 출격시켰다. 재차 공격에 나선 일본의 공격비행대는 뇌격기로 구성되었다. 그들은 요크타운에게 치명타를 입히고 모함으로 귀환하던 급강하폭격비행대와 하늘에서 교차하면서 또 하나의 항공모함을 잡기 위해 날아갔다. 이들은 마지막 미 항공모함을 잡으면 치열했던 해전을 역전시켜 승리로 이끌 것이라는 막연한 기대감을 가지고 있었다. 그리고 얼마 후 일본은 그들이 생각하던 '마지막 미 항공모함'을 찾아냈다.

그런데 그것은 기적적으로 기력을 회복한 요크타운이었다. 바로 전에 치명적인 타격을 입은 요크타운은 외관상 복구가 완료되어 일본의 뇌격기 비행대가 착각한 것이다. 일본은 이때까지도 요크타운의 참전은 상상하지도 못했고, 더군다나 미국의 마지막 항공모함이라 생각하던 것이 방금 전에 전투력을 상실한 것으로 판단한 그 항공모함일 줄은 꿈에도 모르고 있었다. 야마구치 제독이 이러한 사실을 정확히 알았다면 아마 히류 단독으로 돌격전을 감행하지 않았을지도 모른다. 야마구치는 이제 항공모함 전력이 1대 1이 되었다고 낙관적으로 생각했지만 아직도 일본은 1대 3으로 밀리고 있던 중이었다.

● 히류가 분전했지만 미국의 공격을 피할 수는 없었다. 결국 일본은 미드웨이 해전에 투입한 4척의 대형항공모함을 모두 잃었고 이것은 일본이 쉽게 회복하기 힘든 결정타가 되었다. 사진은 침몰 직전의 항공모함 히류의 모습.

　많은 수가 요격당하여 추락하기는 했지만 일본의 뇌격기들은 즉각 저고도로 내려와 공격에 나서고 그중 일부가 요크타운에 어뢰를 투하하는 데 성공했다. 죽음을 각오하고 저고도로 근접하여 공격을 가한 일본 뇌격기의 공격으로 2발의 어뢰가 정확히 요크타운의 허리를 강타했고 연이어 요크타운의 호위함들로부터 공격을 받아 피격된 뇌격기들의 마지막 자폭공격까지 이어졌다. 흘수선에 타격을 입은 요크타운은 순식간에 기울기 시작했다. 지금까지 기적의 생명력을 보여준 요크타운이 드디어 그 운명을 다하는 것처럼 보였다. 침몰을 막기 위해 승무원들이 백방으로 노력했지만 결국 플레처 제독은 부하들에게 함을 포기할 것을 지시하고 그 또한 요크타운에서 하선하여 근처 함정으로 옮겨 탔다. 그동안 수차례의 고비를 넘겨온 요크타운이었지만 더 이상의 분투는 무리였다.

그 사이 엔터프라이즈와 호넷에서 출격한 미국의 공격비행대가 후퇴하지 않고 끝까지 저항하던 일본의 마지막 항공모함 히류를 찾아내 맹공을 퍼부었다. 요크타운에 모든 것을 쏟아부은 후 이제는 모든 것이 끝나고 마침내 우리가 이겼다고 생각하던 일본군은 갑자기 나타난 미국 비행대의 공격을 막아낼 방법이 없었다. 결국 절박한 상황에서 분투를 하던 히류도 앞서 참화를 입은 다른 항공모함들의 길을 따라갈 수밖에 없었다. 이로써 개전 후 태평양을 주름잡고 다니던 일본 항공모함 함대의 주력들이 순식간에 괴멸당했다. 그 결과가 전쟁에 끼친 영향은 실로 어마어마했다. 만일 요크타운이 없었거나 히류가 후퇴를 했다면 전투 양상이 바뀌었을 것이고 이후 미국과 일본의 균형추도 쉽게 변하지 않았을 것이다. 미국과 일본의 전쟁은 결국 시간 싸움이었다. 미국은 미드웨이의 승전으로 반격할 수 있는 천금 같은 시간을 벌었던 반면 일본의 생산력으로는 이때 당한 피해를 쉽게 복구하기 힘들었다.

그런데 20도나 기울어 침몰하고 있던 요크타운이 마치 "내 운명은 아직 끝나지 않았다"고 외치는 것처럼 다음 날이 되도록 바다 위에 떠 있었다. 사실 침몰하지 않고 기울어진 상태로 떠 있는 자체가 기적이었다. 요크타운에 올라가 조사를 한 기술진은 더 이상의 침수는 없을 것으로 판단했고 침몰하도록 놓아두기로 한 원래의 계획을 바꾸어 요크타운을 진주만까지 끌고 가 수리하기로 결정했다.

구축함 험먼Humman이 기울어진 요크타운을 이끌고 천천히 진주만을 향해 나가기 시작했다. 비록 느린 속도였지만 요크타운은 응급실로 실려가는 숨만 붙어 있는 중환자의 모습으로 서서히 움직이기 시작했다. 그런데 이때 아무도 모르던 저승사자가 요크타운을 향해 다가오고 있었다. 일본 함대의 괴멸로 작전이 취소되었지만 수상함들처럼 후퇴하지 않고 바닷속을 늑대처럼 헤매고 다니던 일본 잠수함 I-168이 요크타운 바로 옆에 있었던 것이다. 잠망경을 통해 7척의 호위함들에 둘러싸여 견인되는 요크타운을 발견한 I-168은 서서히 미행에 나서면서 공격 기회를 엿보았다. 그리고 호위함들의 틈을 찾아 요크타운을 공격하기 좋은 측면에서 4발의 어뢰를 연속 발사했다.

2발의 어뢰가 요크타운을 빗나갔으나 1발은 견인하고 있던 험먼을 순식간에 두 동강 내 침몰시켜 버리고 나머지 1발은 겨우 숨 쉬고 있던 요크타운의 측면을 정확히 강타하여 버렸다. 침몰하지 않고 기적처럼 버티던 요크타운은 급속히 옆으로 기울어 버리고 마침내 최후가 다가온 것처럼 보였다. 그런데도 요크타운은 침몰하지 않고 바다 위에 떠 있었다. 요크타운의 이러한 처절한 사투는 아마도 바다의 신 포세이돈Poseidon의 도움 때문에 그런 것이 아닌가하는 의구심이 들 정도로 기적적인 것이었다. 산호해 전투와 연이어 참가한 미드웨이 해전에서 가장 극적인 모습을 보였던 항공모함답게 그 생이 쉽게 끝나지 않았던 것이다.

요크타운은 진정한 불사조의 모습으로 꿋꿋이 버텼으나 동이 터오는 6월 7일 새벽 5시, 가쁜 숨을 몰아쉬면서 서서히 태평양의 심연 속으로 빨려들어갔다. 마치 옛날 전쟁영화에서 주인공이 수십 발의 총알을 맞고도 "조국과 민족을 위해 이 생명 다 바쳤노라"고 할 말 다하고 죽는 것과 같이 요크타운은 장엄한 최후를 맞이했다. 산호해 전투와 미드웨이 해전이라는 역사에 길이 빛날 해전에 모두 참전하여 주역으로 대활약하여 적을 괴멸시키는데 일조했으나 반면 엄청난 피해를 당하기도 했던 요크타운은 어느 항공모함, 어느 전투함도 보여주지 못했던 끈질긴 생명력을 보여 주었다. 세계 항공모함 역사에서 이런 극적인 모습을 보여주었던 경우는 아마 앞으로도 찾아보기 힘들 것이다.

● 결국 요크타운은 미드웨이 해전에서 침몰했다. 하지만 산호해 전투와 연이어 참전한 미드웨이 해전에서 놀라운 분투를 보여주었던 요크타운은 미 해군의 신화가 되었고, 그 이름은 1943년 4월 15일 취역한 에식스급 항공모함의 두 번째 함인 CV-10에 승계되었다.

아직 끝나지 않은 혈투

* 솔로몬 해전 참전 항공모함
 미국 CV-3 새러토가(대파), CV-6 엔터프라이즈(대파), CV-7 와스프(침몰)
 일본 쇼카쿠, 즈이카쿠, 류조(침몰)

 미드웨이 해전은 태평양전쟁 발발 후 미국이 거둔 최초의 승리이자 전략적으로도 전쟁의 분수령이 될 만한 기념비적 전투였다. 더불어 일본은 이 전투에서 단기간 내에 회복하기 힘든 타격을 입었다. 그렇지만 미드웨이 해전에서 미국이 승리를 거두었다고 전세가 순식간에 역전되어 미국이 공세로 나서고 일본이 곧바로 도망을 다니게 된 것은 물론 아니었다. 엄밀히 말하자면 이 전투의 가장 큰 의의는 미국이 일본의 일방적인 공세로부터 한숨 돌릴 수 있는 시간을 벌게 되었다는 점이었다. 비록 전쟁 발발 직전인 1941년 4월 차세대 항공모함으로 예정된 에식스급^{Essex} ^{Class} 항공모함의 건조를 시작했으나 1943년이나 되어야 초도함이 완공될 예정이었기 때문에, 그때까지 미국은 일본과 항공모함을 1대 1로 교환하는 소모적인 전투는 최대한 삼가해야 했다. 전함세력이 진주만에서 박살나 일본에게 절대 열세인 상황이어서 더욱 그러했다.

사실 이런 점은 근소한 차이로 전력이 앞서고 있었던 일본도 마찬가지였는데, 일본의 고민은 미국이 전시 경제 체제로 전환하여 일본이 쫓아가지 못할 만큼 막대한 양의 전쟁 물자를 마구 생산하기 전까지 이렇게 앞서고 있는 전력을 최대한 활용하여 미국을 철저하게 몰아붙이는 데 있었다. 최대한 확전을 막고 일본이 유리한 방향으로 시급히 강화를 하는 것이 목표였기 때문이었다. 따라서 1942년은 적어도 일본이나 미국 모두에게 자신의 전력을 최대한 보존하고 반면 상대를 하나라도 더 잡아야 하는 것이 전략 목표가 될 수밖에 없었다. 전쟁 물자가 본격적으로 쏟아져 나올 1943년 전까지 미국은 최대한 버텨야 하고 일본은 최대한 공세를 가해야 했다. 그러면서도 둘 다 자신의 제해권을 담보할 수 있는 전력은 최대한 보존해야 했다.

드넓은 태평양은 전함을 구시대의 유물로 서서히 몰아내고 해전의 새로운 패러다임인 항공모함 함대 간의 해전이 벌어질 수밖에 없는 천혜의 조건을 갖추고 있었다. 일본의 항공모함 기동함대의 습격에 의해 시작된 태평양전쟁은 1942년 산호해 전투와 미드웨이 해전을 거치면서 어느덧 항공모함 함대 간 대결의 장으로 변했다. 핵심은 '누가 더 오래 버틸 수 있느냐'는 것으로, 미국은 이에 자신이 있었지만 먼저 도발한 일본은 미

● 솔로몬 해전에 투입된 일본의 항공모함 즈이카쿠. 두 차례의 해전 결과 항공모함은 앞으로 있을 해전의 향방을 결정하는 중요한 무력투사 도구임이 입증되었다. 하지만 1942년 내내 미국과 일본은 항공모함을 보존해야 한다는 같은 고민에 봉착했다. 시간이 지나면 미국의 전력은 급격히 상승하겠지만 그럴 수 없는 일본은 바로 이 시기에 자신의 항공모함을 최대한 보존하며 미국의 항공모함을 제거하여 전쟁의 주도권을 잡아야 했다.

국과의 장기적인 항전은 불가능하다는 점을 분명히 직시하고 있었다.

사실 태평양전쟁은 상당히 이례적인 전쟁이었다. 전쟁을 시작한 일본은 처음부터 미국을 철저하게 패배시켜 승리하겠다는 생각을 하고 있지 않았다. 일본은 동남아시아를 장악하고 이후 미국의 반격을 저지하여 제풀에 지치도록 만듦으로써 최소한 일본이 점령한 지역의 일부만이라도 인정해주기를 기다리려 했으나, 사상 초유의 도발을 받은 미국은 결코 일본의 의도대로 따르려 하지 않았다. 한마디로 일본은 이러한 미국의 의지를 제대로 알지 못했고 모든 것을 자신의 입맛대로 해석한 것이었다. 결국 시간이 흐를수록 근소했던 미국과 일본의 전력차는 국력 차이만큼 크게 벌어질 수밖에 없었다.

하지만 그럼에도 불구하고 이때까지도 일본의 전력은 미국을 앞서고 있었다. 대형항공모함의 경우 일본은 조만간 수리하여 재투입이 가능한 쇼카쿠와 즈이카쿠가 있었고 미국은 호넷과 엔터프라이즈만 작전 투입이 가능해서 균형을 이루고 있었지만 호위항공모함을 비롯한 경항공모함은 아직까지도 일본이 미국보다 우위에 있었고, 수상함 전력도 미국은 지난 진주만 공격 당시에 공백이 되어버린 탓에 일본이 절대 우세했다. 비록 미드웨이 해전에서 참패를 당했지만 근소하게 우세를 유지하고 있는 바로 지금, 일본은 미국의 숨통을 끊어 놓아야 했다. 시간은 미국의 편이었다. 결국 건곤일척의 함대 간 대결은 다시 한 번 벌어질 수밖에 없었다. 물론 태평양의 전략거점을 선점하여 미국이 세력을 넓히는 것을 막는 것이 주목적이었지만 상대의 항공모함 전력을 쓸어버리는 것 역시 작전의 핵심이었다. 만일 일본이 미국의 남은 항공모함들을 제거하면 전황은 다시 한 번 일본의 우세로 바뀔 가능성도 충분했다.

미드웨이의 달콤한 추억을 안고 진주만으로 귀환한 호넷은 신형 레이더 설치를 위한 개장공사에 들어가게 되었다. 미드웨이의 패전으로 당분간 일본의 공세가 약화될 것이라 판단하여 시작한 공사였지만, 미국의 느긋한 판단과는 달리 일본의 도전은 얼마 안 가 나타나게 되었다. 전략적으로 미국을 앞서고 있는 시간이 얼마 남지 않았음을 알고 있었기 때문에 벌어진 공세였다. 지난 5월 산호해 전투가 벌어진 과달카날 인근이 다시 격전장으로 떠올랐다. 일본의 작전 목표는 산호해 전투 당시와 같아서 오스트레일리아 북부와 미국의 연결망 장악을 위한 제해권 확보였다. 그런데 산호해 전투에서는 일본이 오스트레일리아와 미국의 연결을 끊기 위해 선공을 벌였지만 이번에는 오히려 미국이 먼저 움직였다.

1942년 8월 7일, 미군을 주축으로 한 연합군은 뉴기니 인근 해역을 장악하고자 솔로몬Solomon 제도 남쪽의 과달카날, 툴라기 등을 점령하는 상

● 솔로몬 해역으로 항해하는 미국의 항공모함 함대. 출동 당시 와스프에서 촬영한 새러토가와 엔타프라이즈의 긴장된 모습인데 이들 모두는 침몰하거나 대파당하는 피해를 입었다.

류작전을 펼쳤다. 성공적으로 해당 지역을 확보한 연합군의 다음 목표는 일본이 점령하고 있던 인근 라바울이었다. 그림처럼 아름다운 남태평양이 이후 장장 여섯 달에 걸쳐 이곳을 장악하기 위한 혈투의 장으로 변한 것이다. 최초의 대결은 솔로몬 제도에서 벌어졌는데 이것은 태평양전쟁에서 벌어진 세 번째 항공모함 함대 간 대결이었다. 수리를 받고 있던 호넷은 이 전투에 참가하지 못했고 제11기동함대에 속해 있던 새러토가, 제16기동함대의 엔터프라이즈, 제18기동함대의 와스프Wasp가 참전했다. 이것은 그때 미국이 동원할 수 있었던 모든 전력이었다.

반면 일본은 산호해에서 약간의 피격을 당했던 쇼카쿠와 즈이카쿠가 수리를 마치고 다시 등장했고 경항공모함 류조가 힘을 보탰다. 일본 또한 당시에 동원할 수 있던 모든 대형항공모함들을 동원했으며, 그 지휘관은 미드웨이 해전의 패장이었던 나구모 주이치 제독이었다. 그만큼 미드웨이 해전의 치욕을 만회하고자 한 일본의 의지는 컸다.

8월 24일, 벌어진 솔로몬 해전은 양측에서 동원한 항공모함뿐만 아니라 인근의 섬에서 출격한 비행대까지 참전한 항공기에 의한 해전이 되었다. 일본의 진주만 공격 이후부터 계속 반복된 패턴이 되었지만 태평양에서의 전쟁은 어느덧 거함들의 포격보다 항공기들의 공습에 의해 진행되는 형태로 패러다임이 바뀌어 갔다. 이틀간 벌어진 치열한 격전으로 불침의 항공모함인 엔터프라이즈가 3발의 폭탄에 직격당하는 심한 타격을 입은 반면 일본은 류조를 상실했다. 양측이 상대를 압도할 정도로 출혈을 강요하지는 못했지만 잠재적인 전쟁 수행능력이 부족했던 일본은 상대적으로 미국보다 피해 정도를 크게 느꼈다. 미드웨이 해전이 역사적으로 의의가 있는 이유는 이때 일본이 단기간 내 회복하기 힘든 피해를 입었기 때문이다. 비록 본토에서 신형 항공모함의 건조에 박차를 가하고 있었지만 일본의 경제력이나 공업생산력을 고려한다면 앞으로 줄줄이 쏟아져 나올 미국의 항공모함과 경쟁하는 것 자체가 불가능했다. 더불어 경험 많은 고급 조종사들의 상실 또한 일본에게 만만치 않은 피해였다.

비록 미국이 이처럼 솔로몬에서 벌어진 최초의 교전에서 일본의 공세를 저지하여 미드웨이 해전 이후의 상승세를 계속하여 이어갔지만, 이 전투 이후 미국의 상황도 그리 좋지는 않았고 오히려 진주만 공격 이후 최대 위기에 봉착했다. 우선 이 전투에서 입은 엔터프라이즈의 손상은 예상외로 심각하여 수리에 많은 시간이 필요해 보였고 곧이어 새러토가가 8월 31일 일본 잠수함의 어뢰공격으로 피해를 입고 전력에서 이탈했다. 그리고 함께 참전했던 경항공모함 와스프가 9월 15일 침몰함으로써 태평양에 남아있는 미국의 항공모함은 순식간에 호넷 한 척으로 줄어들

● 일본의 집중 공격에 피폭당하여 화염에 휩싸인 미 항공모함 와스프. 결국 피해를 극복하지 못하고 침몰한다.

게 되었다. 반면 일본은 대형항공모함 쇼카쿠와 즈이카쿠가 건재했다. 엄밀히 말해 일본에게는 아직도 시간이 남은 것처럼 보였다.

다시 격전의 장이 된 남태평양

* 산타크루즈 해전 참전 항공모함
　미국 CV-6 엔터프라이즈(대파), CV-8 호넷(침몰)
　일본 쇼카쿠(대파), 즈이카쿠, 즈이호(대파), 준요

일반적으로 미드웨이 해전을 기점으로 힘의 균형추가 완전히 미국 쪽으로 기울었던 것으로 알고 있지만 엄밀히 말하자면 그 이후에도 미국이 열세였다. 특히 1942년 9월이 되었을 때 작전에 투입 가능한 항공모함이 호넷 한 척으로 줄어들게 되자 미국의 어려움은 최고조에 다다랐다. 솔로몬 제도에서의 격전에도 불구하고 과달카날의 공방전은 계속되었고 서로에게 회복하기 힘든 타격을 한 번 정도 더 가할 필요를 느끼고 있었다. 일본은 조금이나마 전력이 앞서 있는 지금 시점에서 미국의 잔여전력을 어떻게든 몰락시켜야 했다. 반면 미국은 어떻게든 일본의 공세를 막고 시간을 벌어야 했다.

이제 미국 본토의 공장과 조선소는 전시 체제로 접어들면서 엄청난 양의 군수품을 생산해내기 시작했고 항공모함을 비롯한 군함들도 속속 건조에 착수하여 엄청난 속도로 제작되고 있던 중이었다. 반면 일본의 공업생산력으로 미드웨이 해전 등에서 손실을 입은 전력을 빠른 시일 내 복구하는 것은 역부족이었다. 1943년이 되면 분명히 미국은 일본을 앞서기 시작할 것이고, 시간이 갈수록 미국과 일본의 해군전력은 격차가 더욱 벌어질 것이 확실했다. 하지만 현재는 일본이 유리했고 앞으로 몇 개월을 어떻게 버티는가에 따라 태평양전쟁의 결말은 충분히 예측 가능해 보였다. 일본은 과달카날에서 공세를 펼치기로 결심했다.

일본은 과달카날에 상륙하여 저항하고 있는 미군을 계속 공격하면 미국의 항공모함 기동함대가 지원하기 위해 달려올 것이라 생각했다. 미국이 동원할 항공모함은 분명 호넷일 것이고 일본 함대가 길목에서 기다리고 있다가 이를 격파하면 일본에 유리한 방향으로 전세가 바뀔 것으로 판단했다. 곤도 노부타케 중장이 지휘하는 제2함대와 나구모 제독이 이끄는 제3함대는 대형항공모함 즈이카쿠와 쇼카쿠를 비롯하여 경항

● 미드웨이 해전과 산타크루즈 해전에 조공부대로 참전한 일본의 경항공모함 준요. 준요는 태평양전쟁 발발 이후 취역한 항공모함이었다. 반면 미국은 아직까지도 신규 항공모함을 전선에 투입하지 못하고 있었다. 따라서 미드웨이에서의 대승에도 불구하고 미국은 1942년 말까지 절대 열세로 시간을 벌어야 했고, 일본은 어떻게든 끝장을 보아야 했다.

공모함 2척, 전함 2척, 중순양함 7척, 경순양함 2척, 구축함 24척으로 이루어져 미국보다 훨씬 우세한 대함대를 산타크루즈 섬 인근 해역에 집결시켰다.

　그런데 호넷 한 척밖에 동원할 수 없을 것이라는 일본의 판단과는 달리 미국은 미드웨이 해전에서처럼 다시 한 번 기적을 연출했다. 아니 예전의 경험이 있었음에도 일본은 아직도 미국의 저력을 간과하고 있었던 것이었다. 불과 한 달 만에 엔터프라이즈가 긴급 수리를 완료하고 전함 사우스다코타^{South Dakota}와 함께 출동한 것이다. 미드웨이 해전에서 산화한 요크타운이 예상을 깨고 참전하여 승리를 이끌었던 것처럼, 이번에는 한 달 전 솔로몬 해전에서 폭탄의 비를 맞고 만신창이가 되었던 엔터프라이즈가 중환자실에서 나와 형제인 호넷과 더불어 산타크루즈로 향했던 것이다. 이제 아름다운 산타크루즈 제도 인근은 양측의 전력을 모두 동원한 결전의 장이 되려고 했다. 그리고 이것은 태평양전쟁의 네 번째이자 마지막 항공모함 함대 간 대결로 기록되었다.

길지 않은 시간이었지만 1942년 5월 산호해 전투 이후 지난 석 달간 세 차례에 걸쳐 치열하게 벌어졌던 항공모함 함대 간 해전은 미국이나 일본 모두에게 해전의 주역은 전함이 아닌 항공모함임을 확실하게 입증했고 이를 이용하여 효과적으로 전투를 벌이는 노하우를 터득하게 했다. 항공모함은 탑재한 항공기 때문에 거대전함은 꿈도 꾸지 못할 원거리 타격작전이 가능했지만 태생적 한계로 말미암아 자체의 방어력은 극도로 취약한 거인이었다. 때문에 항공모함을 주력으로 하는 함대 간 대결은 누가 먼저 상대를 발견하여 공격을 가할 수 있는가의 여부로 결판나게 되었다. 물론 공격의 정확성이나 타격력 등도 고려할 요소지만 먼저 때리는 것보다 좋은 공격방법은 없었다. 특히 순전히 인간의 오감에 의존해 방어에 나설 수밖에 없었던 당시의 대공방어능력*은 요즘과 비교하기 힘들 정도로 정확도가 뒤떨어졌으므로 하늘에서 함정을 공격하는 것이 바다에서 이를 막아내는 것보다 월등히 유리했다.

10월 25일, 시작한 산타크루즈 해전도 정찰활동으로 시작되었다. 이번에도 미국이 먼저 일본의 함대를 발견했으나 일본은 즉각 침로를 바꾸어 몸을 숨기면서 미국의 함대를 발견하기 위해 분주해졌다. 미국이나 일본

---

*미국의 경우는 일부 함정에 레이더를 탑재했다. 반면 일본은 초보적인 레이더 기술이 있었지만 이를 함정에 탑재할 정도는 아니어서 초계를 병사의 오감에 의지했다.

● 어뢰를 투하하기 위해 격렬한 포격 사이로 저공비행하는 일본 해군의 나카지마 B6N 뇌격기. 미국을 비롯한 서구는 일본의 기술력을 우습게 알았지만 태평양전쟁 발발 당시 일본 해군 함재기들의 성능은 미국을 능가하는 세계 최고 수준이었다. 제로기와 더불어 나카지마 뇌격기는 전쟁 초기 일본의 극성기를 열었던 보검이었다.

은 나름대로 좋은 해상 정찰기를 운용했으나 그것 가지고는 성이 차지 않았다. 예전의 경험을 바탕으로 양국은 기존의 정찰기 외에도 급강하폭격기와 뇌격기 편대를 순차적으로 발진시켜 정찰을 실시함과 동시에 상대 함대를 발견하면 곧바로 공격하는 전술을 구사했다. 왜냐하면 정찰기가 상대 함대의 위치를 발견하고 보고할 무렵 이미 상대는 위치를 바꾸었기 때문이다. 이미 그들은 항공모함을 이용한 새로운 해전의 거장이 되어있었다.

한 가지 예를 들자면 10월 26일 아침 6시 5분, 엔터프라이즈에서 발진한 미국의 SBD급강하폭격기들 중 일부가 엔터프라이즈 외곽 140킬로미터 위치에서 미국의 함대를 발견하기 위해 비행하던 일본 뇌격기들과 조우했다. 그러나 그들은 서로 상대를 뻔히 쳐다보면서 스쳐 지나갔다. 어차피 그들의 목표는 적 함대, 특히 항공모함이었기 때문에 상대의 공격기나 뇌격기들은 소가 닭 보듯 지나쳤던 것이다. 어차피 이들은 공대공 전투를 목적으로 하는 전투기들도 아니었고, 이런 망망대해의 하늘 한가운데서 싸우는 것은 서로에게 아무런 이익이 되지 않는다는 사실을 잘 알고 있었다. 전쟁은 그렇게 바뀌어 가고 있었다.

결국 미국의 급강하폭격비행대가 일본 함대의 선두에서 작전을 벌이던 경항공모함 즈이호를 먼저 발견하고 맹공을 가하기 시작했다. 미국의 공격을 받은 즈이호는 제로기들의 필사적인 방어로 침몰은 모면했지만, 1년 가까이 수리가 필요한 심각한 타격을 입고 즉시 전장에서 이탈할 수밖에 없었다. 일본도 이제는 무식한 사무라이 정신을 앞세우고 함부로 반자이 돌격을 감행하여 귀한 항공모함을 소모시킬 수 있는 처지가 아니었다. 하지만 비슷한 시간에 일본도 미 함대를 발견했고 대규모 공격비행

● 일본의 경항공모함 즈이호가 심각한 타격을 입고 회피기동을 하고 있다. 갑판의 모습으로 보아 모든 함재기들을 이함시킨 상태다.

대가 미 항공모함들이 숨어있는 해역으로 몰려들기 시작했다. 미국이 먼저 잽^{jab}을 던졌지만 일본은 순식간에 하이킥을 날리기 시작했던 것이다.

호넷의 최후와 거대한 자취

미국의 공격비행대가 일본 함대를 찾기 위해 애쓰고 있던 바로 그 시각 70여 기의 일본 공격비행대가 미 함대를 발견하고 공격에 들어가기 시작했다. F4F전투기들이 방어에 나섰지만 숫자도 모자랐고 실전 경험이 부족했던 항공통제관의 오판으로 저고도에 진을 치고 있었기 때문에 고공에서 수직으로 급강하하여 공격하는 적의 침투는 막기 힘들었다. 그런데 바로 그 순간 엔터프라이즈가 근처까지 다가오던 폭풍우 구름 속으로 들어가게 되었고, 일본군은 이 검은 먹구름으로 인하여 엔터프라이즈의 존재를 알아차리지 못했다. 아니 일본은 미드웨이 해전에서의 실수를 다시 반복했다. 그때도 요크타운의 참전을 예상하지 못하여 낭패를 보았음에도 불구하고 이번에도 엔터프라이즈가 산타크루즈에 나타나리라 상상하지 못하고 있었던 것이다.

어쨌든 우연인지 필연인지 애당초부터 제1의 목표물로 정해 놓았던 호넷을 향해 일본의 모든 공격이 집중되었다. 일본은 이때 저고도에서는 뇌격기로, 고공에서는 급강하폭격기로 동시공격을 감행했는데 이런 공격은 일본이 처음 시도한 전술이었고 동시에 공격을 받은 미국의 방공망은 혼란스러워질 수밖에 없었다. 급강하폭격기가 투하한 4발의 폭탄이 상갑판을 두들기는 것과 동시에 뇌격기가 투하한 2발의 어뢰가 호넷의 흘수선을 강타하여 커다란 구멍을 내 버렸다. 거기에 더불어 피격된 일

● 호넷이 일본의 VAL급강하폭격기의 맹공을 받고 있다. 둘리틀 특공대와 미드웨이 해전의 영광을 안고 있던 호넷은 결국 산타크루즈에서 최후를 맞이했다.

본 공격기들의 자폭공격까지 연이어 둘리틀 특공대와 미드웨이의 영광을 간직했던 호넷은 순식간에 회복하기 힘든 타격을 당했다. 비록 비슷한 시간 호넷에서 발진했던 공격비행대들이 일본의 대형항공모함 쇼카쿠와 중순양함 치쿠마를 두들겨 활동불능 상태로 만들어 버리고 있었지만 호넷을 희생시킨 대가로 얻은 전과치고는 그리 크다고 볼 수는 없었다.

피를 흘리며 기울고 있던 호넷의 상태에 대하여 보고를 받은 홀시 제독은 회복이나 견인이 불가함을 깨닫고 일본에게 나포되지 않도록 자침명령을 내리게 되었다. 호넷을 호위하던 구축함 무스틴Mustin과 앤더슨

Anderson이 자침을 위해 어뢰를 발사했으나 실패했고, 이 틈을 타 일본 함대가 근처까지 다다르자 기울어진 호넷을 남기고 황급히 후퇴할 수밖에 없었다. 결국 호넷은 자침이 아닌 격침을 당하여 그 파란만장한 최후를 마치게 되었는데, 아쉽게도 불멸의 항공모함인 호넷의 마지막 모습을 담은 사진은 전해지지 않는다.

이처럼 최후를 맞은 호넷은 CV-1 랭글리 이후 현재까지 존재한 미국의 모든 항공모함들(호위항공모함 제외) 중 가장 짧은 생애를 산 항공모함이라는 기록을 남겼다. 1940년 12월 진수되어 전쟁 발발 직전인 1941년 10월 취역한 후 1942년 10월 침몰함으로써 현역에서 불과 1년 정도만 활약했기 때문이다. 하지만 호넷의 삶이 터무니없이 짧았기 때문에 굴욕적이라고 생각하는 사람은 없다. 그 이유는 어떤 항공모함과 비교해도 뒤지지 않을 만큼의 궤적을 남겼기 때문이다. 미국이 절대 열세였던 시기에 호넷은 미 해군의 중추로 나서 둘리틀 특공대, 미드웨이 해전, 산타크루즈 해전 등 필요로 하는 곳이면 언제 어디서나 모습을 보였고, 형제함인 요크타운과 마찬가지로 전쟁사에 가장 강렬한 인상을 남긴 항공모함의 반열에 오르며 그 이름은 미 해군의 자부심으로 남았다.

그런데 호넷의 최후로 아직 미국의 위기가 끝난 것은 아니었다. 호넷이 산화하던 바로 그때 먹구름이 걷히면서 시야에 드러난 최후의 미 항공모함 엔터프라이즈를 일본이 찾아낸 것이다. 호넷을 수장시키고 미 항공모함을 완전히 청소했다고 생각한 나구모는 엔터프라이즈가 산타크루즈에 나타났다는 보고를 받고 내심 놀라 미드웨이의 악몽을 떠올렸다. 하지만 전황이 일본에게 유리하게 돌아간다고 판단하여 모든 역량을 집중하여 즉시 공격하라고 지시했다. 그는 너무 신중하게 생각하며 머뭇거리다가 일격에 당하여 모든 것을 잃었던 미드웨이의 치욕을 만회하려 했다.

● 엔터프라이즈를 보호하기 위해 호위함들이 발사한 대공포의 포연이 태평양 바다를 가득 메웠다. 이러한 필사의 노력으로 엔터프라이즈는 무사할 수 있었고 요크타운 3형제 중 유일하게 종전까지 살아남아 미 해군을 대표하는 불침의 항공모함이 되었다.

이후 미 해군 역사상 최고의 항공모함이자 불침의 영광으로 자리매김한 엔터프라이즈는 일본에게 산타크루즈 해전의 마지막 목표가 되었고 집중 공격을 받을 수밖에 없는 처지였다. 반면 그를 호위했던 제16기동함대의 모든 함정들은 호넷이 끝장난 이상 무슨 일이 있어도 마지막 항공모함 엔터프라이즈만은 반드시 남기기 위해 필사의 방어를 했다. 하늘을 가르는 일본 함재기들의 소음과 이들을 격추하기 위해 불꽃놀이를 하듯 하늘로 난사하는 대공포 소리가 태평양을 흔들었고 하늘은 붉게 타오르기 시작했다. 미 해군이 마지막 남은 엔터프라이즈를 보호하기 위해 필사적으로 애썼지만 일본의 엄청난 공격을 완전히 막아내기에는 역부족이었고, 결국 또 다시 대대적인 수리를 요하는 엄청난 타격을 입었다. 하지만 이러한 거듭된 중상에도 불구하고 기적적으로 몸을 보존한 엔터프라이즈는 침몰한 호넷의 함재기들까지 대부분 수용하여 간신히 후퇴할 수 있었다.

1941년 10월 27일 오후, 곤도 제독이 더 이상의 추격을 포기함으로써 거대한 태평양을 배경으로 해서 벌어진 네 번째 항공모함 함대 간 해전은 막을 내리게 되었다. 1941년 후반기에 남태평양의 솔로몬 제도와 산타크루즈 섬 부근에서 연이어 벌어진 일련의 해전 결과, 미국은 호넷이 격침되고 엔터프라이즈가 상당한 피해를 입었으며 수척의 수상함들이 많은 피해를 당했다. 반면 일본은 대형항공모함 쇼카쿠와 경항공모함 즈이호, 중순양함 치쿠마가 크게 파손되었지만 격침된 함정이 없었고, 항공모함 즈이카쿠가 건재했기 때문에 전술적으로는 일본의 완벽한 승리로 평가받고 있다. 특히 전쟁 발발 직전에 배치되었던 요크타운급 항공모함은 불과 1년도 되지 않아 2척이 침몰하고 마지막 투사였던 엔터프라이즈마저 장기간 수리를 받게 되었다. 동원할 수 있는 항공모함이 완전히 바닥난 미국에게는 분명히 최대의 위기 상황이었다. 그리고 연합함대 사령관 야마모토가 그토록 학수고대하던 순간이기도 했다.

막을 내리다

그렇지만 이날이 오기를 오매불망 바라던 일본도 막상 공세를 계속하여 미국의 마지막 숨통을 꺾을 수는 없었다. 미국과 정면으로 항공모함 함대 간 대결을 더 이상 벌일 수 없을 만큼 항공기와 조종사들의 손실이 감내할 수 있는 선을 넘었기 때문이었다. 일본은 이번 전투에서만 92기의 작전기와 70명의 조종사를 잃어, 74기의 손실과 33명의 인명 피해를 당한 미국보다 피해가 컸다. 하지만 더 큰 문제는 일본은 손실을 회복할 여력이 미국보다 훨씬 부족하다는 점이었다. 특히 산호해 전투 이후 미드웨이 해전, 솔로몬 해전 그리고 산타크루즈 해전까지 연이어 발생한 어마어마한 인명 손실은 일본이 단기간에 회복하기 어려운 것이었다.

그런데 전쟁 말기 등장한 가미카제神風에서 알 수 있듯이 인명 경시 풍조가 강했던 일본은 마지막까지도 이러한 단점이 얼마나 중요한 것인지 정확히 깨닫지 못했다. 중세의 사무라이처럼 반자이 돌격을 최고의 덕목으로 여긴 일본 군부는 단기간 내 양성하기 힘든 조종사들을 너무 쉽게 소모하여 버렸고, 그 결과 조종사가 없어 전투기를 움직일 수 없는 경우도 비일비재했다. 즉, 최후의 결정타를 먹일 수 있는 절호의 기회가 드디어 찾아왔는데 때리다 지친 일본은 더 이상 움직일 수 없었던 것이다. 결국 조종사의 손실이 커져 물리적으로 원활히 작전을 수행할 수 없자 일본은 항공모함 함대 간 대결을 회피할 수밖에 없었다. 항공모함을 이용하여 새로운 전쟁을 시작했던 일본은 막상 과감한 소모전도 마다하지 않는 미국의 지칠 줄 모르는 응전에 기가 질렸고 결국 엄청난 소모전이 되어버린 항공모함 함대 간의 대결은 1942년을 기점으로 막을 내리게 되었다.

그런데 이처럼 미국의 항공모함 전력이 바닥을 드러낸 바로 그 시기, 한창 건조 중이던 일본의 새로운 대형항공모함인 준요隼鷹와 히요飛鷹가 7월 31일 완공되어 전투에 나설 준비를 막 마친 상태였다. 때문에 엄밀히 말해 산타크루즈 해전 직후는 태평양전쟁 발발 이후 일본의 항공모함 전력이 미국을 가장 압도했던 순간이었다. 그런데 그러한 결정적인 순간에 일본은 제풀에 지쳐 주먹을 잠시 내려놓게 되었던 것이다. 어쩌면 이번 전투에 등장한 엔터프라이즈와 지난 미드웨이 해전에서 최후를 맞은 요

● 1941년 12월 진주만을 기습하기 위해 준비 중인 일본 항공모함 함대의 모습. 일본과 미국은 해전의 패러다임을 바꾸어 항공모함을 이용한 새로운 전쟁을 시작했다. 하지만 전쟁 수행능력이 부족한 일본은 1년도 되지 않아 이러한 무한 경쟁에서 발을 뺄 수밖에 없었다.

크타운이 일본의 기세를 꺾게 된 것인지도 모른다. 일본은 산호해 전투에서 격파한 것으로 생각하던 요크타운이 미드웨이 해전에 등장하고, 솔로몬 해전에서 전투 불능 상태로 빠뜨렸다고 생각한 엔터프라이즈가 산타크루즈에 등장하자 경악을 넘어 공포를 느끼게 되었다. 아마도 '얼마나 두들겨야 미국의 항공모함들이 나타나지 않을지' 의구심을 품었을 것이다.

그에 비한다면 4척의 항공모함을 잃은 미드웨이 해전은 차치하고라도 쇼카쿠나 즈이카쿠의 예에서 보듯이, 일본의 항공모함은 타격을 입게 되면 전투 불능 상태에 빠지는 경우가 많았다. 따라서 극적으로 전투에 재차 뛰어들었던 요크타운이나 엔터프라이즈의 경우는 일본 군부로 하여

● 1943년이 되자 미국의 최신형 에식스급 항공모함이 대거 전선에 투입되었지만 일본은 이를 막을 방법이 없었고, 그것은 곧 패전을 암시했다. 요크타운 3형제가 넓은 태평양을 옮겨 다니며 분투를 벌인 1942년은 해군 전쟁사에 커다란 한 획을 그었고, 그것은 태평양전쟁의 전환점이 되었다. 사진은 전쟁 말기인 1944년 서태평양에 닻을 내린 에식스급 항공모함들의 모습.

금, 설령 침몰하지 않은 항공모함의 숫자가 일본이 많다고 하더라도 그것이 전력을 압도하지는 않는 것일 수도 있다는 가능성을 항상 염두에 두게 만들어 버렸다. 사실 이 시점이 일본에게는 미드웨이 해전에서 히류의 장렬한 최후를 이끈 야마구치 제독의 분투가 다시 한 번 생각나게 하는 순간이었다. 만일 미드웨이 해전에서 히류만이라도 생존했다면 일본은 1942년 내에 한 번 정도는 더 공세를 펼칠 수 있었을 것이다. 그렇다면 미국의 의지를 결정적으로 꺾어놓았을 가능성도 충분했다. 따라서 산타크루즈 해전 바로 직후는 조용하지만 숨 막히는 순간이었다.

하지만 그 순간 일본도 기진맥진했고 그것은 진주만 공격 직후 "우리

는 잠자는 사자의 코털을 건드렸다"고 한탄한 야마모토의 우려대로 전
쟁이 흘러가기 시작했음을 의미했다. 미 해군 역사상 최고의 용사들로
자리매김한 요크타운급 항공모함 3형제가 장렬히 전사하거나 중상을 입
어 전력에서 이탈하고 때리다 지친 일본이 스스로 주먹을 내리고 숨을
고르던 바로 그때, 전쟁의 다음을 책임질 미국의 신형 항공모함이 그 위
용을 드러냈다. 일본의 기습으로 전쟁이 발발한 지 1년이 막 지난 1942년
12월 31일, 미국의 아홉 번째 대형항공모함인 CV-9 에식스Essex가 실전에

미 · 일 양국의 항공모함 (1941년 12월 태평양전쟁 발발 당시)

	함번	선명	분류	배수량(톤)	급	취역
미 국	CV-1	랭글리Langley	실험용	15,100	랭글리	1920년 4월
	CV-2	렉싱턴Lexington	대형	38,700	렉싱턴	1927년 12월
	CV-3	새러토가Saratoga	대형	38,700	렉싱턴	1927년 11월
	CV-4	레인저Ranger	경	17,500	레인저	1934년 6월
	CV-5	요크타운Yorktown	대형	25,500	요크타운	1937년 9월
	CV-6	엔터프라이즈Enterprise	대형	25,500	요크타운	1938년 5월
	CV-7	와스프Wasp	경	19,000	와스프	1940년 4월
	CV-8	호넷Hornet	대형	25,500	요크타운	1941년 10월

	선명	분류	배수량(톤)	급	취역
일 본	아카기赤城	대형	41,300	아카기	1927년 3월
	가가加賀	대형	33,000	가가	1929년 11월
	소류蒼龍	대형	19,500	소류	1937년 12월
	히류飛龍	대형	21,000	소류	1937년 11월
	쇼카쿠翔鶴	대형	32,000	쇼카쿠	1941년 8월
	즈이카쿠瑞鶴	대형	32,000	쇼카쿠	1941년 9월
	호쇼鳳翔	경	9,400	호쇼	1922년 11월
	류조龍驤	경	16,700	류조	1933년 5월
	치도세千歳	경	15,300	치도세	1938년 7월
	치요타千代田	경	15,300	치도세	1938년 7월
	즈이호瑞鳳	경	14,200	즈이호	1936년 6월
	쇼호祥鳳	경	14,200	즈이호	1941년 11월

배치된 것이다. 하지만 그것은 단지 거대한 발걸음의 시작일 뿐이었다. 종전 시점까지 미국은 무려 24척의 에식스급 항공모함을 속속 건조하여 전선에 투입했고 더불어 100척이 넘는 호위항공모함을 붕어빵처럼 척척 찍어 바다에 내보냈다. 그렇지만 일본은 그들이 항복할 때까지 전쟁 전에 보유했던 전력을 원상복구하기도 버거웠다. 비록 전쟁은 이후로도 3년을 더 해야 했지만 거대한 태평양을 엄청난 불길로 태워버린 1942년이 지나면서 승자와 패자가 확연히 갈리기 시작했다. 그리고 그것은 1931년 일본의 만주 침공으로부터 시작된 아시아-태평양 전구에서의 거대한 전쟁의 균형추가 바뀌는 역사적인 순간이었다.

1942년
스탈린그라드

히틀러, 캅카스를 주목하다

1941년 6월 22일, 독일의 기습으로 사상 최대의 전쟁인 독소전쟁이 개시되었다. 독일은 역사에 길이 남을 만한 쾌속 진군을 선보이며 소련을 궁지로 몰아넣었다. 인류사상 최대의 원정군이라 평가받는 동부전선의 독일군이 광활한 러시아로 진격했을 때 승리는 눈앞에 다가온 것처럼 보였고, 히틀러는 얼마 지나지 않아 소련이라는 악의 제국이 사라져 버릴 것이라 착각했다. 개전 석 달 만에 무려 400만의 소련군이 소탕되었고 요충지 모스크바와 레닌그라드Leningrad(지금의 상트페테르부르크Sankt Peterburg) 함락도 시간문제로 보였다.

그런데 전략적 목표물인 모스크바를 우선 점령해야 함에도 불구하고 이미 전의를 상실한 채 독일군의 점령지 내에 고립되어 있던 소련군을 소탕하기 위해 진격로를 키예프 등으로 우회시킨 결과, 독일군은 동계전투용 장비도 준비되지 않은 상태에서 첫눈을 맞게 되고 전광석화 같던 진격이 그해 10월 말부터 서서히 느려졌다. 그렇게 찾아온 러시아의 동장군은 상대적으로 이런 추위가 낯선 독일에게는 감내하기 힘든 상태였고,

● 눈보라 속에 제대로 된 동계장비도 없이 이동하는 독일군. 전쟁 발발 후 쾌속 진군하던 독일군이 모스크바를 목전에 두고 혹한과 소련군의 강력한 반격에 막혀 멈추게 되면서 원대했던 바르바로사 작전은 실패했다. 이듬해 봄이 되자 히틀러는 소련의 전쟁의지를 꺾을 새로운 작전을 구상했다.

이때를 틈타 강화된 소련의 방어선은 독일이 쉽게 돌파하기 힘들었다.

사상 최악의 추위라는 1941년의 겨울이 지나고 봄이 되었을 때도 한번 진격이 멈춘 후유증으로 전선은 정체되었다. 히틀러는 나폴레옹의 망령을 떠올렸다. 150년 전 유럽 대륙을 지배하고 기세등등하게 러시아 원정에 나섰지만 러시아의 동장군과 초토화작전에 맥도 못 추고 결국 퇴패했던 정복자 나폴레옹의 말로를 히틀러도 똑똑히 알고 있었다. 때문에 나폴레옹의 전철을 되풀이하지 않으려는 히틀러는 정치적인 목표인 모스크바나 레닌그라드보다는 좀 더 현실적인 가치가 있는 목표에 눈을 돌리게 되었다. 바로 소련 남부 캅카스Kavkaz＊지역의 광대한 유전과 곡창지대였다. 소련의 생명선이나 다름없는 이곳을 독일이 점령하여 지배할 수

＊흑해와 카스피 해 사이에 있는 지역으로 동서 교통의 요충지이다.

있다면 향후 소련의 적극적인 전쟁의지를 꺾어 버릴 수 있었고, 독일이 전쟁 수행에 필요로 하는 거대한 자원도 확보할 수 있어 일석이조의 효과를 얻을 수 있었다.

1942년 히틀러는 이러한 목적을 달성하기 위해 청색 작전Fall Blau으로 명명된 원대한 공세작전을 입안했다. 이에 따라 기존에 독소전선 남부를 담당하던 남부집단군을 대폭 증강하여 A집단군과 B집단군으로 나누고 캅카스를 점령하기 위한 하계 대공세 준비를 완료했다. A집단군에는 제1기갑군, 제17군, 루마니아 제4군이 편성되었고 B집단군 예하에는 제4기갑군, 제6군, 루마니아 제3군, 이탈리아 제8군이 편제되었다. 그중 본래 중부집단군에 속해 있던 제4기갑군을 이동전개한 것은 히틀러의 굳은 결심을 알게 해주는 증거였다. 지난 1941년에 독소전선에서 독일군 기갑부대가 보여준 놀라운 돌파는 전쟁의 새로운 움직임으로 자리 잡았고, 이러한 성과를 치하하고자 히틀러는 한시적인 형태였던 기갑집단Panzer Gruppe을 기갑군Panzer Armee으로 승격시켰다. 그리고 불과 1년 만에 이들은 독일군 최고의 핵심 부대들이 되었는데, 그러한 기갑군을 이번 공세에 추가로 할당해 주었다는 것은 그만큼 독일의 기대가 컸다는 의미였다.

새로운 독일 공세의 서전은 만슈타인이 지휘하는 독일 제11군이 소련의 30여 개 사단을 붕괴시켜 흑해 연안을 독일의 수중에 넣는 것으로 시작되었다. 이로써 배후가 정리되자 캅카스를 점령할 임무를 부여받은 A집단군과 천혜의 방어선인 볼가Volga 강까지 진격할 B집단군은 지금까지 소련군과 대치하고 있던 돈Don 강 교두보를 넘어 각각의 목표를 향해 쾌속 진군을 개시했다. 이러한 청색 작전의 초기 돌격은 독소전쟁 개전 당시의 모습을 재현했고 예상대로 허접군대의 대명사로 생각하고 있던 소련군은 하리코프Khar'kov 등에서 괴멸당하며 일방적으로 붕괴되고 있었

범례

원래 군대의 편제는 상황에 맞게 바뀌는 가변적인 구조를 가지고 있으므로 일률적이지는 않다. 스탈린그라드 전투 당시 독일군이나 소련군 모두 전쟁 내내 많은 변화를 겪었는데, 다음은 대략의 이해를 돕기 위한 설명이다.

I. 독일군 (여타 추축국 편제도 대략 이에 따름)

1. 집단군 Army Group – Armeegruppe (×××××)
전략적 규모의 작전을 독립적으로 구사할 수 있는 군 편제로 수개의 야전군과 이를 지원하는 직할부대 및 경우에 따라서 공군·해군의 지원부대로 구성되며 대략 40만~80만 명의 병력을 보유한다. 오늘날은 보기 힘든 구조다.

2. 군 Army – Armee (××××)
흔히 야전군Field Army이라고도 불리는 편제로 수개의 군단과 직할부대로 구성되며 대략 10만~30만 명의 병력을 보유한다. 오늘날 우리나라를 포함한 극히 일부 국가에서 볼 수 있으나 통신과 기동력의 발달로 점차 사라지는 추세다.

3. 집단 Group – Gruppe
2차대전 당시 독일군의 특징적인 야전군급 제대 편제인데 주로 기갑부대에 많이 사용했다. 이후 일부 예하부대를 증강하여 군으로 승격한 사례에서 알 수 있듯이 일반적으로 야전군보다는 작은 규모로 본다. 종종 집단군과 혼동하는 경우가 많다.

4. 군단 Corps – Korps (×××)
수개의 사단과 직할부대로 구성되며 대략 3만~10만 명의 병력을 보유한다.

5. 사단 Division – Division (××)
수개의 연대와 직할부대로 구성되며 대략 1만~3만 명 정도의 병력을 보유한 제병합동작전이 가능한 최소 편제다.

독일어 Panzer는 기갑, 장갑, 기계화, 전차 등으로 해석되는데 관련된 군, 집단, 군단, 사단을 일률적으로 하나의 단어로 표기하면 글을 이해하는 데 혼동을 줄 수 있다고 판단하여, 이 책에서는 Panzer Armee는 기갑군, Panzer Gruppe는 기갑집단, Panzer Korps는 장갑군단, Panzer Division은 전차사단으로 표기했다.

II. 소련군

독소전쟁과 관련한 자료를 보면 소련군의 편제를 일률적으로 독일군과 동급의 제대로 오인하는 경우가 많다. 가장 대표적인 것이 군Army으로, 스탈린그라드 전투에 독일은 제6군이 단독 주인공과 다름없었지만 소련은 도심을 방어한 제62군 외에도 십여 개의 군이 동원되어 마치 소련군이 엄청나게 많이 동원된 것으로 착각하는데, 그것은 편제에 따른 오류다.

1. 군관구 District - Военный округ (××××××)

거대한 소련 연방을 지역별로 나누어 독립적인 관리가 가능하도록 만든 편제 구조로 행정적인 성격이 크지만 독소전쟁 중반기 이후에는 대략 80만 이상의 병력으로 이루어진 수개의 전선군을 아울러 전략적인 작전을 펼치는 거대 병단으로 존재했다.

2. 전선군 Front - группа армий (×××××)

수개의 군과 이를 지원하는 직할부대로 구성되며 대략 20만~50만 명의 병력을 보유한다. 독일군의 집단군과 군 사이 규모로 ××××+로 표기하는 것이 맞지 않나 생각한다.

3. 군 Army - армия (××××)

수개의 사단과 직할부대로 구성되며 대략 5만~10만 명의 병력을 보유한다. 독일군의 군과 군단 사이 규모로 ×××+로 표기하는 것이 맞지 않나 생각한다. 스탈린그라드 전투에서는 보병으로 이루어진 군뿐만 아니라 전차군Tank Army, 충격군Shock Army 같은 다양한 기갑·기계화 제대도 등장한다.

4. 군단 Corps - корпус (×××)

수개의 사단과 직할부대로 구성되며 대략 2만~5만 명의 병력을 보유한다. 전쟁 말기에 군단의 규모가 커졌지만, 스탈린그라드 전투 당시만 해도 군에서 곧바로 사단으로 편제가 이루어졌기 때문에 군단의 개념이 미약했다.

5. 사단 Division - дивизион (××)

수개의 연대와 직할부대로 구성되며 대략 5,000~2만 명 정도의 병력을 보유한다. 통상적으로 소련의 사단은 서방 편제에 비해 규모가 작은 편이다.

다. 하지만 이러한 히틀러의 원대한 계획은 결국 나폴레옹의 전철을 능가하는 처절한 피의 기록으로 역사에 남게 되었다.

자신의 이름을 지키려 한 스탈린

독일의 새로운 공세 상황을 보고받은 스탈린 또한 캅카스의 중요성을 너무나 잘 알고 있었다. 이 지역을 빼앗기게 된다면 결국 우랄^{Ural} 산맥* 서쪽의 러시아 평원 전체를 독일에게 내주고 소련은 우랄 산맥 동쪽의 시베리아로 후퇴할 수밖에 없었기 때문이었다. 소련은 광대한 영토를 가진 나라이기는 하지만 이대로 밀려서 볼가 강 동쪽으로 물러서게 된다면 장차 독일과의 항전을 더 이상 지속할 힘을 잃게 될 수밖에 없었다. 우선 석유와 식량 확보가 힘들어지는 것은 물론, 볼가 강 수운과 이 지역을 연결하는 철도망이 단절되면 모스크바 같은 지역은 자연적으로 고립되기 때문이었다. 우랄 산맥 동쪽의 시베리아는 비록 넓은 땅이기는 하지만 인구도 적고 교통도 나빠 장차 전쟁 수행에 적합한 곳이 아니었다.

다시 말해 우랄 산맥 서쪽 러시아 평원을 뺀다면 소련이라는 국가는 순식간에 땅덩어리만 넓은 끝 없는 단팥빵 신세가 되어버릴 수 있기 때문에, 이 생명선을 반드시 사수해야 했다. 스탈린도 더 이상의 후퇴는 없다며 항전을 선언하고, 독일의 진격을 막아낼 지점으로 스탈린그라드(지금의 볼고그라드^{Volgograd})를 주목했다. 제정 러시아 시대에는 '차리친^{Tsaritsyn}(여제^{女帝}의 도시)'이라고 불린 이 도시는 남부 러시아의 최대 요충지로, 러

---

*유럽과 아시아의 경계를 따라 남북으로 이어진 산맥.

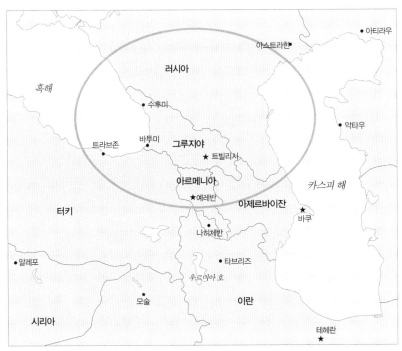

● 지금도 여러 국가가 공존하고 있는 캅카스(원 표시)는 예로부터 수많은 민족들이 삶을 꾸려온 터전이자 교통의 요충지였다. 광활한 곡창지대와 거대한 유전은 소련을 지탱해주는 보물창고였으므로, 스탈린은 당연히 이곳을 지키고자 했다.

시아 내전 당시에 이곳을 방어한 적군이 백군의 포위에도 불구하고 도시를 끝까지 사수하여 공산혁명을 완수했던 역사를 간직하고 있었다. 1925년 스탈린은 소련 공산주의 혁명 역사에 중요한 이력을 남긴 이 도시의 이름을 자기 이름을 따서 스탈린그라드로 바꾸고 기계공업 중심지로 집중 개발했다. 그 결과 스탈린그라드는 소련 내에서도 가장 살기 좋은 도시로 변모했다. 때문에 이 도시에 대한 스탈린의 애착은 남다를 수밖에 없었고, 그만큼 반드시 사수하고자 하는 의지도 컸다.

독일 또한 이 도시에 주목하고 있었다. 공격자의 입장에서 볼 때 돈 강에서 볼가 강으로 이어지는 전선에서 최적의 요지가 바로 스탈린그라드였다. 아조프^{Azov} 해*로 나아가는 돈 강과 카스피^{Caspie} 해로 이어지는 볼가 강이 최대한 가깝게 근접하는 곳이 스탈린그라드였는데 이 일대를 점령 해야만 캅카스를 안전하게 장악할 수 있었다. 캅카스 산맥에서 볼가 강에 이르는 지역은 탄탄한 평지여서 방어가 힘든 지형이었고, 독일이 진격하면 할수록 전선이 불룩하게 돌출되어 길어지고 자연히 부대 간 간격이 넓어질 수밖에 없는 구조였다. 때문에 그 출입구라 할 수 있는 스탈린그라드를 장악하거나 봉쇄하지 않은 상태에서 소련의 반격을 받는다면, 독일군은 돈 강까지 쉽게 밀려날 수도 있었다.

또한 스탈린그라드는 도시 자체가 교통상의 요지였다. 캅카스에서 러시아 내륙으로 통하는 철도는 로스토프^{Rostov} 방면과 스탈린그라드 방면의 2개 노선밖에 없었는데, 로스토프가 독일에 함락된 이후에는 스탈린그라드가 모스크바와 캅카스를 연결하는 소련의 유일한 생명선이 되어버렸다. 정치적으로 가치가 있는 모스크바나 레닌그라드를 소련이 계속하여 확보하려면 외부에서 끊임없이 지원이 이루어져야 했다. 따라서 캅카스에서 스탈린그라드를 거쳐 모스크바로 향하는 철도의 중요성이 그만큼 커졌다. 거기에 더해 스탈린그라드는 볼가 강의 수운을 통제할 수 있는 위치였다.

캅카스의 석유와 비옥한 흑토지대^{黑土地帶}**에서 생산된 식량은 이처럼 유일하게 확보했던 철도와 볼가 강 수운을 통해서 내륙으로 공급되고 있었다. 다시 말해 스탈린그라드의 점령은 소련의 생명선을 차단하는 것이었고 이러한 중요한 사실은 소련도 독일도 모두 알고 있었다. 독일 입장

---

* 흑해의 북쪽, 크림^{Krym} 반도 북동쪽에 있는 내해.
** 흑토가 널리 분포된 지대로 토양이 비옥하여 중요한 곡물 생산 지대이다. 흑해 연안의 우크라이나와 남부 러시아에서 중앙아시아에 이르는 광대한 지대가 대표적이다.

● 전쟁 전 스탈린그라드 중심부의 모습. 유럽에서 캅카스로 가는 초입에 있는 스탈린그라드는 교통의 요충지이자 소련 기계공업의 중심지였다.

에서는 반드시 빼앗아야 하고 소련의 입장에서는 무슨 일이 있어도 지켜야 할 도시가 스탈린그라드였다. 이제 이곳은 독소전쟁의 승부처가 되려하고 있었다.

청색 작전

그동안 독소전쟁에서 독일군은 공군의 화력 지원을 받는 강력한 기갑부대가 적의 배후를 깊숙이 치고 들어가 퇴로를 차단함과 동시에, 후속 보병부대가 포위망을 완성하여 적을 고립시킨 후 일거에 섬멸하는 전법을 주로 구사하여 왔다. 그런데 스탈린그라드는 이러한 독일의 전술이 쉽게 먹히지 않는 지형을 가지고 있었다. 스탈린그라드는 동쪽으로 볼가 강 서안에 접하고 서쪽에는 돈 강의 지류가 흐르고 있어 마치 여의도처럼 강 한가운데 위치한 섬 같은 모습이다. 이런 천혜의 조건으로 인하여 방어자의 입장에서는 수비하기에 매우 좋은 입지조건이라 할 수 있었다. 특히 공격자가 쉽게 도하하기 힘들만큼 거대한 볼가 강으로 인하여 독일이 도시 외곽을 신속히 우회하여 적의 배후로 돌아갈 길도 없었다.

그렇다면 독일은 돈 강을 건너가 스탈린그라드의 서쪽 외곽에서부터 볼가 강 방향으로 차츰차츰 안으로 밀고 들어가 도시를 장악하는 단순한 전략을 쓸 수밖에 없었다. 하지만 독일군 지휘부는 상황을 지나치게 낙관했다. 독소전쟁이 개시된 이후 지금까지 그래왔던 것처럼 허접한 소련군은 독일군이 능히 상대할 수 있는 덩치만 커다란 허약한 골리앗일 뿐이고 설령 약간의 저항이 있더라도 도시를 함락하는 것은 그리 어렵지

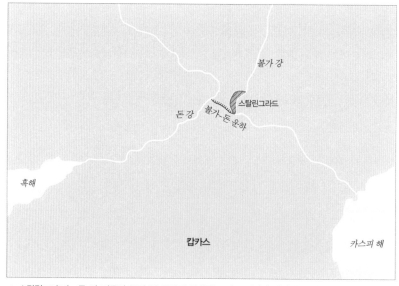

● 스탈린그라드는 돈 강 지류와 볼가 강 사이에 형성된 도시로 방어에 상당히 유리한 이점을 가지고 있다. 반면 독일은 전통적인 방법으로 이 도시를 일거에 포위 섬멸하기 어려웠다.

않으리라 판단했다.

독일은 청색 작전의 궁극적인 목표인 캅카스 점령을 위해서는 진격로의 초입이라 할 수 있는 스탈린그라드를 B집단군이 최대한 신속히 확보한 후 전열을 재정비하여 볼가 강 일대에 방어선을 구축해야 했다. 흑해와 카스피 해 사이 거대한 협곡 모양의 캅카스는 안으로 진격할수록 전선이 3배 이상으로 길게 늘어나 급격하게 처질 수밖에 없는 형태여서, A집단군 단독으로 캅카스를 점령하고 동시에 배후를 단속하기에 힘이 부치기 때문이었다. 따라서 독일은 스탈린그라드 점령을 최대한 빨리 마무리하고 투입된 부대들을 신속히 캅카스 배후로 재배치할 필요가 있었다. 이러한 이유로 독일 입장에서 스탈린그라드는 단지 조속히 점령할 중요한 전략거점 중 하나였을 뿐이다.

처음에 언급한 것처럼 남부 러시아를 점령할 모든 준비를 마친 독일군은 1942년 6월 28일 청색 작전을 개시했다. 돈 강 서쪽에 전열을 정비했던 독일 원정군의 A집단군 예하 제17군과 제1기갑군이 두 진격로를 통하여 남부의 캅카스로, B집단군 예하의 제4기갑군이 카스피 해 서안으로 그리고 제6군이 스탈린그라드로 향한 쾌속 진군을 시작했다. 이러한 돌격은 독소개전 초기의 모습을 재현했고 예상대로 소련군은 일방적으로 몰리고 있었다.

더불어 만슈타인이 지휘하는 제11군이 주머니 속의 송곳처럼 전선에서 동떨어진 독일 점령지 한가운데서 처절하게 항전하고 있던 소련군 30개 사단을 분쇄하여 버리고, 7월에 세바스토폴을 함락하여 흑해 연안을 독일의 수중으로 만들고 배후의 위험을 완전히 제거하여 버렸다. 청색 작전의 주공인 제17군과 제1기갑군은 이에 더욱 탄력을 받아 진군했다. 간간이 소련의 저항이 있었지만 독일의 진격을 막을 수는 없었고 유

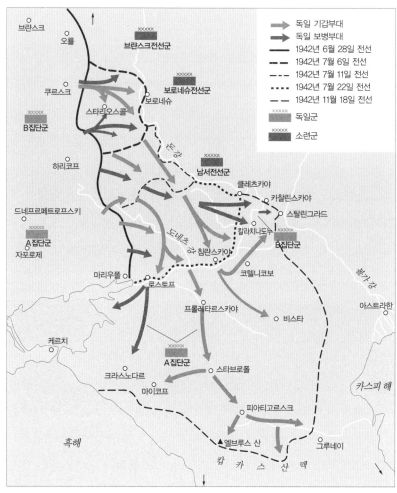

독일 기갑부대
독일 보병부대
1942년 6월 28일 전선
1942년 7월 6일 전선
1942년 7월 11일 전선
1942년 7월 22일 전선
1942년 11월 18일 전선
독일군
소련군

● 독일은 기존 남부집단군을 둘로 나누어 공세를 시작했다. B집단군이 볼가 강으로 전선을 밀어붙여 소련군을 견제하여 공간을 만들면 A집단군이 깊숙이 남하하여 캅카스를 장악하는 것이었다.

전지대를 비롯한 소련의 알토란 같은 전략거점이 하나하나 독일군에게 점령되기 시작했다. 이러한 진격과 발맞추어 스탈린그라드 일대의 볼가 강까지 전선을 밀어붙일 제6군도 서서히 보조를 맞추어 전진했고, 후퇴하는 소련군은 스탈린그라드 외곽에서 도심부로 점점 밀려들어가고 있었다. 8월 중순이 되었을 때 독일 제6군이 스탈린그라드 외곽에 도달했고, 이제 점령은 시간문제로 보였다.

독일 제6군과 파울루스

스탈린그라드 전투에 관한 기록을 보면 이 전투에 참가한 수많은 부대와 지휘관들 중 두고두고 인구에 회자되는 것이 독일 제6군과 사령관 프리드리히 파울루스^{Friedrich Paulus}다. 그만큼 스탈린그라드 전투에서 이들의 역할이 컸다는 의미이기도 하다. 때문에 본격적인 전투를 언급하기 전에 제6군과 파울루스를 먼저 살펴본다.

1939년 8월 6일, 독일 제10군이 창설되고 한 달도 되지 않아 폴란드 전역에 참전했다. 전투가 종료된 직후인 10월 10일에는 제10군이 전격 해체되고* 같은 날짜로 새로운 야전군이 탄생했는데 이것이 바로 제6군이었다. 엄밀히 말하면 이름만 바꾸어 달았다고 할 수 있는데, 그 정확한 이유는 알려지지 않았다.

여담으로 독일 야전군의 유래는 프로이센의 전통을 간직한 독일 제국 육군^{Kaiserliche Heer}에서부터 찾아볼 수 있는데, 사료를 보면 제3제국 육군 ^{Das Heer}의 야전군들은 같은 단대호라도 예전의 전통을 계승하지 않은 별개로 취급하는 경우가 많다. 이것은 비단 야전군뿐만 아니라 대부분의 사단이나 군단 같은 경우에도 마찬가지였다. 예를 들어 1차대전 당시에 슐리펜 계획에 의거 서부전선을 담당한 독일군은 북에서 남으로 제1·

---

* 제10군은 1943년 8월 하인리히 폰 피팅호프^{Heinrich von Vietinghoff}를 사령관으로 하여 재창설된 후 이탈리아 전선에 참전했다.

2·3·4·5·6·7군이 차례대로 배치되었던 사실에서 알 수 있듯이 제6군이라는 단대호는 이전에도 있었다. 그런데 2차대전 당시에 활약한 제6군은 1차대전 때의 제6군을 승계하여 재창설된 것이 아니라 신설부대로 취급하고는 한다. 정확한 이유는 모르겠고 다만 1차대전의 아픈 기억을 잊기 위한 하나의 상징적인 조치가 아닐까 추측할 뿐이다.

어쨌든 새롭게 신편된 독일 제6군은 이른바 '가짜 전쟁'으로 불린 기간 동안 서부전선의 클레베Kleve에 주둔하고 있다가 프랑스 침공이 개시된 직후 보크 상급대장이 지휘하는 B집단군 예하부대로 침공전에 참가하여, 이른바 저지대 국가를 석권하고 1940년 5월 28일 벨기에로부터 항복을 받아내는 주역이 되었다. 이후 적색 작전이 개시되자 비록 무방비 도시로 방어를 포기한 상태였지만 프랑스의 심장인 파리로 진격하여 점령하는 영광을 얻었고, 이후 노르망디 일대에서 프랑스 점령군으로 주둔하고 있다가 영국 원정 시 선발부대의 역할을 맡기로 예정되어 있었다. 그러나 전초전이라 할 수 있는 영불해협의 피 말리는 공중전(일명 영국본토항공전)에서 독일이 먼저 손을 떼고 영국 본토 침공을 단념한 후 1941년 4월 21일 동부전선의 갈리치아Galicja *로 이동하여 바르바로사 작전Operation Barbarossa **에 참여할 준비를 했다. 1941년 6월 22일 독소전쟁이 개시되어 모든 독일군이 질풍같이 러시아로 몰려들 때, 제6군은 폴란드 전역과 서부전선의 경험을 바탕으로 남부집단군의 선봉부대가 되어 우크라이나Ukraina와 남부 러시아 지역을 석권하는데 공을 세워 어느덧 제3제국 최고의 야전군 중 하나로 그 명성을 떨치고 있었다.

---

* 지금의 우크라이나·폴란드·슬로바키아의 국경 일대.
** 독일이 소련을 침공했을 당시의 작전명. '바르바로사'는 신성로마제국 황제로 독일 역사에서 영웅시하는 프리드리히 1세Friedrich I(1122?~1190년)의 별명에서 유래했다.

이러한 제6군의 시작과 종말을 이야기하는데 빼놓고 이야기할 수 없는 인물이 바로 파울루스다. 그는 상당히 머리회전이 빠른 전형적인 독일 참모장교 출신으로 전쟁 전인 1938년에는 대령에 불과했지만, 그가 입안한 계획들을 상부에서 흡족하게 생각하면서 히틀러의 총애를 받아 고속승진을 거듭했다. 1939년 8월 28일 파울루스는 육군소장으로 진급 후, 막 창설된 제10군의 초대 참모장으로 발탁되어 폴란드 전역에 참전했다. 당시 제10군의 초대 사령관은 군부의 새로운 실세로 부상하

● 프리드리히 파울루스. 2차대전 동안 많은 독일의 장군들이 패배했다. 30만이 항복한 독일아프리카집단군의 최후를 생각한다면 롬멜도 이러한 범주에 들어갈 수 있다. 하지만 유독 파울루스가 패장의 대명사처럼 두고두고 인구에 회자되는 것은 그만큼 스탈린그라드 전투가 치열했다는 반증이기도 하다.

고 있던 발터 폰 라이헤나우Walther von Reichenau 상급대장이었다. 비록 이후에는 히틀러의 눈 밖에 나게 되지만 당시까지만 해도 라이헤나우는 히틀러의 절대적인 신임을 받았고, 그러한 라이헤나우의 참모장으로 역시 히틀러가 총애하는 파울루스가 임명되었다는 사실로 독일 육군에서 제10군의 위상이 어떠했는지 유추할 수 있다. 독일 제10군이 제6군으로 명칭을 바꾼 이후에도 파울루스는 그대로 제6군 참모장으로 머물러 이후 서부전선에도 참전했다. 다시 말해 그는 제6군의 시작 이전부터 생사고락을 같이했던 인물이었다.

이러한 활약에 힘입어 파울루스는 1940년 9월 23일 육군중장으로 진급하여 쟁쟁한 상급자들을 제치고 육군 최고사령부의 제1참모부장으로 영

전했다. 이 자리는 육군 총사령관인 발터 폰 브라우히치Walther von Brauchitsch 와 참모총장인 프란츠 할더와 맞먹는 작전 수립 권한을 행사할 수 있는 핵심 요직이었다. 그는 이때 히틀러의 명을 받아 바르바로사 작전을 준비했다. 소련 침공계획 같은 거대한 작전은 단 한 사람이 수립할 수 없고 당연히 독일 참모본부의 수많은 브레인들이 머리를 짜내 입안한 것이지만 이를 실질적으로 주도한 사람은 바로 파울루스였다. 그만큼 그는 독일군 최고의 참모였다고 할 수 있다.

독소전쟁이 개시되고 1941년 12월 러시아의 동장군에 독일의 진격이 막히자, 서두에 언급한 것처럼 히틀러는 러시아 남부로 진격할 계획을 세우고 장차 작전에서 핵심적인 역할을 담당할 남부집단군 사령부를 1942년 1월 5일 전격 방문했다. 베를린에서 1,500여 킬로미터나 떨어진 우크라이나 동북부 소도시 폴타바Poltava를 직접 찾아온 히틀러와 단 둘이 만난 당시 남부집단군 사령관 라이헤나우 원수는 남부전선만 확대하면 전체 전선과 단절될 수 있다며 히틀러에게 정면으로 항거했다.

"총통께서 명령을 내리신다면 남부집단군은 전진할 수밖에 없을 것입니다. 그러나 저는 총통의 명령을 따르지 않겠습니다. 절대로 따르지 않겠습니다."

히틀러는 격노하기보다 생각지도 못한 의외의 항거에 충격을 받았다고 전해진다. 사실 집권 초 히틀러와 나치에 대해 냉소적이었던 독일 군부 내에서 라이헤나우는 철저하게 친나치 성향을 보이면서 히틀러를 적극 지지했던 몇 안 되는 인물 중 하나였다. 이후 '라이헤나우 명령서Reichenau Order'로 알려진 점령지 내의 유대인과 슬라브인에 대한 인종청소 명령을 거리낌 없이 내렸을 정도였다. 히틀러도 집권 초기에 반나치 성향이 강했던 육군 총사령관 베르너 폰 프리츠Werner von Fritsch를 숙청하고 그 후임으로 라이헤나우를 고려했을 정도로 그를 신임하고 있었다.

비록 이러한 노골적인 정치적인 성향 때문에 군부 내에서 은연중 배척을 당했지만 라이헤나우는 히틀러 옆에서만 맴돌며 아부만 일삼던 공군 사령관 헤르만 괴링 Hermann Göring 이나 국방군 총사령관 빌헬름 카이텔 Wilhelm Keitel 같은 인물들과 달리 야전에서 부대를 지휘하는 능력이 탁월했다. 다시 말해 정치적인 성향과 편협한 인종주의 등을 제외한다면 군인으로서의 능력은 상당했고, 특히 지휘에 관해서는 소신이 대단하여 자신의 목소리를 강하게 내던 인물이었다. 결국 이런 부분이 종종 총통과 마찰을 불러 군부의 작전에 어떻게든 관여하려는 히틀러와 멀어지는 결정적인 계기가 되었다. 히틀러의 눈치를 보던 여타 장군들과 달리 라이헤나우 지휘관으로서 소신을 가지고 청색 작전에 대해 강력히 반대했다. 그는 분명히 남부전선만의 확전이 좋은 결과를 얻지 못할 것으로 확신하고 있었다. 그런데 며칠 후 라이헤나우는 의문의 비행기사고로 순직했

● 히틀러와 식사 중인 발터 폰 라이헤나우. 그는 히틀러의 집권 초기에 많은 도움을 주었던 군부의 대표적인 친나치 인물이었다. 하지만 그러한 그도 남부집단군 사령관이었을 당시에 청색 작전을 반대하여 히틀러를 당혹스럽게 만들었다.

다. 당시 전임 사령관이었던 게르트 폰 룬트슈테트가 해임당한 후 라이헤나우가 남부집단군 사령관으로 부임한 지 불과 한 달밖에 되지 않았던 시점이었다.

그전까지 제6군 사령관이던 라이헤나우가 남부집단군 사령관으로 영전하면서 그 후임으로 파울루스가 대장으로 진급하여 사령관에 임명되었다. 히틀러의 충복이던 파울루스가 부대 창설부터 인연이 있던 제6군의 최고지휘관이 되어 부임한 것이다. 그런데 문제는 파울루스가 군단이나 사단은 고사하고 1개 연대조차도 야전에서 직접 지휘해 본 경험이 없는 전형적인 데스크맨이라는 사실이었다. 그는 조언을 하거나 계획을 수립하는 참모로서는 뛰어나지만 막상 결정을 내려야 하는 지휘관으로서의 자질은 부족했다. 한번은 참모총장 할더가 제1참모부장이었던 파울루스를 아프리카로 급파한 적이 있었다. 육군 최고사령부의 엄중한 명령에도 불구하고 독단적으로 전선을 확대하여 나가는 롬멜의 아프리카군단을 막기 위해서였는데, 막상 롬멜을 마주한 파울루스는 우유부단하게 행동하여 상부의 명령을 롬멜이 따르도록 조치하는데 실패했다. 그런 그가 장차전의 선봉이 될 제3제국의 최정예부대를 이끌게 된 것이다.

피의 잔치가 시작되다

주변에 별다른 고지가 없는 대평원 위에 노출된 스탈린그라드는 손쉬운 먹잇감처럼 보였다. 하리코프를 지나 500여 킬로미터를 질풍처럼 내달려온 독일 제6군이 이 도시를 접수하는데 별로 어려움이 없어 보였다. 독일군은 군침을 흘리며 막다른 골목에 몰린 도시를 외곽에서 천천히 바라보았다. 마침내 도시 외곽에서 모든 준비를 마친 1942년 8월 23일 새벽 4시 30분, 연 2,000대의 폭격기가 도시 위에 무차별적으로 불덩어리를 쏟아부었다. 드디어 스탈린그라드 피의 잔치가 시작되었다. 스탈린그라드의 모든 것을 불태워 적의 전투 수행의지를 꺾고, 지상군이 쉽게 입성하여 도시를 장악하는 것이 목표였다.

공군의 폭격과 동시에 구스타프 폰 비터스하임Gustav von Wietersheim이 지휘하는 제6군의 선봉대인 최정예 제14장갑군단이 스탈린그라드 외곽인 볼가 강 북쪽 서안을 향해 돌격했다. 제14장갑군단 중에서도 가장 앞에 서있던 제16전차사단은 후속부대가 쫓아오지 못할 정도의 맹렬한 기세로 공장노동자들이 지키고 있던 방어선을 손쉽게 돌파하여 예정대로 볼가 강 북쪽 서안을 점령했다. 그리고 지휘부는 다음 작전계획으로 제16전차사단이 스탈린그라드 북부지역에서 시내에 돌입하면 뒤따르는 제3차량화보병사단과 제60차량화보병사단이 돌파구를 좌우로 확대하기로 결정했다. 시내 입성을 다음 날로 정한 독일군 지휘부는 폭격으로 불타는 시내를 바라보면서 상황을 낙관했다. 그렇게 스탈린그라드 전투의 첫

● 스탈린그라드 상공 위의 독일군 He-111 폭격기 편대. 독일 공군의 대대적인 폭격으로 스탈린그라드 전투가 개시되었다.

날은 평안하게 지나가고 있었다.

다음 날 아침, 제16전차사단은 불이 서서히 꺼져가고 있던 스탈린그라드 북쪽에서 시내를 향해 돌입했다. 하지만 이 불길이 꺼지지 않고 앞으로 여섯 달 동안 계속해서 타오를 줄은 그때까지 아무도 모르고 있었고, 스탈린그라드의 도심이 그들을 파멸로 이끄는 늪이 되리라고는 상상도 하지 못했다. 정예 제16전차사단은 시내 초입에서부터 니콜라이 페클렌코 Nikolai Feklenko 소장이 지휘하는 소련군의 완강한 저항에 쉽게 전진할 수 없었고 오히려 반격을 당하여 오후에 2킬로미터나 후퇴했다. 예상치 못한 소련군의 반격에 당황한 독일군은 서쪽에서 진입을 시도했으나 이것도 키릴 코발렌코Kirill Kovalenko 소장이 지휘하는 전차여단과 보병여단의 완강한 방어에 실패하고 말았다. 암울한 악몽이 시작되는 것이었다. 하지만 이때까지도 독일은 그저 그런 보통의 어려움 정도로 이 사태를 치부하고 있었다.

스탈린그라드에 대한 독일의 대대적인 압박이 개시되자 어떠한 일이 있어도 이 도시만은 사수하겠다고 결심한 스탈린은 방어전을 총괄할 스탈린그라드 전선군 사령관으로 안드레이 예레멘코Andrei Yeremenko 대장을 임명하고, 후방 및 정치공작 책임자로 군사회의 의원 니키타 흐루시초프 Nikita Khrushchyov를 선발하여 급파했다. 이원화된 소련군 지휘체계에서 공산당 정치국원들의 간섭이 도가 지나쳐 군부의 작전을 망치는 경우가 많았는데, 이들은 전투 내내 상당히 우호적인 협력관계를 유지했다. 소련이 스탈린그라드를 지켜낼 수 있었던 이유 중 하나가 예레멘코와 흐루시초프가 죽이 잘 맞아서라는 말이 있을 정도다. 이런 인연으로 이후 흐루시초프가 정권을 잡았을 때 예레멘코는 군부의 실세로 등장했다.

앞뒤를 가리지 않는 저돌적인 성격의 예레멘코는 레닌 정치군사학교

● 전선을 시찰하는 스탈린그라드 전선군 사령관 예레멘코(오른쪽)와 정치국원 흐루시초프(왼쪽). 원래 지휘관과 정치국원들은 물과 기름 같은 사이였지만 스탈린그라드 전투 당시에 이 둘의 사이는 상당히 원만했다.

와 소련 최고의 프룬제 군사아카데미 ^Frunze Military Academy ＊를 졸업한 엘리트였는데, 최전선에서 몸을 사리지 않고 지휘하다보니 '움직이는 종합병원'이라는 소리를 들을 만큼 계속되는 전상에 시달려온 인물이었다. 1차대전에 참전하여 첫 번째 부상을 입는 것을 시발로 1919년 1월 러시아 내전 때 파르티잔 기병대를 이끌다가 부상을 입었고, 1941년 브랸스크^Bryansk에서 독일 폭격기의 공격으로 심한 부상을 당하기도 했다. 두 달간의 치료 후 1942년 대장으로 진급하여 제4군을 이끌고 최전선에서 전투를 독려했으나 여기에서 또다시 다리를 수술해야 하는 중상을 당했다. 그럼에도 불구하고 3주간이나 전선을 지휘하다 공세가 끝난 마지막 날

＊ 1918년 참모 양성을 위해 설립된 군사 교육기관이었으나 1921년 소련군 장교 양성을 위한 고급 군사학교로 개편되었으며, 이후 1920년대 중반 국방장관이던 미하일 프룬제 Mikhail Frunze의 이름을 따서 프룬제 군사아카데미로 불렸다.

병원으로 후송되었다. 그러던 중 1942년 7월 1일, 병상에 누워있는 예레멘코에게 스탈린이 직접 스탈린그라드로 가라고 명령을 내린 것이다. 예레멘코는 부상당한 다리를 절룩거리며 부축을 받은 상태로 비행기에 올라 스탈린그라드로 향했다.

그런데 전황을 제대로 파악할 시간이 없었던 예레멘코는 코발렌코의 분전으로 독일군이 시 외곽으로 밀려나자 스탈린그라드를 방어했다고 여기고, 오히려 독일군을 돈 강 너머로 몰아내려는 계획을 수립했을 만큼 낙관적으로 생각했다. 그러나 독일군은 건재했고 반대로 소련군은 빈약한 포병의 지원과 협동작전의 결함으로 잠깐 빛을 발하고는 사라져 버렸다. 초전에 예상치 못한 반격으로 주춤했던 독일군의 응전은 상상 이상으로 강력했고, 소련의 반격은 단지 찻잔 속의 태풍이었을 뿐이었다. 결국 지금까지 여타 전선의 전투처럼 독일의 승리로 시나리오가 흘러가는 것으로 보였다.

상상외의 저항

제6군이 스탈린그라드 북쪽과 서쪽으로의 진입에 난항을 겪자 스탈린그라드 남측에서 진격하던 독일 제4기갑군 일부가 방위선을 돌파하고자 노력했다. 그러나 이것도 소련군의 저항에 막혀 피해가 발생하자 일단 공격을 중지할 수밖에 없었다. 스탈린그라드를 방어하던 소련군은 상상외로 강하게 저항했던 것이다. 이미 7월 초에 소련은 독일의 침공에 대비하여 스탈린그라드 전선군 사령부 예하에 제21 · 62 · 63 · 64군 외에 제1 · 4전차군을 시 외곽부터 도심으로 겹겹이 배치하여 놓은 상태였다.

여기에 더해서 비록 그동안 전투로 전력이 많이 약해져 있기는 하지만 제28·38·57군이 후방에서 재편하면서 전개 중에 있었는데 총병력은 50만에 이르고 있었다. 이 중 방어의 중핵은 제62군과 제64군이었다.

결국 독일은 다른 방법으로 도시에 진입하고자 했다. 도시 외곽을 방어하던 소련군 남부의 제64군과 북부의 제62군의 연결을 끊어 각개격파하기로 하고, 우선 소련군 제64군의 좌익을 담당하던 제126사단을 붕괴시켜 버렸다. 부대의 일각이 무너진 제64군은 순식간에 우익마저 붕괴될 위험에 빠졌다. 소련의 모든 정신이 제64군 우익 방어에 빠져있을 무렵 독일 제6군의 주력은 북부의 소련 제62군을 향해 돌진했다. 예상외의 공격을 당한 소련 제62군은 순식간에 격파되었다. 전황이 급속도로 독일에게 유리하게 돌아가자 예레멘코는 전선을 좀 더 도시 안쪽으로 축소하기로 하고 외곽 방어선에서 후퇴하기 시작했다. 제 몸도 가누기 힘든 소련 제64군이 간신히 엄호를 하자 만신창이가 된 제62군은 시 외곽에서 탈출하여 도심으로 들어와 겨우 부대를 살릴 수 있었다.

독일은 이제 쉽게 이 도시를 접수할 것으로 낙관했다. 지금까지 독소전쟁의 경과를 볼 때 이 정도의 타격을 입으면 소련군은 급속히 전의를 상실했던 것이다. 독일군은 단지 폐허로 변한 도심을 접수하여 후퇴하지 못하고 고립된 소련 패잔병들의 항복만 받아내면 되었다. 하지만 방어에 나선 소련군은 지금까지 제3제국 군대가 겪었던 부대와는 차원이 달랐다. 소련군에게는 더 이상 후퇴할 곳이 없었다. 서·남·북쪽에는 모두 압박해 들어오는 독일군이 있었고 동쪽에는 거대한 볼가 강이 흐르고 있었다. 볼가 강을 건너 후퇴하기 위해서는 당의 허락이 필요했으나 당은 현지사수를 엄명했다. 강을 건너 도망가려는 병사를 발견하면 정치국원들이 기관총을 난사했다. 결국 스탈린그라드의 소련군은 강요에 못 이겨

● 소련은 스탈린그라드 외곽부터 겹겹이 방어선을 구축하여 독일의 공격을 막아냈다. 이러한 저항은 독일군의 예상을 뛰어넘는 강력한 것이었다.

현지를 사수할 수밖에 없었다. 소련군은 공습으로 생긴 폐허를 방어진지로 구축했다. 아파트는 토치카tochka*로 변했고 건물의 층층마다 기관총과 박격포가 배치되었다.

8월 24일 아침 공격을 재개했을 때 독일군은 이 도시의 폐허가 거대한 요새로 바뀐 것을 발견했다. 하리코프에서 돈 강을 건너 500킬로미터를 쾌속 질주해왔던 독일 기갑부대였지만 도시 내의 폐허로 진입해서는 하루에 100미터도 전진하기 힘들었다. 갑자기 부서진 건물 밑에서 발사되는 대전차포와 위에서 날아오는 화염병에 전차들이 파괴되고, 근접하여 진군하던 보병들을 향해서 기관총이 난사했다. 2차대전이 벌어지고 난 이후 독일군은 처음 겪어보는 이상한 전투를 경험하기 시작했다.

---

*콘크리트, 흙주머니 따위로 단단하게 쌓은 사격 진지.

● 폐허가 된 도심의 건물 잔해를 방어막 삼아 박격포 공격을 펼치는 소련군. 이러한 소련군의 대응에 독일군은 당황하기 시작했다.

시가전의 늪으로 뛰어들다

보이지 않는 곳에서 날아오는 예상을 벗어난 소련군의 공격에 독일은 당황하기 시작했다. 이렇게 적과 아군이 엉켜있는 상황에서는 공군이나 포병의 화력 지원이 불가능했으므로 보병이 각개격파해 나가야 했는데, 도심의 폐허 속에 숨어있는 소련군을 일일이 찾아내기란 결코 쉬운 일이 아니었다. 간신히 도시 외곽의 방어선을 돌파하여 도심으로 진입중인데 그렇다고 다시 뒤돌아 나와 포격을 날릴 수도 없는 노릇이었다. 파울루스는 이러한 최전선의 상황을 보고받고 시간이 걸리더라도 하나하나 적들을 제거하여 이 도시를 완전히 점령하기로 마음먹었다. 하지만 이것은 올바른 선택이 아니라 독일군 스스로 소련군이 원했던 시가전의 늪으로 서서히 끌려 들어가는 것이었다. 어쩌면 이 시점에서 외곽으로 철수하여 시가지를 초토화한 후 재진입을 시도하는 것이 결론적으로 독일군의 피해를 최소화할 수 있었던 선택이었을 것이다. 사실 이런 방법으로 만슈타인이 요새화된 세바스토폴을 함락했던 예도 있었다.

하지만 파울루스는 지금까지 점령한 것을 포기하고 싶은 생각이 없었다. 조금만 더 고생하면 무난히 스탈린그라드를 장악할 것으로 생각했던 것이다. 하지만 독일군 주변에 갑자기 나타나 불쑥불쑥 공격해 들어오는 소련군을 하나하나 격파하며 진군하는 것은 많은 시간과 희생을 필요로 했다. 비록 볼가 강변으로 소련군을 몰아서 천천히 진군하고는 있었으나 앞으로 나가면 나갈수록 독일군은 점점 구렁텅이에 빠져들고 있었다. 그렇게 시간이 흘러 한 달이 지나도 독일군은 볼가 강에 다가가지 못한 채 계속하여 도심에 머무르고 있었다.

소련 제64군이 간신히 독일 제6군을 방어하고 있으면서 점점 와해되어 가는 도중, 심각한 피해를 입고 일단 전선을 이탈했던 소련 제62군은 지지부진한 전선 상황에 대한 책임을 묻는 흐루시초프의 추궁에 사령관 블라디미르 콜파크치Vladimir Kolpakchi가 물러나고 새로운 사령관 바실리 추이코프Vasily Chuikov가 부임했다. 제정 러시아 시대 빈농의 아들로 태어나 혁명에 가담했고 이후 프룬제 군사아카데미를 졸업한 추이코프는 많은 사람들이 친근감을 느끼게 만드는 호탕한 첫인상과는 달리, 전투지휘에 있어서는 피도 눈물도 없는 잔인함을 보여 부하들을 떨게 만드는 인물이었다. 그런 그가 파울루스가 지휘하는 독일 제6군을 끈질기게 물고 늘어지는 소련 제62군을 지휘하게 된 것이다.

스탈린그라드 전투를 논함에 있어 독일 제6군과 더불어 가장 많이 언급되는 부대가 아마도 잔인할 정도로 끈질긴 투쟁을 하며 스탈린그라드를 사수한 소련 제62군일 것이다. 추이코프가 지휘한 제62군은 스탈린그라드 전투 후 그 노고를 치하하는 뜻에서 제8근위군The 8th Guard Army이라는 영광의 호칭을 얻었고* 신편 재창설된 독일 제6군과 드네프르 Dnepr 전선에서 재격돌하는 악연을 갖기도 했다. 이후 제8근위군은 베를린을 최초로 함락하여 소련 국기를 꽂는 최고의 정예군이 되었다.

● 바실리 추이코프. 스탈린그라드 전투에서 많은 소련군 장군들이 두각을 나타냈는데, 제62군을 이끌고 도심을 끈질기게 방어했던 추이코프는 그중 가장 유명한 인물이라 할 수 있다.

　제62군의 신임 사령관으로 취임한 추이코프는 같은 시기에 스탈린그라드 전선군 사령관이 된 예레멘코처럼 이전의 전투에서 심각한 부상을 당한 후 병원에서 막 퇴원한 차였다. 그 외에도 산전수전 다 겪은 수많은 소련군 장성들이 스탈린그라드를 방어하기 위하여 소집되었다. 한마디로 소련군 부대는 지난 전투에서 수없이 패배와 부상을 당하고 복수심에 불타는 장군들이 지휘하게 되었던 것이다.

---

* '근위' 부대는 제정 러시아 당시 차르Tsar의 직할부대를 의미했으나 최고의 전투력이나 전과를 기록한 부대에게도 부여된 영예로운 칭호다. 혁명 후 제국주의 잔재 일소를 위해 없어졌다가 2차대전이 격화되면서 뛰어난 전과를 올린 부대를 치하하기 위해 다시 부여하기 시작했다.

● 스탈린그라드 도심에서 이동 중인 소련군. 스탈린그라드 전투 당시에 소련군의 충원과 보급은 타의 추종을 불허할 정도로 빨랐다.

전장에서 이탈했던 제62군은 신임 사령관의 취임과 함께 막대한 보급으로 신속히 재건되기 시작했다. 그리고 그동안 독일군을 막아내다가 차츰 무너지고 있던 제64군을 대신하여 다시 방어 일선에 투입되었다. 이러한 소련군의 재빠른 충원과 보급은 당시 이 도시를 사수하려던 소련의 의지가 어떠했는지를 알려준다. 독소전쟁에서 소련은 엄청난 물량공세로 무너지거나 사라진 부대를 쉽게 재건하여 독일을 놀라게 했는데, 그 중에서도 스탈린그라드의 부대 재건은 타의 추종을 불허했다. 이렇듯 소련도 무섭고도 잔인한 스탈린의 이름이 붙은 이 도시를 어떻게든 지키고자 했다.

재건이 완료된 추이코프의 제62군은 도심으로 서서히 진입하고 있던 독일군에 대해 반격을 가하고자 했으나 아직까지는 소련이 먼저 공세를 취할 수 있는 역량을 가지고 있지는 못했다. 이번에도 독일이 선수를 치고 들어옴으로써 소강상태였던 전투가 다시 불붙기 시작했다. 독일 제51군단이 다시 전선에 투입되어 반격 준비에 여념이 없던 제62군의 방어선을 넘어 밀물같이 밀려들어왔다. 소련군의 진지는 순식간에 붕괴되었고 방어선을 넘어 들어온 독일군은 스탈린그라드의 상징인 콤비나트^{kombinat} *의 트랙터공장 입구를 점령했다. 그리고 독일의 진격은 거침없이 이어져 주택지구와 비행장이 차례대로 넘어갔다. 하지만 제62군은 이러한 참담한 패전에도 불구하고 볼가 강 선착장만은 끝까지 사수하는데 성공했다. 만일 이곳마저 독일의 수중에 떨어진다면 유일하게 남아있던 소련군 보급로가 막혀 버리기 때문에 소련군의 대응은 집요했다.

간신히 재건되었던 제62군이 이처럼 순식간에 붕괴되어 전의를 상실하자, 스탈린그라드 전선군 사령관 예레멘코는 제62군 사령관 추이코프에게 대규모 병력의 증원을 약속하고 계속하여 거점을 사수할 것을 명령했다. 예레멘코가 소련군 최고사령부(STAVKA)에 이런 급박한 상황을 보고하자 소련이 동원할 수 있는 예비병력과 물자가 스탈린그라드 전선에 최우선적으로 공급되기 시작했다. 수많은 젊은이들이 징집되어 단지 총 쏘는 법만 배운 후, 화물열차에 며칠 동안 실려와 볼가 강변으로 투입되기 시작했다.

＊생산 과정에서 상호 보완적인 공장이나 기업을 한 지역에 모아 놓은 기업 집단.

전설적인 저격수였던 바실리 자이체프Vasilii Zaitsev의 이야기를 다룬 영화 〈에너미 앳 더 게이트Enemy At The Gates〉 초반부를 보면 이 당시의 모습을 묘사한 충격적인 장면이 등장한다.

열차에 실려 온 소련군들이 하차한 곳은 볼가 강 동안이었는데, 강 건너 서안의 스탈린그라드는 말 그대로 포연이 난무하며 불타고 있던 지옥이었다. 전투에 투입될 어떠한 준비도 되어있고 있지 않고 열차에서 내려 우왕좌왕하는 이들을 향해 '당, 인민, 조국'을 외치는 정치국원들의 고함이 폭발음에 섞여 들려왔을 뿐이다. 이들에게 이끌려 침몰할 만큼 많은 병력들이 무작정 목선에 태워져 강을 건너 지옥으로 차례차례 실려 들어갔고 독일의 전투기들은 강 위에 떠있는 이들을 향해 무차별적으로 공격을 가했다. 두려움에 강물로 뛰어들어 동쪽으

로 도망쳐 나오려는 병사들을 향해서 정치국원들의 총알이 날아왔다.

겨우 살아서 강 서쪽 스탈린그라드에 도착한 그들에게 주어진 것은 3~4인당 한 정의 소총과 약간의 실탄뿐이었다. 앞의 병사가 죽으면 총을 주워서 싸우라는 것이었다. 이렇게 투입된 수많은 병사들은 맨손으로 철모도 쓰지 않고 지형도 모르는 곳으로 붉은 깃발을 높이 치켜들고 달리는 선동원들을 뒤따라 달려 나갔다. 그들이 달려간 곳은 독일군이 진지를 구축하고 있는 최전선이었고, 젊은이들은 총탄과 포

● 2001년 개봉된 영화 〈에너미 앳 더 게이트〉의 포스터. 이 영화는 일부 내용이 왜곡되었다는 평가에도 불구하고 스탈린그라드 전투의 참상을 상당히 잘 묘사한 수작으로 꼽힌다.

● 볼가 강을 가로질러 스탈린그라드로 소련군을 수송하는 선박이 독일의 공습으로 침몰당한 후 소련 병사들이 탈출하고 있다.

탄에 하염없이 쓰러져 갔다. 제대로 된 무장도 하지 못한 그들은 총탄이 빗발치는 곳에서 고함을 외치면서 뛰다가 죽어가는 것 밖에는 할 수 있는 것이 아무것도 없었다. 뒤로 돌아 도망가면 정치국원들의 기관총이 그들을 향했다.

이런 무시무시한 장면처럼 소련 제62군은 병사들의 몸으로 간신히 전선을 막아내고 있었던 것이다. 사실 영화 속의 이 부분은 구 소련군 관계자와 참전용사들로부터 사실을 왜곡했다는 항의를 많이 받았다. 예를 들어 보급이 충분한 것은 아니었지만 그렇다고 3~4인당 총을 한 정씩 주면서 막무가내로 전선으로 밀어 넣은 것은 아니었고 정치국원들이 무턱대고 뒤에서 총을 갈기며 잔인하게 독전했던 것도 아니었다고 한다. 하지만 그럼에도 불구하고 스탈린그라드 전투, 특히 초반기에 제62군을 보충하기 위해 도심으로 투입된 병력들이 소모품처럼 사라져 간 것은 틀림없는 사실이고, 과장되기는 했지만 정치국원들로 구성된 독전대*가 활약했던 것 또한 부인할 수 없다. 어쨌든 소련은 독일의 전력을 조금이라도 더 소모시키기 위해 자국민을 학살장으로 마구 몰아넣어 스탈린그라드를 방어했고 그것은 이 전투의 끔찍한 결과가 입증한다.

독일도 이러한 소련의 무조건 돌격에 서서히 지쳐가기 시작했다. 독소 전쟁 초기였다면 스탈린그라드의 소련군은 이미 괴멸되거나 전의를 상실하고 대규모로 항복했을 것이다. 그리고 도심을 확보한 독일군은 유유자적 승자의 여유를 누린 후 다음 작전에 돌입했을 것이다. 하지만 전투는 갈수록 치열하게 변했고 독일군은 당황했다. 쏘고 쏘아도 죽음을 두려워하지 않고 볼가 강을 건너 계속해서 밀려오는 소련군의 행렬에 독일은 질려가고 있었던 것이다.

제62군의 항전

9월 초가 되자 독일군은 도심을 제외한 볼가 강 서안까지 진출, 소련 제62군을 남북에서 포위하여 고립시키는데 성공했다. 그리고 포격과 공습을 통하여 소련의 나룻배를 격침하며 보급을 제한시켰다. 9월 14일 오후 3시경 일단의 소련군이 폐허를 박차고 나와 반격했으나 곧바로 괴멸되면서 실패로 막을 내렸다. 독일군은 전차를 앞세워 지속적으로 공격을 했고 소련군은 계속 밀려내려 갔다. 결국 간신히 재정비했던 추이코프의 제62군은 절단되어 버렸다. 고립된 제62군을 구원하기 위해 일단의 소련군이 스탈린그라드를 감제할 수 있는 마마예프 쿠르간Mamayev Kurgan 방향으로 진출했으나 독일 포병에 의해 산화하고 말았다. 독일군은 붉은10월 제철

* 전투를 할 때 자기 쪽의 군사를 감시 · 감독 · 격려하던 부대.

공장까지 진출했고, 이제 소련 제62군의 최후가 다가온 것처럼 보였다.

비록 얼마 남지 않은 볼가 강 교두보를 통하여 소련군 증원부대가 계속 보충되고 있었지만 제62군의 손실은 이를 능가했다. 독일군은 계속 전진하여 스탈린그라드 중앙역으로 향하고 있었다. 독일 제14전차사단을 따라 제60차량화보병사단, 제389보병사단이 시의 중앙까지 왔을 때 스탈린그라드의 운명은 풍전등화 상태였다. 만신창이가 된 소련 제62군은 지원병력의 계속적인 공급으로 간신히 숨을 쉬고 있었을 뿐이었다. 이 상태에서 만일 제62군이 항복했다 하더라도 훗날 사가들이 제62군을 비판할 수 없었을 것이다. 그만큼 그들의 항전은 눈물겨웠다. 하지만 제62군의 항전의지는 독일군의 공세를 능가하고 있었다.

"독일군들이 등 뒤에 총이 겨누어져 있다고 생각하게 만들라"는 추이코프의 명령처럼 소련 제62군은 폐허 속에 고립되어서도 독일군을 향해 계속하여 총격을 가했다. 소련의 방어선을 겨우 밀고 들어와 시가전에 돌입한 독일군도 소련군의 이런 저항으로 말미암아 배후의 안전을 장담하지 못했다. 소련은 독일의 기갑부대에 소부대 전술로 맞섰고 전투의 대부분은 폐허가 된 건물 잔해에서 이루어졌다. 건물 안에는 분대규모의 소련군 돌격조가 매복하고 있었고 이런 돌격조는 시도 때도 없이 나타나 독일의 배후를 급습했다. 거기에 더해서 소련의 저격수들이 독일군에게 두려움의 대상으로 떠올랐다.

시 중앙에서 일단의 소련군들이 독일군의 공격을 간신히 막고 있었으나 하나하나 격파되어 갔고 독일군은 붉은10월 제철공장으로 육박해 들어갔다. 소련군의 방어막은 뒤로 밀리면서 점점 좁아져 갔다. 독일군이 트랙터공장에 대한 공격을 시작하자 소련 제37근위사단이 필사적으로 저항했고 이에 독일군도 지쳐가기 시작했다. 이런 밀고 당기는 모습은

● 폐허 속에 몸을 감추고 불시에 공격을 가하는 소련의 저격수들은 독일군에게 가장 큰 공포였다.

어느덧 스탈린그라드의 일상으로 변하여 갔다. 그렇게 치열했던 9월이 지나고 10월 6일 독일군이 때리다 지쳐 기진맥진한 모습을 보이자 이번에는 소련군이 반격을 개시했다. 그러나 독일군 보병사단과 기갑부대에 의해서 저지되었고 오히려 그동안 사수해오던 트랙터공장의 일각이 돌파되고 말았다. 그동안 독일군도 소련군 못지않게 시가전에 익숙해졌던 것이다.

최후의 저항거점으로 여기던 트랙터공장이 독일군에게 접수될 찰나 소련군의 카추사Katyusha 로켓포*가 독일군을 강타했고 이 공격으로 독일

---

* BM-13 다연장로켓을 소련군이 흔한 여자이름인 에카테리나Ekaterina의 애칭인 카츄사로 불렸던 데서 유래되었다. 반면 발사 당시의 기분 나쁜 소음 소리 때문에 독일군은 스탈린의 오르간Stalinorgel이라 불렀다.

● 어느덧 독일군도 시가전에 익숙해졌지만 소련군의 집요한 대응에 서서히 지쳐가고 있었다

은 불과 한 시간 만에 1개 연대가 전멸하는 극심한 피해를 입었다. 하지만 소련군은 이 공장 하나를 사수하는데 독일군보다 약 3배나 많은 희생을 감내해야 했다. 10월 14일은 소련군 제62군은 부대의 80퍼센트를 잃었고 결국 냉혈한 추이코프도 후퇴 명령을 내릴 수밖에 없었다. 10월 21일 독일군이 제62군의 숨통을 끊기 위해 쫓아가서 최후의 공격을 가했으나 소련 제62군은 노동자들을 보충대로 편성하여 다시 응전에 나섰다. 그들은 결코 꺼지지 않는 불꽃이었다.

블랙홀이 되어버린 도시

벌써 스탈린그라드에서의 공방전이 석 달이 지나가고 있었다. 그렇지만 무적의 독일군도 이곳을 완전히 점령하지는 못했고 허접한 소련군은 쓰러질 것 같으면서도 끝까지 도시를 방어하고 있었다. 스탈린그라드는 퍼붓는 폭탄을 삼켜버리기만 하는 전선의 블랙홀이 되어버렸다. 대신 도시에서 나오는 것은 엄청난 사상자들의 피와 절규, 폭발음이었다. 이런 상황은 그 누구도 원하지 않았던 것이지만 스탈린그라드는 남부전선을 넘어 어느덧 독소전쟁의 모든 것이 되어가고 있었다. 최초 스탈린그라드 점령을 신속히 마친 후 제6군 병력을 빼내어 캅카스까지 늘어진 전선 방어를 위해 재배치하려고 생각했던 히틀러는 오히려 캅카스로 진격 중이던 일부 주력부대까지 뒤로 돌려 이 블랙홀로 보냈다. 청색 작전의 최초 목표인 석유와 식량에 대한 집념은 어느새 사라져 버렸다.

스탈린그라드가 요충지임에는 틀림없지만 이 정도로 독일군의 희생이 크고 앞으로의 전망도 비관적이라면 다른 방법으로 접근해야 했다. 차라리 전선 북부의 레닌그라드처럼 부대를 시 외곽으로 빼내어 도시를 외부에서 봉쇄하여 버리는 것이 효과적이었다. 참모총장 할더는 캅카스의 유전과 곡창지대를 완전히 장악하면 소련의 석유와 식량 보급은 저절로 단절되므로, 스탈린그라드 점령을 위해 더 이상 희생을 무릅쓸 필요는 없다고 히틀러에게 간곡히 진언했다. 그는 단지 한 도시를 점령하기 위하여 너무 많은 것을 희생하고 있다고 생각했던 것이다.

하지만 히틀러는 할더를 비롯한 수많은 지휘관을 해임하는 것으로 답변을 대신했다. 이 도시는 다른 곳이 아닌 '스탈린'그라드였다. 만일 이 도시의 이름이 예전의 차리친이었으면 히틀러도 굳이 피를 쏟아부으면서 이곳을 점령하려고 청색 작전 전체를 틀어버리지 않았을지도 모를 일이다. 어쩌면 스탈린 또한 막대한 희생을 감수하면서까지 끝까지 이곳을 사수하느라 그토록 목매지 않았을지도 모른다. 포악하고 잔인한 성격이 꼭 닮은 히틀러와 스탈린은 작전 전체를 전략적으로 바라보지 못하고 '스탈린'이라는 이름을 딴 도시에만 집착하고 있었던 것이다.

사실 지난 겨울 히틀러가 모스크바 공략 실패의 책임을 물어 육군 총사령관 브라우히치를 해임하고 스스로 그 자리에 올랐기 때문에, 독일

● 이미 폐허가 된 도시를 차지하기 위해 독일이 치렀고 앞으로도 치러야 할 희생이 너무 크다고 생각한 군 수뇌부는 다른 방법으로 스탈린그라드를 처리하기를 희망했으나 히틀러가 반대했다.

육군 최고사령부는 히틀러의 명령만 출납하는 단순한 기관으로 전락한 상태였다. 비록 당시 육군 최고사령부 중에서도 핵심이라 할 수 있는 참모본부를 이끌던 할더가 남아있었지만, 히틀러는 그에 대한 신뢰를 거둔지 오래였다. 할더는 비록 예스맨은 아니었지만 전임자였던 루트비히 베크Ludwig Beck *처럼 직위를 걸고 자신의 의견을 고집할 만큼 강단이 있는 인물도 아니었다. 그러한 할더도 이번만큼은 아니다 싶어 계속하여 진언했던 것인데, 이조차도 히틀러에게는 통하지 않았다.

콧수염을 기른 이 두 악마는 동원할 수 있는 모든 자원을 이곳에 집중

---

*강직한 성품으로 군부 내에서 신망이 높아 제3제국 육군의 초대 참모총장이 되었으나, 히틀러의 간섭으로부터 군을 보호하려고 맞서다 1938년 해임되었다. 이후 1944년 히틀러 암살 미수사건의 주역으로 체포되어 생을 마감했다. 독일 육군의 마지막 자존심이라 할 만한 인물이다.

● 히틀러와 스탈린. 어느덧 스탈린그라드 전투는 두 독재자의 자존심 대결장으로 변해가고 있었다.
특히 히틀러는 청색 계획의 본질마저 망각해 버렸다.

투입했다. 다른 전선으로 투입해야 할 병력, 전차, 대포, 전투기는 물론
자원까지 총동원되었다. 언제부터인가 스탈린그라드는 두 악마 사이의
자존심 대결장이 되어가고 있었던 것이다. 어떻게든 이 도시를 확보하여
상대편의 콧수염을 완전히 뽑아야 직성이 풀릴 것 같은 모습이었다. 시
간이 지나자 결국 이러한 블랙홀에다 그동안 흘린 피가 아까워서라도 양
측 모두 발을 뺄 수 없는 입장이 되었다. 모든 판돈을 스탈린그라드에 걸
고 포커게임을 하는 셈이었다. 양측을 합쳐 200만의 병력과 막대한 장비
가 이 도시에 투입되었고 여기서 지는 쪽은 회복하기 힘든 타격을 입을
판이었다. 어떻게 해서든 이 블랙홀을 점령하라는 명령을 받은 파울루스
는 10월 20일 일단 공격을 멈추고 대책을 궁리했다. 독일군도 때리다 때
리다 지쳐버린 상황이었다.

하지만 파울루스에게는 대안이 없었다. 그는 도시의 점령 외에는 어

떠한 것도 총통의 고려대상이 아님을 너무나 잘 알고 있었다. 이제는 후퇴하고 싶어도 그럴 수 없었다. 이 사이 소련군은 전열을 가다듬고 방어막을 재구축했다. 그로부터 이틀 후 독일이 5개 사단을 투입하여 공격을 재개했다. 10월 22일 독일군은 드디어 콤비나트의 핵심지역인 트랙터공장을 점령했고 10월 27일에는 도시의 90퍼센트를 점령했다. 나머지 10퍼센트도 마지막 일격만 집중한다면 점령할 수 있을 것 같았다. 그러나 시간이 갈수록 독일군은 힘들어했고 반대로 괴멸될 것 같은 추이코프의 제62군은 독일군보다 더 질긴 인내력으로 끈질기게 생명을 이어가고 있었다.

꺼지지 않는 잔불

이미 계절은 독소전쟁의 두 번째 겨울로 접어들고 있었다. 독일 제6군은 공격을 계속했지만 더 이상 전황은 봄에 세웠던 계획대로 흘러가지 않았다. 히스테리가 극에 달한 히틀러는 캅카스 전선의 일부를 제외한 동부전선 전체의 공세작전을 중단시키고 스탈린그라드에 모든 것을 걸었다. 하지만 소련군은 부서진 건물 잔해를 방패삼아 바리케이드를 치고 필사의 방어를 하고 있었고, 이에 비례하여 독일 공군은 하루에 수백 번 이상의 출격으로 폭탄을 쏟아부었으며 동시에 포병들은 소련군이 숨어있을 곳이라면 정찰이고 관측이고 필요 없이 무조건 포탄을 날려 버렸다.

독일 제6군에 포위된 소련 제62군의 유일한 생명선은 볼가 강 교두보였는데, 이곳 또한 독일의 무자비한 공격을 받아 피로 강물이 점점 붉게 물들어가고 있었다. 파괴된 폐허를 덮은 것은 양측 병사의 시체였고, 더

● 소련군의 유일 생명선인 볼가 강 선착장을 공습하는 독일 공군 폭격기들. 계속된 독일의 공격으로 희생된 소련군의 피로 볼가 강은 붉게 물들어 갔다.

이상 탈 것이 남아있지 않은 도심은 화약연기가 계속 하늘을 가리고 있었다. 90퍼센트 이상의 손실로 만신창이가 된 제62군은 남북으로 양단되어 기력이 다 소진되고, 때리다 지친 독일도 이제 마지막 안간힘을 쓰고 있었다. 10월 말 도시는 결국 실질적으로 독일이 장악하게 되었다. 남은 것은 잔불 정리와 같은 최후 소탕전뿐이었다.

그런데 이상한 것은 아무리 폭탄의 비를 퍼부어도 소련 제62군의 잔불이 계속 타오르는 것이었다. 아무리 밟아도, 물을 뿌려대어도 죽지 않고 희미하나마 붉은 빛을 내고 있었다. 때로는 죽은 것같이 보였지만 순식간에 다시 살아나고는 했다. 소련은 이 잔불을 꺼뜨리지 않기 위해 계속 기름을 부었다. 어떠한 희생이 있어도 볼가 강을 건너 이곳에 병력과 탄약을 공급하여 주었다. 만일 이러한 소련 측의 시도가 없었다면 제62군

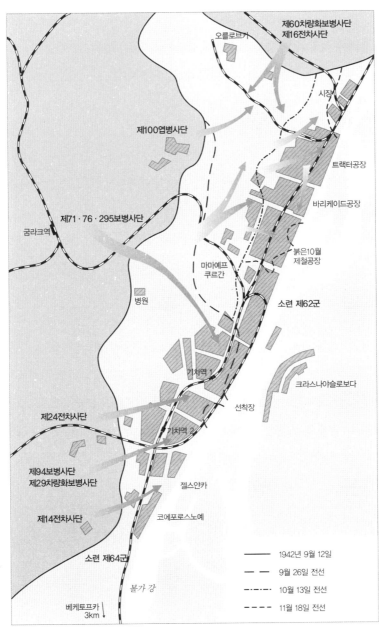

제60차량화보병사단
제16전차사단

오를로브카

시장

제100엽병사단

트랙터공장

바리케이드공장

제71 · 76 · 295보병사단

굼라크역

붉은10월
제철공장

마마예프
쿠르간

병원

소련 제62군

기차역 1

크라스나야슬로보다

제24전차사단

선착장

기차역 2

제94보병사단
제29차량화보병사단

젤스얀카

제14전차사단

코에포로스노예

소련 제64군

볼가 강

베케토프카
3km

———	1942년 9월 12일
– – –	9월 26일 전선
–·–·–	10월 13일 전선
------	11월 18일 전선

● 1942년 9월에서 11월 사이의 시가전도. 독일은 점차 볼가 강 일대로 소련군을 몰아붙여 도시를
완전히 장악하기 일보직전이었다.

이라는 잔불은 이미 꺼졌을 것이다. 소련군 지휘부는 이 잔불을 계속 태움으로써 독일을 어떻게든 이곳에 잡아두려 하고 있었다.

어느 순간 자존심 싸움으로 변질된 소모전에 휘말린 독일은 눈앞의 꺼지지 않는 잔불을 끄기 위해 더욱 악착같이 매달릴 수밖에 없었다. 그렇게 10월이 지나가고 눈이 내리기 시작했다. 11월에 들어서자 파울루스는 이 전투를 끝마치기 위한 필사의 총력전을 지시했다. 마지막 남은 잔불을 정리하는 것은 전차도 대포도 아니었다. 언제부터인가 전차는 폐허에서는 기동하기 힘든 거추장스러운 물건이 되었다. 마지막 소방수로는 착검을 완료한 보병들이 나섰다. 11월 11일 오전 6시 30분, 총 7개 사단으로 구성된 독일 공격부대가 불을 끄려고 달려들었고 추이코프의 제62군도 불씨를 살리기 위해 뛰어나갔다. 무려 다섯 시간에 걸쳐 백병전이 이어졌다.

지난 석 달 동안 눈앞에서 타오르던 제62군은 이제 잔불 정도만 남아 있었고 독일의 승리로 지긋지긋한 지옥의 시가전도 마침내 끝나가는 것 같았다. 그런데 바로 그 순간 거대한 산불이 등 뒤로 서서히 다가오고 있는 것을 독일은 까맣게 모르고 있었다. 그동안 독일은 도심에서 처절히 방어전을 펼치던 제62군이라는 불을 끄는 데만 너무 골몰하고 있었던 것이다.

빈틈을 찾다

2차대전 내내 독일은 병력 부족에 시달려 왔다. 때문에 능동적으로 추축국에 참여했던 이탈리아뿐만 아니라 점령지의 괴뢰국가들은 물론 핀란드, 발트 3국처럼 소련에 적대적이었던 국가들의 병력까지 자의 반 타의 반으로 동원했다. 이런 병력에는 스탈린의 폭정에 피해를 입은 우크라이나인과 반소 러시아인까지 있었다. 사실 히틀러가 편협한 인종주의에 파묻혀 점령지 슬라브인들을 대대적으로 탄압하여 적대세력으로 만들어버린 것은 전쟁을 거시적으로 본다면 상당히 잘못된 정책이었다. 독일이 독소전쟁을 개시했을 때는 스탈린의 폭압정치가 최고조에 다다랐던 시점이어서 상당히 많은 소련인들이 공산당 정권에 등을 돌리고 있던 상태였다. 따라서 독일이 소련을 침공했을 때 곳곳에서 독일군을 해방군으로 대접하며 환영하는 아이러니를 연출하기도 했다. 비록 얼마 가지 않아 나치 독일 또한 스탈린 독재정권과 별다른 차이가 없는 악당들임을 알게 되었지만. 만일 이때 점령지 민사정책을 우호적으로 펼쳤다면 독일은 전쟁 수행에 있어서 상당히 많은 이점을 얻었을지도 모른다. 결국 이러한 독일의 패착은 점령지에서 파르티잔 활동이 자생적으로 일어나게 만들었으며 소련 인민들이 독일과 목숨을 걸고 대결하도록 동기를 부여한 원인이 되기도 했다. 전후 독소전쟁에 대해 회상한 소련군 참전용사는 이렇게 증언했다.

"히틀러도 스탈린도 모두 우리를 괴롭히고 죽이기 위해 날뛰던 악마들이었으나 불행히도 우리는 두 악마 중 하나만 선택할 수 있을 뿐이었다. 그러니 어찌하겠는가? 스탈린이 아무리 미워도 러시아인이 독일의 악마를 선택할 수는 없지 않은가?"

독소전쟁 기간 동안 히틀러와 스탈린이 보인 행동 중 가장 대비가 되는 것이 바로 군에 대한 간섭이었다. 히틀러는 갈수록 군에 대한 간섭이 지나쳐 작전을 망치고는 했는데, 스탈린은 그 반대였다. 겨울전쟁과 독소전쟁 초기에 스탈린의 간섭으로 인하여 소련이 망국 직전까지 가자 이

● 1941년 독일 북부집단군이 라트비아의 수도인 리가^{Riga}를 점령하고 현지인들의 환영을 받고 있다. 1939년 강제 합병된 발트 3국이 아니더라도 스탈린의 압제를 겪었던 많은 소련인들이 독소전쟁 초기에 독일군을 해방군으로 생각했다. 하지만 독일은 인종주의에 기초한 잘못된 민사정책으로 이들을 적으로 만들어 버렸고, 이것은 후방의 안전을 망가뜨리는 결과를 가져왔다.

후부터는 군의 작전에 대해 간섭을 서서히 줄여 나갔고, 종전 시점에 이르러서 소련 군부는 자신들의 의지대로 전쟁을 펼칠 수 있었다. 결국 두 악마의 이런 상반된 행보는 전쟁의 승패를 가르는 요인 중 하나가 되기도 했다.

청색 작전 기간 중 B집단군의 선봉인 제6군이 스탈린그라드라는 늪에 빠져 모든 전력을 집중하여 허우적거리고 있을 때, 돈 강에 접한 전선의 좌우를 경계하고 있던 부대는 루마니아 제3군과 루마니아 제4군이었다. 실질적으로 소련군을 이끌고 있던 총부사령관 게오르기 주코프^{Georgy Zhukov}는 이곳을 주목했다.

루마니아군은 타의에 의해 전쟁에 참여한 관계로 사기도 낮았고 장비도 신통치 않았다.* 거기에다가 독일군과의 사이도 그리 좋지 않았다. 주코프는 독일군에 비해 약체인 루마니아군이 지키고 있는 이곳을 소련이 압도적 병력으로 절단하면, 스탈린그라드에 집중된 독일군 주력을 쉽게 포위하여 순식간에 전세를 반전시킬 수 있을 것이라 생각했다. 그는 천왕성 작전Operation Uranus으로 명명된 회심의 반격계획을 수립하고 은밀히 이를 추진했다. 그러기 위해서는 우선 스탈린그라드에서 분전하는 제62군을 계속하여 살려둘 필요가 있었다. 이들의 분전이 계속될수록 독일군은 더욱더 스탈린그라드로 집중하여 모여들 것이고 그만큼 측방을 노출할 것으로 여겼다.

제62군은 천왕성 작전에서 독일군을 붙잡아 놓는 미끼 역할을 맡았고, 그 때문에 볼가 강을 피로 물들여 가며 보급과 충원이 계속 이루어졌던 것이다. 또한 이러한 사실을 잘 알고 있던 제62군 사령관 추이코프도 결사의 의지로 열심히 지휘를 하고 있었다. 이들이 시간을 벌어주는 동안 주코프는 예레멘코에게 지시하여 스탈린그라드 좌우의 돈 강 지류 동쪽에 막대한 예비대를 집중시켰다.

스탈린그라드의 시가전이 절정을 향해 치닫고 있는 두 달 동안 소련은 150만의 병력, 1만 문의 대포, 1,000대의 전차, 1,500기의 전투기로 구성된 5개 전선군의 어마어마한 전력을 모았고, 이러한 대부대를 11월 10일경 돈 강 동쪽에 배치 완료할 수 있었다. 독일군은 이를 까맣게 모르고 있었다. 반면에 비록 전투력은 보잘것없지만 감시는 게을리하지 않은 루마

---

* 1차대전 승전국인 루마니아는 전후 영토 확장에 성공했으나, 1940년 베사라비아Bessarabia(지금의 몰도바Moldova)를 강탈한 소련의 위협을 받게 되자 파시즘을 신봉하던 총리 이온 안토네스쿠Ion Antonescu의 주도로 추축국에 가담했다. 자신들의 이해가 걸린 베사라비아 탈환전 등에서는 나름대로 전과를 올렸으나 그 외의 전투에는 피동적으로 참여했다.

● 독소전선 남부에서 상당한 역할을 담당한 루마니아군. 전쟁 초기에 있었던 베사라비아 탈환전, 오데사Odessa 전투, 크림 반도 전투 등에서 많은 전과를 올렸다. 스탈린그라드 전투에서 전선 측면 방어를 실패하여 패배의 단초를 제공했지만 당시 전황을 고려한다면 그들을 비난할 수는 없다. 오히려 전쟁 내내 있으나 마나했던 이탈리아 군을 생각한다면 루마니아군은 독일의 동맹국 중 가장 많은 전과를 올린 군대라 해도 과언이 아니다.

니아 제3군 사령관 페테르 두미트레스쿠Petre Dumitrescu는 그들 전방의 소련군 행태가 예사롭지 않음을 느꼈다. 그는 이러한 상황을 상급자인 막시밀리안 폰 바익스Maximilian von Weichs B집단군 사령관에게 보고하고 기갑부대와 대전차포를 루마니아 제3군 지역에 증원해 달라고 요청했다. 이러한 요구에 독일은 제48장갑군단을 파견했으나 사실 여타 독일 기갑부대에 비해서는 장비의 수준이나 병력이 부족한 2선급 부대였다.

독일 지휘부는 그 순간까지도 전선을 거시적으로 보지 못하고 소련군의 위협에 대한 루마니아군의 보고를 평가절하했다. 독일은 돈 강이 동결되면 스탈린그라드에 고립된 소련 제62군에 대한 보급이 원활해질 것으로 예상하여 이곳에만 신경을 집중하던 상태여서, 루마니아군이 관할하던 외곽지역은 소홀히 취급했다. 1941년의 혹독한 겨울에 가로막혀 모스크바로의 진격이 멈추었던 뼈아픈 사실을 기억하고 있던 파울루스는 그동안 전선에 투입하지 않고 예비로 남아있던 제44보병사단까지 투입하여 강이 얼기 전에 소련을 격파하려 했다. 그러나 강의 동결은 독일에게 단지 도심에 있던 소련 제62군을 향한 보급로가 열린다는 문제 정도가 아니었다. 스탈린그라드에 집결하여 독일군을 좌우에서 포위할 150만의 소련군이 강을 건널 준비를 완료하고 있었던 것이다.

상승장군 주코프

스탈린그라드 전투의 소련군 지휘부를 논할 때 불굴의 신념으로 제62군을 끝까지 사수했던 추이코프, 스탈린그라드 전선군 사령관 예레멘코, 그리고 정치국원 흐루시초프가 자주 언급된다. 그중 추이코프의 선전에 대해서는 이론의 여지가 없지만, 알려진 것처럼 예레멘코의 역할이 컸었나 하는 점은 한번 짚고 넘어가야 할 부분이다. 그동안 독소전쟁 전체의 전세를 뒤집은 천왕성 작전을 입안하고 주도했던 인물이 현지 스탈린그라드 전선군 사령관이었던 예레멘코였다고 알려져 있었는데, 여기서 간과했던 인물이 있다. 바로 앞에서 언급한 소련군 총부사령관이며 이른바 '상승장군常勝將軍'으로 유명한 주코프다.

주코프는 가난한 제화공의 아들로 태어나 어려서부터 노동자로 일하던 중 1차대전 때 징집되어 군 생활을 시작했다. 혁명 후 내전 당시 적군에 가담하여 공을 세워 군부 내에서 이름을 날리기 시작했는데, 특히 1939년 5월에 벌어진 노몽한 사건에서 일본 관동군을 박살내어 러일전쟁과 1차대전의 패전으로 자존심이 상해있던 소련 인민들에게 대중적으로도 인기가 높았다. 주코프는 2차대전 직전 교환교육 형식으로 독일군의 참모 양성과정을 수학했기 때문에 소련 군부 내에서는 독일군의 전술

● 소련 제62군 지휘부(왼쪽부터 참모장 크릴로프Krylov, 사령관 추이코프, 정치국원 구로프Gurov). 스탈
린그라드 전투에서 소련 제62군의 역할은 상당히 중요했고 또한 영웅적이라 표현할 만큼 끈질긴
전과를 남겼다. 가장 위급했을 당시 사령부가 전선에서 불과 800미터에 불과했을 정도로 열성적
으로 싸웠다. 그러한 공적을 인정받아 제8근위군으로 변경되었고 이후 베를린에 제일 먼저 입성
하는 부대가 되었다.

을 그 누구보다도 잘 알고 있었다. 그는 1941년 서부전선군 사령관이 되
어 질풍노도 같았던 독일 중부집단군의 매몰찬 공세를 막아내고 모스크
바를 수호함으로써 독소전쟁 개시 후 2,000킬로미터 후퇴 끝에 처음으로
전선을 고착화하는데 성공했다. 주코프는 이를 통해 자신의 능력을 만천
하에 과시했고 '상승장군'이라는 영광스러운 칭호를 얻었다.

이런 공로로 명목상 최고사령관인 스탈린 다음 직위지만 실질적으로
소련 군부의 최고 실력자인 총부사령관이 된 주코프는 1942년 9월 스탈

린그라드 전선이 위험해지자 이곳으로 직접 나가 지휘했다. 지금까지는 주코프가 전선을 지휘한 것이 아니라 현지의 제반사항을 숙지하여 이를 스탈린에게 보고하는 임무를 수행했던 것으로만 알려져 있었다. 하지만 근자에 들어 천왕성 작전을 주도적으로 입안하고 실행했던 인물이 예레멘코가 아니라 주코프라는 사실이 밝혀졌다.

● 게오르기 주코프. 그는 2차대전에서 활약한 장군들 중 어느 누구 못지않게 뛰어난 업적을 남긴 인물이었음에도 불구하고 오랫동안 제대로 알려지지 않았다. 그가 소련 장군이기 때문이었는데, 사실 주코프뿐만 아니라 2차대전에서 소련의 역할이 냉전 기간 동안에는 서방 측 전사에서 비중 있게 다루어지지 않았다.

스탈린은 대중에게 인기 있는 주코프가 스탈린그라드의 승전으로 자신을 능가하는 카리스마를 발휘하는 것을 용납하지 않았고, 이후 정권을 잡은 흐루시초프도 자신을 부각하기 위해 주코프의 업적을 깎아내릴 필요가 있었다. 그래서 스탈린그라드 전선군 사령관 예레멘코를 주역으로 내세워 사실을 각색했던 것이다. (종전 후 주코프가 예레멘코에게 스탈린그라드 전투에서의 역할에 관해서 왜 거짓말을 했느냐고 따졌을 때, 예레멘코는 흐루시초프의 부탁 때문에 어쩔 수 없었다고 고백했다고 한다.) 때문에 뛰어난 전공과 대중적인 인기에도 불구하고 주코프는 스탈린 시기에 좌천당할 수밖에 없었고, 흐루시초프 시기에는 반당활동 명목으로 숙청되기까지 했다. 1960년에 발간된 그의 회고록에서는 스탈린그라드 전투 당시의 행적이 당국의 검열로 왜곡되었고, 그가 죽은 지 26년이 지난 1990년이 되어서야 이런 사실이 제대로 알려지게 되었다.

포성과 함께 시작된 천왕성 작전

1942년 11월 19일 오전 7시 30분, 니콜라이 보로노프^{Nikolai Voronov} 포병대장이 이끄는 4,000여 문의 화포와 다연장로켓이 일제히 불을 뿜었다. 목표는 독일 제6군의 좌익을 담당하고 있던 루마니아 제3군이었다. 제62군이 피를 흘리며 스탈린그라드에서 독일의 대군을 잡아놓는 동안 소련이 비밀리에 준비 완료한 회심의 천왕성 작전이 시작된 것이다. 소련군의 야포에서 발사된 포탄들은 루마니아군 진지에 정확히 떨어졌고, 그 엄청난 폭발음은 2차대전 전체의 균형추를 드디어 소련 측으로 기울게 만드는 시발점을 알리는 전주곡이었다. 스탈린이 평소부터 "야포는 전쟁의 신이다"라고 누누이 말했듯이 소련군의 자부심이기도 했던 포병부대는 서전을 훌륭히 장식했다.

엄청난 포격에 루마니아 제3군의 진지가 무너지고 혼비백산한 루마니아군이 포탄의 비를 피하여 뒤로 물러나자 저 멀리 포연을 가르고 대규모의 소련군 보병과 전차가 나타나기 시작했다. 이들 소련군은 얼어있는 돈 강을 건너 풍비박산이 난 루마니아군 진지로 밀물처럼 밀려들어왔다. 선봉인 소련 제5전차군이 100여 대의 전차를 앞세우고 루마니아 제3군의 좌익을 무너뜨리며 불리노프^{Bulinoff} 방면으로 급속히 돌진하여 들어왔고 동시에 소련 제21군이 루마니아군 점령지를 순식간에 탈환했다. 그리고 소련 제65군이 루마니아 방어선의 우익인 클레츠카야^{Kletskaja}를 점령했다. 이러한 소련군의 진격에 루마니아군은 대응할 엄두를 내지 못하고 공황상태에 빠져들었다. 우왕좌왕하던 루마니아군 앞에 수백 대의 T-34가 돌진하여 들어왔다. T-34는 당시 독일의 어떠한 전차도 쉽게 대적할 수 없는 소련 최고의 걸작병기였는데 이를 방어할 루마니아군은 전차는 고사하고 변변한 대전차포도 제대로 보유하지 못하고 있었다. 루마니아군은 순식간에 붕괴되어 병사들은 공포에 질려 도망치기 시작했고 소련의 대규모 추격부대가 그 뒤를 쫓았다.

그로부터 사흘 만에 5개 군단으로 구성되었던 루마니아 제3군 대부분은 지구상에서 종적을 감추게 되었고 극히 일부부대만이 소련군의 추격을 벗어나 겨우 외곽으로 탈출할 수 있었다. 하지만 소련군의 목적은 애당초부터 약체인 루마니아군이 아니었다. 그들은 칼라치나도누^{Kalach-na-Donu}를 향한 진격을 멈추지 않았다. 독일 제6군의 좌익인 루마니아 제3군이 무너지기 시작한 다음 날 스탈린그라드 전선 독일 제6군의 우익을 담당하던 루마니아 제4군과 독일 제4기갑군이 소련 제51·57·64군의 동시다발적인 대규모 공격을 받았다. 상황은 전날의 루마니아 제3군의 경우와 똑같았고 소련군이 부지노프카^{Businowka}를 점령하자 루마니아 제4군은 완전히 붕괴되었고 독일의 정예인 제4기갑군은 양단되어 버렸다. 불과 나흘 만인 11월 22일 독일 제6군의 좌익인 루마니아 제3군을 무너뜨리고 남으로 진격하던 소련의 니콜라이 바투틴^{Nikolai Vatutin}이 지휘하는 바투틴 전선군은 우익의 독일 제4기갑군과 루마니아 제4군을 붕괴시키고 북으로 진격중인 예레멘코의 스탈린그라드 전선군과 칼라치나도누에서 극적으로 조우했다. 이 두 부대의 만남은 스탈린그라드 전투뿐만 아니라 독소전쟁 전체의 흐름이 바뀌게 되는 전환점이 되었다.

갑작스런 소련의 대반격에 놀란 B집단군 사령관 바익스는 루마니아

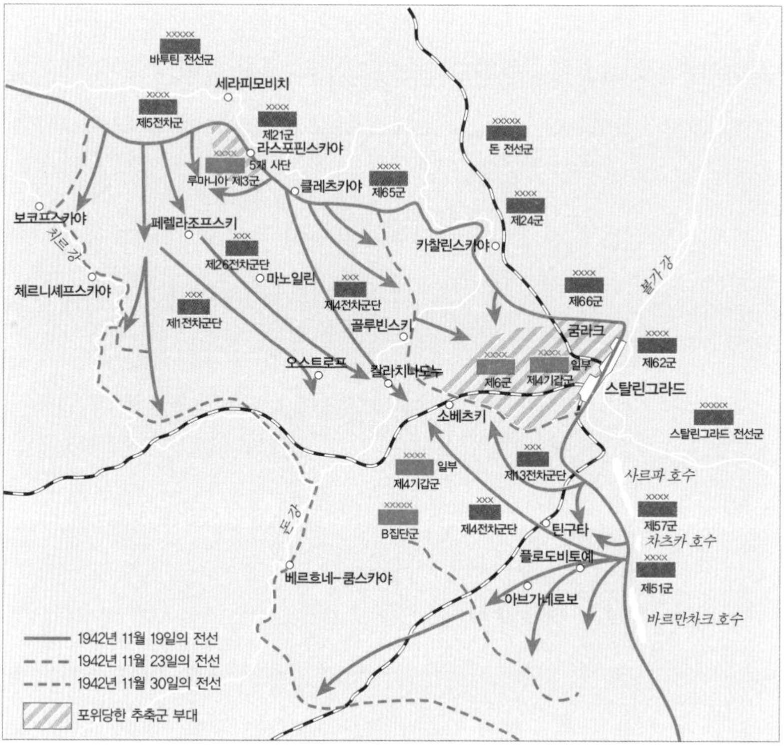
바투틴 전선군
세라피모비치
제5전차군
제21군
라스포핀스카야
5개 사단
루마니아 제3군
돈 전선군
클레츠카야
제65군
제24군
보코프스카야
치르 강
페렐라조프스키
제26전차군단
카찰린스카야
마노일린
체르니셰프스카야
제4전차군단
제66군
볼가 강
제1전차군단
골루빈스키
굼라크
제62군
오스트로프
칼라치나도누
제6군
제4기갑군
일부
스탈린그라드
소베츠키
스탈린그라드 전선군
제4기갑군
일부
제13전차군단
사르파 호수
돈 강
B집단군
제4전차군단
틴구타
제57군
차츠카 호수
플로도비토예
베르흐네-쿰스카야
제51군
아브가네로보
바르만차크 호수
1942년 11월 19일의 전선
1942년 11월 23일의 전선
1942년 11월 30일의 전선
포위당한 추축군 부대

● 스탈린그라드에 집중된 독일군을 일거에 포위한 천왕성 작전.

제3군을 지원하기 위해 스탈린그라드 외곽으로 이동시켰던 제48장갑군단에게 소련군의 진격을 막으라고 지시했고, 명령을 받은 제48장갑군단은 무너지고 있던 루마니아군을 구원하기 위하여 즉시 출동했다. 그런데 스탈린그라드 도심에서 전투를 치루는 동안 전차를 비롯한 기갑장비는 돌격용 무기가 아니라 고정 포대 노릇을 하고 있었다. 시가전 때문에 그동안 기동전을 수행하지 않았던 이들 장비들은 대부분 쥐가 배선을 갈아먹고 윤활유가 굳어버리는 등의 고장이 나서 제대로 작동하지 않았으며, 무한궤도 또한 동계 설상용이 아니었고 제설장치도 장착하지 않아 벌판 위에서 제대로 싸워 보지도 못하고 미끄러져 버렸다. 독일 전격전의 상

● 전선의 남북을 돌파한 소련군이 칼라치나 도누에서 조우함으로써 독일군을 거대한 포위망 안에 가두었고, 이는 독소전쟁 전체의 역사가 바뀌는 계기가 되었다.

징이었던 기갑장비들이 가장 중요한 순간에 이처럼 애물단지로 전락해 버린 것이다.

지금까지는 독일이 스탈린그라드를 포위하여 전선을 도심으로 압박하여 들어가고 있는 모양새였고 최종적인 승리가 눈앞에 보이는 듯했다. 하지만 바로 그 순간 엄청난 규모의 소련군이 스탈린그라드에 투입된 모든 독일군을 순식간에 가두어 버린 것이다. 그런데 이때까지도 소련은 약 8만 정도의 독일군을 포위망 안에 가둔 것으로 판단하고 있었다. 하지만 실제로 소련의 대포위망에 걸린 독일군은 제6군, 제4기갑군 대부분, 루마니아군 일부부대 등으로 모두 25개 사단 총 33만에 달하는 집단군 규모의 대병력과 장비들이었다. 여우를 함정에 빠뜨린 줄 알았는데, 나중에 알고 보니 그물에 걸린 것은 여우가 아닌 호랑이였던 것이다.

이 무시무시한 포위망을 탈출한 것은 헤르만 호트Hermann Hoth가 지휘하던 제4기갑군 예하 일부부대와 루마니아 제4군 일부, 그리고 처음부터 포위망 밖에 있었던 이탈리아 제8군과 헝가리 제2군 정도였다. 한마디로 주력 대부분이 스탈린그라드 포위망 안에 갇히거나 좌우에서 박살이 나서 B집단군이 와해될 정도의 타격을 입은 것이다. 그것은 스탈린그라드를 반드시 접수하겠다고 발악하던 히틀러의 광기로 인하여 엄청난 대군이 그 좁은 폐허의 도시로 집중되어 벌어진 최악의 참사였다. 전쟁 초기 정세변화에 즉시 반응하며 기민함을 보였던 독일군의 장점은 전쟁이 장기화되고 히틀러의 아집이 더해지자 서서히 없어졌다. 때문에 좌우도 제대로 살피지 않고 전력을 스탈린그라드 한곳에 지나치게 투입했고 더불어 소련군의 능력을 과소평가하는 우를 범했던 것이다.

사수냐 후퇴냐

독일군에 갑작스런 위기가 닥쳤는데도 히틀러는 2,000킬로미터 후방의 바이에른Bayern 베르히테스가덴Berchtesgaden에 있는 산장에서 전선을 지휘했고, 대소련 작전을 담당한 독일 육군 최고사령부도 전선에서 1,000킬로미터나 떨어진 동프로이센에 주둔하고 있었다. 이에 반하여 소련은 지근거리에 방어 사령부를 설치하고 전선을 독려하고 있던 중이었다. 그런데 독일은 이 시점에서도 상황을 오판하고 있었다. 고립된 독일군이 포위망을 뚫고 밖으로 탈출해야 했는데, 그들을 포위한 소련군 병력이 얼마인지도 모르면서 포위망 밖에 있던 B집단군 잔여부대와 포위망 안의 독일군이 협공한다면 오히려 소련군을 격멸할지도 모를 것이라 막연히 생각했다. 이때까지도 독일은 소련을 얕보고 있었던 것이다. 하지만 소련군 지휘부는 전혀 다른 생각을 가지고 있었다. 처음부터 소련은 독일처럼 스탈린그라드에 빠져서 허우적거릴 생각이 없었던 것이다.

스탈린그라드를 완벽하게 포위하여 순식간에 위치가 바뀐 소련은 독일군을 천천히 고사시키기로 했다. 독일처럼 조급하게 시가전에 빨려 들어가 진을 뺄 필요는 없다고 생각한 것이다. 소련은 주력을 서남쪽으로 돌려 스탈린그라드 외곽에 있는 독일 B집단군 잔여부대를 로스토프 방향으로 밀어붙였다. 소련은 제1·2근위군, 제5전차군, 제5충격군 등의 최정예부대로 구성된 남서전선군을 편성하고 주력인 제6군과 제4기갑군 일부가 스탈린그라드에 고립되어 김빠진 사이다가 되어버린 독일 B집단군을 최대한 스탈린그라드로부터 멀리 밀어붙여 그 간극을 넓혀나갔다. 그리고 스탈린그라드를 제21·24·57·62·64·65·66군의 7개 군으로 이중 삼중으로 깊게 에워쌌다. 이들 소련군은 서둘러 도심으로 들어가지 않고 진격 속도를 늦추어 독일의 보급선을 차단함과 동시에 천천히 각개격파하며 독일군을 서서히 말려 죽이려 했다.

이러한 소련군의 전략은 상당히 뛰어난 것이었다. 포위된 스탈린그라드의 독일군은 보급로가 봉쇄되었다. 소련의 경우는 피로 지켜낸 볼가 강 교두보가 있었기 때문에 스탈린그라드에서 생존이 가능했는데 반하여 독일은 외부와 연결할 수 있는 통로가 하늘 밖에 없었다. 때문에 소련이 사실상 붕괴된 독일 B집단군을 양단하여 제6군과 최대한 멀리 분리시키는 것은 상당히 올바른 선택이었다. 또한 예정대로 B집단군 잔여부대를 돈 강 넘어 로스토프까지 몰아낸다면 깊숙이 남진하여 캅카스로 내려가 있던 독일 A집단군의 주력인 제1기갑군과 제17군을 흑해와 카스피해 사이에 고립시켜 스탈린그라드와 맞먹는 또 다른 대어를 낚을 만했다. 이제 독일에게는 재빠른 상황 판단이 필요했다. 이것은 스탈린그라드만의 문제가 아니라 남부 독소전선 전체의 문제이기도 했다.

독일 육군 최고사령부는 스탈린그라드를 끝까지 사수하느냐 아니면 후퇴하느냐를 두고 대립하게 되었다. 11월 23일 현지 지휘관 파울루스는

육군 최고사령부에 전문을 보내 스탈린그라드를 포기하고 서쪽의 B집단군 방향으로 탈출하겠다는 뜻을 밝혔다. B집단군 사령관 바익스도 파울루스의 생각에 동조하여 제6군이 스탈린그라드의 서쪽으로 치고 나오면 B집단군을 동쪽으로 진격시켜 탈출로를 확보할 수 있다고 판단했다. 파울루스와 바익스는 비록 스탈린그라드가 포위당했지만 현재의 전력이면 충분히 포위망을 뚫고 탈출하는 것이 가능하리라 생각했던 것이고 사실 그런 분석은 맞았다. 현지 야전 지휘부의 생각이 그러하자 육군 최고사령부도 후퇴를 하는

● 스탈린그라드 도심에 슈바슈티카Swastika기를 게양하는 독일군 병사. 드디어 스탈린그라드를 점령했다고 생각한 바로 그 순간, 독일군은 자신들이 완전히 포위되었음을 알게 되었다.

것이 타당하다고 생각하여 히틀러의 재가를 요청했다. 최고사령부는 히틀러가 이번에는 부디 올바른 판단을 내려서 제6군이 후퇴하게 해주었으면 좋겠다는 생각을 했다.

앞에서도 썼던 것처럼 만일 이곳이 스탈린그라드가 아니고 차리친이었으면 육군 최고사령부의 생각에 히틀러도 마지못해 동의했을지 모른다. 아니 이 정도가 될 때까지 이전투구를 벌이지도 않았을 가능성도 컸다. 예를 들어 군부에서 점령을 생각하고 있던 독소전선 북부의 레닌그라드 같은 경우는 스탈린그라드와 정반대로 히틀러가 도심 진입을 금하고 외곽에서 봉쇄만 하라고 지시를 내려놓기도 했다. 문제는 히틀러

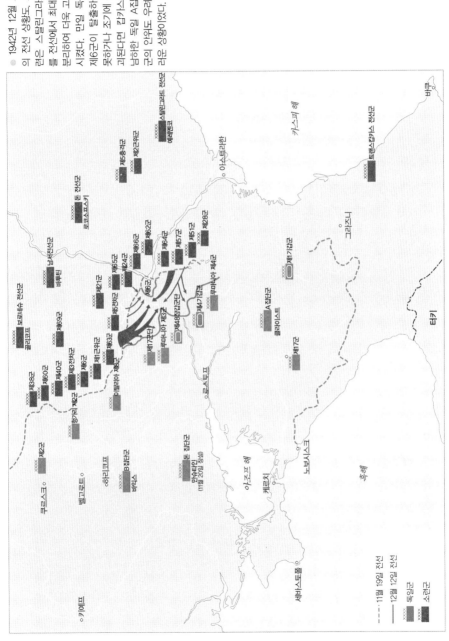

1942년 12월 초의 전선 상황도. 소련은 스탈린그라드를 전선에서 초대한 분리하여 더욱 고립시켰다. 만일 독일 제6군이 탈출하지 못하거나 조기에 붕괴된다면 캅카스로 남하한 독일 A집단군의 안위도 우려스러운 상황이었다.

가 이성적 판단을 접고 지금까지 스탈린과 자존심 싸움을 벌였던 결과 완전히 폐허가 된 도시를 막 차지했는데, 이제 뒤돌아서 나오려니 아쉬운 생각이 들기 시작했다는 점이다.

너무나 낙관적인 가능성

제3제국이 결국 무너지게 된 가장 큰 이유를 찾는다면 바로 히틀러라는 광인 때문이라는 사실을 알 수 있다. 전쟁 초기의 승리가 마치 자기의 뛰어난 영도에 의해서 이루어진 것 같이 착각한 히틀러는 이후 현명한 지휘관들의 올바른 선택을 가로막았다. 특히 독소전쟁에서는 그러한 히스테리가 극을 향해 치닫고 있었다. 한마디로 냉정한 판단으로 전쟁을 지휘한 것이 아니라 순간적인 감정으로 전선의 병사들을 사지로 몰아넣었다. 그런데 어느 나라 어느 시대를 보더라도 이러한 광인에게 빌붙어 판단을 더욱 흐리게 하는 모리배들이 있다. 현명한 지도자라면 이런 간신들은 재빨리 내치고 충신들의 직언은 싫어도 수용하는 아량이 필요한데 히틀러는 절대 그러한 위인이 아니었다. 히틀러는 전사에 길이 빛날 영웅적인 장수들을 많이 거느렸음에도 불구하고, 쓴소리만 한다는 이유로 그들을 차례차례 내쳐버리고 엉뚱한 바보들을 마지막까지 껴안고 전쟁을 수행하려 했다.

히틀러 주변을 맴돌던 그러한 무능한 인물의 대표가 공군 사령관 괴링이었다. 이 위인에게도 한 가지 특출한 재주가 있었는데 그것은 바로 히틀러의 가려운 곳을 정확히 찾아서 감언이설로 긁어주는 능력이었다. 히틀러는 이런 괴링을 총애해서 영국해협 전투를 실패로 이끈 커다란 과오가 있었음에도 불구하고 그를 계속 중용했다. 나설 때와 나서지 말아야 할 때를 모르는 괴링이 스탈린그라드의 문제를 놓고 고민하던 히틀러에게 또 한 번 사탕발림을 했다.

"총통 각하! 저희 루프트바페가 책임질 수 있습니다. 스탈린그라드에 고립된 제6군에게 충분한 물자를 공급하여 현지를 사수할 수 있도록 도와주겠습니다."

1차대전 때 공군 조종사로 참전하여 뛰어난 활약을 보인 괴링은 1921년에 히틀러와 인연을 맺은 나치당의 초기 멤버로 나치 돌격대^{SA, Sturmabteilung} * 지휘관을 지냈고, 게슈타포^{Gestapo} **를 창설하여 반대파를 무력으로 제거하는 등 나치 정권 창출에 뛰어난 활약을 보였다. 또한 재군비 선언 후 독일 공군을 재건하는데 앞장서 총사령관 자리에까지 올랐으나 자기중심적이며 감정의 기복이 심하여 군사적 능력은 기대 이하인 경우가 많았다. 하지만 히틀러는 괴링의 이러한 결점을 알면서도 자신의 정권과 깊게 밀착하고 충성심이 높았기 때문에 1939년에 그를 후계자로 선포했으며 1940년에는 '위대한 독일제국 원수^{Reichsmarschall des Grossdeutschen Reiches}'라는 그만을 위한 특별계급을 만들어 주기까지 했다.

히틀러의 고민은 해결되었다. 충직한 괴링이 스탈린그라드에 보급을 유지해주면 천신만고 끝에 어렵게 점령한 스탈린그라드를 계속 사수할

---

* 독일 나치당의 준 군사조직. 1921년에 뮌헨에서 나치 운동에 소속된 여러 과격분자들을 모아 결성했으며, 히틀러가 권력을 잡는 데 핵심적인 역할을 했다. 그러나 이들을 달가워하지 않은 정규군과 부유한 실업가들의 지지를 얻으려는 히틀러 의해 숙청되어, 나치 친위대(SS)에 정치적 지위를 빼앗기고 말았다.
** 나치 독일의 비밀국가경찰^{Geheime Staatspolizei}. 독재 체제를 강화하기 위하여 1933년 창설되어 공산주의자와 사회주의자 탄압, 유대인의 추방과 학살 등을 통해 공포 분위기를 조성하는 등 나치 체제의 확립을 위하여 활동했다.

● 변덕이 심하던 히틀러가 끝까지 총애하던 몇 안 되는 인물인 괴링. 루프트바페
가 스탈린그라드에 고립된 제6군을 지원하겠다고 나서자 히틀러는 거기에 희망을
걸었다.

수 있을 터이고 그러는 사이 구원부대를 편성하여 고립된 제6군을 구하
면 된다고 판단했던 것이다. 히틀러는 제6군의 파울루스에게 직접 명령
을 하달했다.

"현재의 전선을 사수하라. 보급은 공중으로 하며 곧바로 구원부대를
보낼 것이다."

그런데 문제는 이때까지도 히틀러가 상황 파악을 제대로 못하고 자기
입맛대로만 생각하고 있었다는 점이다. 결론적으로 독일 공군에게는 공
중보급을 할 능력이 없었고, 사실상 보낼 수 있는 구원부대 또한 없었다.
물론 시간이 충분히 주어진다면 준비를 갖출 수도 있었겠지만, 그들에게
는 그럴 만한 시간이 없었다. 거기에 더해서 스탈린그라드에서 필사의
반격에 나선 소련군은 지난 1년간 독일이 상대했던 덩치만 커다란 허접
한 군대가 아니었다. 하지만 괴링의 무능력과 특유의 허풍을 잘 알고 있
던 히틀러도 그의 주장을 처음부터 무조건 신뢰하고 수용했던 것은 아니

었다. 여기에는 약간의 감추어진 뒷이야기가 있다.

히틀러가 베르히테스가덴에 있는 산장에서 제6군의 고립을 보고받고 대책을 숙의하던 중 괴링이 예하 참모들을 대동하고 공중보급이 가능하다는 보고를 했다. 이때 히틀러는 공수작전을 기안한 실무당사자인 한스 예쇼넥^{Hans Jeschonnek} 공군대장을 따로 불러 공중보급 가능성을 진지하게 물어보았다. 히틀러와 단독 면담한 예쇼넥은 몇 가지 단서를 달았지만 하루 300톤 정도의 공중보급은 가능할 것이라는 견해를 피력했다. 이러한 보고에 고무되어서인지 모르겠으나 전황을 긍정적으로만 생각하던 히틀러는 제6군의 현지사수를 결정했다.

그러나 간과한 사실이 있었는데 바로 단기간이라는 시간적 제약과 300톤이 최대 공수 가능량이라는 전제조건이었다. 고립된 제6군이 충분한 전투력을 발휘하기 위한 하루 보급량은 1,500톤인데 이것을 줄이고 줄여 필수불가결한 요소만 보급하여도 적어도 하루 750톤이 필요했다. 때문에 예쇼넥이 제시한 300톤은 제6군이 장기간 항전하기에는 충분하지 못한 양이었다. 그나마 당시 루프트바페의 능력으로는 한 달 이상의 지속적인 공중보급도 곤란했다. 더구나 이제부터 겨울이 시작되었고 러시아 평원의 혹한은 공군의 공수작전을 방해할 가능성이 농후했다. 문헌에 따라 차이가 있지만 당시 공중보급이 이루어진 것은 최대 400톤 정도였고, 포위전이 벌어지는 동안 평균 공중보급량은 대략 100톤 내외였다. 결국 장기간의 포위전을 감내해야 할 제6군을 완벽히 지원할 준비가 되어있지 않았는데도, 히틀러는 솔깃한 의견에 마음이 쏠려 상황을 지나치게 낙관했던 것이다.

물론 독일에 히틀러나 괴링 같은 멍청한 인물들만 있던 것은 아니었다. 1차대전 당시 독일 공군의 전설적인 에이스였던 '붉은 남작' 리히트

● 히틀러와 실제 공수작전을 실행한 제4항공군 사령관 리히트호펜(왼쪽). 그는 처음부터 공수작전이 불가능하다고 반대했다.

호펜의 사촌으로 공수임무를 수행할 제4항공군Luftlotte 사령관 볼프람 폰 리히트호펜Wolfram von Richthofen은 후방의 참모들이 책상머리에 앉아서 전선의 상황을 무시한 상태로 기안한 작전이라고 강력히 반발했다. 리히트호펜은 제6군에 대한 공중보급이 성공하자면 스탈린그라드에 야간에도 이착륙이 가능한 비행장이 적어도 6개 이상 확보되어 있어야 하고 2톤의 화물적재가 가능한 Ju-52기를 기준으로 하루에 300소티sortie *의 물자 수송이 이루어져야 하는데, 수송기의 가동률 등을 고려하면 적어도 800기의 Ju-52기가 필요하다고 판단했다. 그런데 제6군이 확보한 비행장도 턱없이 부족한데다 야간 관제시설도 전무했고, 설령 비행장이 확보되었어도 남부전선의 루프트바페가 보유한 모든 수송기를 동원했을 때나 300톤 이상의 공수가 가능했으므로, 애초부터 실현 불가능한 작전이었다.

---

*비행기의 출격 횟수.

육군의 경우도 B집단군 사령관 바익스, 제1기갑군 참모장 쿠르트 차이츨러^{Kurt Zeitzler} 등도 공중보급 작전에 동의하지 않았다. 그렇지만 모든 군 수뇌부가 히틀러나 괴링의 의견에 반기를 들었던 것도 아니었다. 너무나 긍정적인 작전안에 현혹되어서인지 만슈타인도 초반에 제6군이 우선 공중보급으로 조금만 지탱하여 시간을 벌어주면 그 사이 증강된 B집단군이 포위망을 격파하고 제6군과 다시 연결할 수 있을 것이라 판단했다. 왜냐하면 히틀러나 괴링 그리고 상황을 낙관한 일부 독일군 수뇌부들은 소련의 전쟁 수행역량을 과소평가하면서 포위 이후 적의 후속작전을 오판하고 있었던 것이다.

데미안스크의 추억

공중보급이 사실상 어렵다는 일부 군 수뇌부의 반발을 무릅쓰고 히틀러가 제6군의 현지사수를 명령한데는 나름대로 그만한 사정이 있었다. 바로 1년 전 있었던 데미안스크^{Demyansk}의 경험 때문이었다. 1941년 6월 바르바로사 작전 개시 후 그야말로 질풍노도의 진격을 계속하여 온 독일은 민스크^{Minsk}, 키예프 등지에서 몇 번의 우회 대포위전을 성공시킨 대가로 모스크바라는 전략적 목표물을 점령하기 전에 러시아의 혹독한 겨울을 맞게 되었다. 특히 1941년의 겨울은 50년 만에 최저기온을 기록했을 만큼 인간이 인내할 수 있는 한계를 넘긴 것이었다.

결국 독일의 진격은 멈추게 되었고 동장군의 엄호를 받은 소련은 전선을 고착화하고 서서히 반격을 준비했다. 1941년 12월 모스크바에 대한 압박을 덜고자 소련군은 독일 중부집단군의 양익으로 파고드는 작전을 벌였다. 이때 소련은 르체프^{Rzchev}를 고립시키는 등 개전 이래 최초로 반격에 성공하여 독일을 당황하게 만들었다. 전선의 상황을 우려한 독일의 일부 지휘관들은 전선 재조정과 보급선 단축을 위해 모스크바를 코앞에 두고 전략적 후퇴를 감행했으나 이것은 현지사수를 엄명한 히틀러의 분노를 사게 되었다. 전선의 상황을 제대로 알지 못하고 전략적 후퇴와 패배도 구별 못하는 히틀러의 격분에 이때 구데리안과 같은 많은 유능한 장군들이 해임 혹은 면직되었다. 히틀러의 분노가 어느 정도인지 알 수 있는 가장 중요한 예가 일시적 후퇴를 주장한 육군 총사령관 브라우히치 원수의 해임이었다. 히틀러 통치 시기에 장군 한 사람 해임한 것은 사실 커다란 뉴스가 아니지만 이 사건이 특히 중요한 이유는 그 후임으로 히틀러가 스스로 독일 육군 총사령관에 올랐기 때문이다. 히틀러는 군부를 철저히 불신하여 이미 최고 군통수권자의 신분임에도 불구하고 독일 육군의 최고 자리에도 올라 직접 작전에 관여하기 시작했고 이것은 그동안 별개의 권력과 다름없던 독일군부가 정치권력에 완전히 굴복하여 내리막길로 접어드는 결정적인 계기가 되었다.

성공적인 반격으로 자신감을 얻은 소련군은 1942년 초 토로페츠-홀름 작전^{Toropets-Kholm Offensive}으로 명명된 후속 반격작전을 실시했는데, 이 작전의 목표는 모스크바와 레닌그라드 사이를 연결하는 전략 요충지인 데미안스크를 탈환하는 것이었다. 소련군이 이곳을 성공적으로 탈환하면 독일의 북부집단군과 모스크바에서 점차 밀려나가고 있는 중부집단군의 간격을 좀 더 벌려 놓을 수 있을 것으로 판단했다. 1942년 1월 8일 데미안스크 양측에 포진했던 20개 사단의 소련군이 막대한 포격 개시 후 전선을 차고 나와 배후를 연결함으로써 데미안스크를 고립시키는데 성공했다. 당시 데미안스크에는 독일 북부집단군에 속한 제16군 예하의 제2군단 및 제10군단 병력 10만 명이 고립되었고, 독일은 전선이 분단되어 버리는 위기에 빠졌다. 이때 루프트바페가 고립된 데미안스크 주둔군에게 하루 270여 톤의 보급물자를 공수했다. 장장 넉 달에 걸친 포위전에서 1만여 명이 전사하고 3만 6,000여 명이 부상을 당하기는 했지만, 1942년 4월 21일 독일 제16군 본진이 포위망을 뚫고 데미안스크와 전선을 연결하여 이들을 구원할 수 있었다. 루프트바페는 총 6만 5,000톤의 보급물자와 3만여 명의 보충 병력을 공수하여 교두보를 고수하는데 결정적인 도움을 주었다.

스탈린그라드에서 제6군이 고립된 이후에도 히틀러를 비롯한 많은 지휘부들이 사태를 낙관적으로 보았던 것은 바로 1년 전에 있었던 데미안스크의 경험 때문이었다. 하지만 스탈린그라드에 고립된 병력은 데미안스크의 3배가 넘는 규모로 루프트바페의 보급능력을 벗어났고, 소련의 대

● 1942년 1월 데미안스크에서 이루어졌던 성공적인 공수작전을 히틀러는 계속 염두에 두었다. 하지만 스탈린그라드에서는 규모나 소련군의 대응 방법에서 엄청난 차이가 있었다.

응전략도 이전과는 달랐다. 데미안스크에서 소련은 포위를 완성한 후 고립된 독일군 소탕에 전력을 다하여 전선과 고립지역이 다시 연결될 수 있는 여지를 남겨 놓았으나, 스탈린그라드에서는 이런 실수를 되풀이하지 않았던 것이다. 스탈린그라드에서는 차츰차츰 독일군을 고사시킬 생각을 하고 고립지역을 전선에서 최대한 분리하는 작전을 펼치려 했다.

11월 24일, 사실 이 시점에서 고립된 독일군은 스탈린그라드의 포위망을 뚫고 탈출하는 것이 백번 맞았다. 비록 양익의 루마니아 제3·4군이 붕괴되어 많은 호위전력이 소멸되었지만 아직까지 주력인 제6군과 제4기갑군의 전투력은 대부분 보존되어 있었기 때문에, 마음만 먹으면 충분히 포위망을 돌파할 수 있었다. 아마도 히틀러가 후퇴를 승인했다면 한국전쟁에서 미 해병 제1사단의 장진호 전투*와 같이 전사에 길이 빛날 성공적인 후퇴전이 되었을 가능성도 컸다. 산전수전 다 겪은 독일군에게는 충분히 가능한 일이었다. 하지만 히틀러가 독일군 수뇌부와 파울루스의 탈출요구를 거부함으로써 불행이 시작되었다.

괴링이 제6군에게 보급물자를 공수하겠다고 공언했지만 이를 수행할 수송기가 부족했다. 고립된 33만 병력에게 충분한 탄약과 식량을 제공하려면 최저 하루 700톤을 보급해야 했고 이를 위해선 약 800기의 수송기가 필요했으나, 독일 공군이 박박 긁어모은 수송기는 고작 250기 정도여서 공수작전이 시작된 후 지원된 군수품이 최대 하루 300톤을 넘기기 힘

---

*1950년 11월 26일부터 12월 13일, 장진호長津湖–흥남興南 간 회랑 일대에서 미 해병대 제1사단이 중공군 제9병단을 상대로 벌인 전투. 미 해병대는 영하 30도에 이르는 혹한의 기후에 노출되고 5배가 넘는 중공군에게 포위된 상태에서 성공적으로 흥남으로 탈출했다. 비록 전략적으로 중공군이 승리한 것으로 기록되었지만 함경도 일대에 고립된 유엔군이 흥남부두에서 안전하게 탈출할 수 있는 시간을 벌었고, 엄청난 타격을 입은 중공군 제9병단이 이후 작전에 동원될 수 없어 미 해병대의 전술적인 대승으로 평가된다.

● 도심에 고립된 제6군은 히틀러의 엄명에 따라 폐허를 사수해야 했으나 갈수록 사기가 떨어졌다.

들었다. 하지만 이것도 제공권이 확보되고 스탈린그라드 내의 비행장을 장악했을 경우에 가능한 것이었다. 본격적인 겨울로 접어드는 날씨는 공수작전을 방해하기 일쑤였고 비행장이 소련군에 하나하나 접수될 때마다 보급량이 현저히 줄어들 수밖에 없었다. 결국 폭격기까지 동원한 공중투하로 변칙적인 보급도 실시했지만 소련군 진지에 떨어져 남 좋은 일을 시키거나 망실되는 경우가 많았다.

히틀러의 총애를 받던 파울루스는 명령을 받들어 스탈린그라드를 사수하겠지만 그러기 위해서는 충분한 보급이 필요하다고 재차 요청했다. 그리고 만일 탈출해야 할 경우 서남쪽으로 전선을 돌파할 수 있도록 B집단군과 협의하여 작전을 할 수 있는 재량권을 요구했다. 그러나 히틀러는 보급을 해주겠다는 지키지도 못할 약속만 반복하고 그 외에는 모든 것을 거부했다. 히틀러의 명령은 오로지 스탈린그라드의 현지사수였다. 소련군 주력이 남서쪽으로 계속 전진하여 B집단군과 제6군의 간격은 날이 갈수록 멀어지고 있었고 날씨는 점점 추워지고 있었다. 더불어 스탈린그라드를 첩첩이 포위한 일각의 소련군들은 막대한 포격을 앞세우고 조금씩 조금씩 안으로 밀려들어오고 있었다.

고립된 독일군은 폐허를 파서 참호를 만들고 안으로 숨어들 수밖에 없었다. 뼛속까지 파고드는 추위는 동계피복도 제대로 공급받지 못한 제6군을 시간이 갈수록 괴롭히고 있었고, 부족한 식량은 또 다른 괴로움을 안겨주었다. 괴링의 허풍은 무엇 하나 제대로 이루어지는 것이 없었다. 포위된 제6군이 겪은 가장 큰 고통은 아무도 도와주지 않는다는 절망감이었다. 청색 작전 초기 하늘을 찌를 듯 넘치던 전투의지는 바닥으로 떨어졌다. 홀로 사지에 내몰린 그들에게 충원되는 것은 하나도 없고 오로지 소모되고 없어지고 사라지는 것뿐이었다. 사방에서는 소련군의 포탄이 날아들고 있었다. 한 독일군 병사는 가족에게 다음과 같은 편지를 보냈다.

"어머니, 창피한 이야기지만 너무 배가 고픕니다. 먹을 것을 보내주세요. 어머니, 저는 살아서 돌아갈 수 없을 것 같습니다……."

고립된 독일군 말단 병사들은 이미 어떻게 될 것인지 알고 있었다. 오로지 히틀러 단 한 사람만 상황 파악을 못하고 계속 광분하고 있었던 것이다.

겨울폭풍 작전

B집단군의 바익스는 반격은 그만두고 소련 남서전선군의 공격에 밀려나기 바빴다. B집단군은 이제 서류상으로만 존재하는 것이나 마찬가지였다. 사령부만 있지 휘하에 변변한 전투부대 하나 없었다. 주력인 제6군은 스탈린그라드에 완전히 고립되었고 제4기갑군은 호트가 지휘하는

사령부와 일부부대가 포위를 빠져나왔지만 많은 전력이 포위망에 갇혀버렸다. 루마니아 제3군은 완전히, 루마니아 제4군은 반 정도가 붕괴되었고 북부의 독일 제2군은 간신히 전선을 방어하고 있었으나 인근의 헝가리 제2군은 그다지 믿을만한 구석이 없었다. 거기에다가 있으나 마나 한 이탈리아 제8군은 빠른 속도로 도망치는데 탁월한 능력을 보여주기 바빴다.

바익스는 고립부대 구원은 차치하고 자기 몸 추스르기도 바쁜 상황이었다. 애당초 청색 작전을 위해 기존의 남부집단군을 A·B집단군으로 분리했을 때는 A집단군이 최종 목표인 캅카스를 제압하는 동안 B집단군은 돈 강에서 볼가 강 연안의 이르는 교두보를 확보하는 것이 주 임무였는데, 작전 도중 히틀러의 발작으로 주객이 전도되어 스탈린그라드에 집착하게 되면서 결국 모든 것이 틀어지게 되었다. 이 상태에서 B집단군의 잔여전력마저 붕괴된다면 캅카스 깊숙이 남진했던 A집단군마저 고립될 위기에 처해 있었다. 히틀러의 고집으로 제6군의 현지사수 명령이 하달된 이상 유일한 상황 타개책은 전선을 다시 스탈린그라드 부근의 볼가 강까지 밀어 올리는 방법밖에는 없었는데, 이것은 실현 불가능했다.

히틀러는 이런 실현 불가능한 임무를 달성하기 위해 기존 A·B집단군과 별개로 1942년 11월 21일 새로이 돈 집단군을 창설하여, 크림^{Krym} 반도 전투의 영웅이자 소련에게는 저승사자로 불린 만슈타인을 그 지휘관으로 임명했다. 하지만 제11군 사령부를 기반으로 시급히 창설한 돈 집단군은 집단군이라는 명칭에 걸맞지 않게 초라한 모습이었다. 서류상에 편제된 예하부대에는 스탈린그라드에 고립된 제6군, 제4기갑군, 붕괴된 루마니아 제3·4군까지 포함되어 있었다. 실제 전투 가능한 부대는 제4기갑군 중 탈출에 성공한 제48장갑군단 일부부대와 저 멀리 프랑스에서

● 제6군을 구원하기 나선 만슈타인(왼쪽)과 호트. 이들은 2차대전 당시 활약한 독일군 최고의 명장들로 평가되지만 당시에 이들에게 주어진 것은 거의 없다시피 했다.

긴급 이동전개한 제6전차사단, 중부집단군에서 전개한 제17전차사단, 인근 A집단군에서 배속을 변경한 제23전차사단 밖에 없었다.

만슈타인은 이들 부대를 재편하여 실제 구원작전에 투입할 구원부대와 스탈린그라드에 포위된 고립부대로 구분하고 각각 별개의 작전을 펼치도록 구상했다. 우선 3개 전차사단을 근간으로 하여 선봉부대를 창설했는데 지휘관 호트의 이름을 따서 호트 기갑집단Hoth's Panzer Group으로 칭했다. 제4기갑군 사령관으로 있다가 대부분의 예하부대를 포위망 속에 남겨둔 호트는 복수의 선봉대장으로서 중책을 부여받았다. 돈 집단군의 또 하나의 주먹은 제48장갑군단 예하부대들을 근간으로 긴급 창설되어 칼-아돌프 홀리트Karl-Adolf Hollidt 중장이 지휘하는 홀리트 파견군Armeeabteilung Hollidt이었는데, 여기에는 제11전차사단, 제336보병사단, 제384사단 예하 전투단, 공군 제7야전사단 등의 부대가 배속되었다. 그리고 그 외 전투부대로 루마니아 제4군 등 일부 탈출에 성공한 부대들이 편제되었다.

결국 구원작전에 투입될 이들 군단급 2개 부대를 제외하면 나머지 돈 집단군 예하부대는 스탈린그라드에 고립되어 있었다. 즉 말만 집단군이지 실제로 구원투수로 참전할 부대는 급조된 군단급 부대들 밖에는 없었다. 문제는 스탈린그라드의 고립부대가 양동작전을 하지 못하고 히틀러의 명령을 받들어 현지를 사수해야 한다는 것이었다. 만슈타인이 아무리 명장이라 하여도 이렇듯 빈약한 전력으로 강력한 4개 전차군으로 편제된 소련의 남서전선군을 격파하고, 200킬로미터를 전진하여 7개 군에게 첩첩이 포위된 스탈린그라드의 제6군을 구출하라는 것은 사실 말도 안 되는 임무였다. 그렇다고 해도 만슈타인은 망설일 수 없었다. 만일 돈 집단군이 작전을 지체한다면 시간이 흐를수록 위험한 제6군뿐만 아니라 캅카스에서 벨고로트Belgorod와 하리코프 방향으로 후퇴해야 할 A집단군의 퇴로마저도 차단될 가능성이 있었기 때문이었다.

만슈타인은 스탈린그라드의 치욕을 설욕하려 벼르고 있는 호트의 선전에 기대를 걸었다. 만슈타인과 절친한 사이이자 이 작전의 선봉이 될 호트 기갑집단의 지휘관 호트는 독일에서 손꼽히는 기동전의 대가로 부하들의 신망이 높았다. 호트가 지휘하는 3개의 전차사단을 선봉으로 내세운 돈 집단군은 그들을 애타게 기다리고 있는 제6군을 구출하기 위하여 12월 11일 전선을 박차고 앞으로 나갔다. 전사에 길이 빛나는 겨울폭풍 작전Operation Winter Storm이 시작된 것이다.

겨울폭풍 작전이 준비되고 있던 12월 초, 예상했던 만큼의 공수보급이 이루어지지 않고 무지막지한 포격을 앞세운 소련의 포위망이 점점 좁혀오자 파울루스는 히틀러에게 다시 한 번 철수 허가를 요청했다.

"총통 각하! 약속하셨던 보급은 현재 제대로 이루어지지 않고 병력과 장비의 손실이 점점 커지고 있습니다. 탈출을 허락하여 주십시오. 지금 탈출하면 최대한 전력을 보존할 수 있으며, 최악의 경우 물자를 포기하더라도 병력 대부분을 구할 수 있습니다."

이런 파울루스의 애타는 요청에 B집단군 사령관 바익스도 동조하며 히틀러에게 간청했다. 이쯤 되면 히틀러가 괴링을 불러다가 혼을 냈어야 마땅했지만 그는 역시 광인답게 괴링을 문책하기는커녕 제6군에게 전투 의지가 없다고 신경질을 내고 불평만 늘어놓았다. 이제 와서 철수 명령을 내리는 것은 그의 자존심이 허락하지 않았다.

러시아 전역 당시 나폴레옹은 모스크바에서 후퇴할 때 구원부대가 없는 관계로 많은 피해를 입었지만, 파울루스의 부대는 1942년 12월 초까지만 하더라도 사지를 탈출할 만한 여건이 충분했었다. 그러나 현장에서 지휘한 나폴레옹이 자존심을 꺾고 후퇴를 결정했던 것과 달리, 후방에서 전선의 상황을 정확히 파악하기 힘들었던 히틀러는 역사에서 아무런 교훈을 얻지 못했다. 독일군은 분명히 나폴레옹의 부대보다 여건이 좋았는데도 상황 판단이 뒤져 탈출을 포기한 것이다. 이제 돈 집단군의 선전을 기대할 수밖에 없었다. 엄밀히 말하자면 명장 만슈타인에게 또 한 번의 기적을 바라는 것인지도 몰랐다.

돈 집단군이 전개한 곳에서 스탈린그라드에 이르는 가장 가까운 통로는 베르흐네-쿰스카야Verkhne-Kumskaya에서 출발하는 길로 65킬로미터 정도였다. 따라서 소련군도 제5전차군과 제5충격군을 이곳 일대에 파견하여 독일의 반격을 대비하고 있었을 정도였다. 게다가 이곳 통로는 진격 도중 치르Chir 강과 돈 강을 건너야 한다는 단점이 있었다. 따라서 만슈타인은 전선 남쪽의 코텔니코보Kotelnikovo-스탈린그라드 철도를 따라 돌격하기로 결심했다. 이곳은 길이가 130킬로미터로 훨씬 길었지만 돈 강의

● 스탈린그라드에 고립된 제6군을 구출하기 위한 돈 집단군의 진격(겨울폭풍 작전)이 개시되었다.

소규모 지류 외에는 별다른 장애물이 없었고 소련군도 5개 보병사단에 불과했다. 만슈타인은 호트가 2개 전차사단으로 북동쪽을 향해 공격해 나가면 홀리트 파견군과 루마니아 제3군으로 소련군의 후방을 타격하는 동시에 루마니아 제4군으로 호트의 측면을 보호한다는 계획을 세웠다. 그리고 적절한 시기에 파울루스가 포위망 안쪽에서 치고 나와 호트와 연결할 예정이었다.

12월 11일 그동안 소련의 남서전선군에 밀려 내려온 독일은 돈 강 동안에서 드디어 한 달 만에 회심의 반격작전을 시행했다. 작전명처럼 세찬 겨울폭풍 같은 진군이었다. 작전의 주공은 스탈린그라드의 포위망에서 간신히 빠져나온 제4기갑군 일부와 긴급히 배속된 몇몇 부대를 기간으로 창설한 호트 기갑집단이었다. 여기에 역시 간신히 살아남은 루마니아 제4군의 일부부대가 동참했다. 고립된 동료들의 처참한 모습을 똑똑

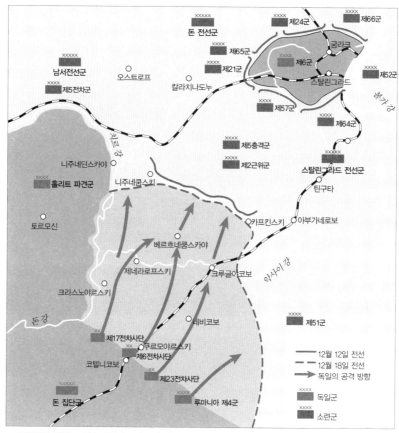

● 겨울폭풍 작전도. 만슈타인의 소련군의 허를 찔러 상대적으로 먼 진격로를 선택했다.

히 보았던 이들 구원부대는 복수심에 불탔다. 선봉은 제6전차사단이 맡았다. 이들은 소련 최강의 부대 중 하나인 제2근위군의 가운데를 순식간에 돌파하여 버렸다. 예상치도 못한 독일군의 공세에 좌우가 양단된 소련 제2근위군을 독일 제17 · 23전차사단이 좌우에서 추격하기 시작했다.

독소전쟁 개전 이후 처음으로 공세로 나와* 독일군을 밀어붙이고 있던 소련군은 당황하기 시작했다. 압도적인 병력과 장비를 가지고 있었음에도 소련에게 독일군은 항상 무서운 존재였다. 특히 상대 지휘관은 독일 최고의 명장 만슈타인이었다. 소련에게 만슈타인이라는 이름은 저승 사자와 마찬가지였다. 남쪽의 소련 제51군이 무너지기 시작한 제2근위 군을 돕기 위해 북쪽으로 올라왔다. 그런데 이번에는 약체라고 생각하던 루마니아 제4군이 이들을 막아내기 시작했다. 이 시점에서 스탈린그라 드에 고립된 부대들은 진지를 박차고 나와 남서쪽으로 진격하여 북동쪽 으로 치고 올라오는 돈 집단군과 연결을 시도해야 했다. 하지만 지휘관 파울루스는 현지 상황을 누구보다 잘 알고 있으면서도 직위를 걸고 히틀 러에게 항명할 용기가 없었다.

최악의 크리스마스

소련 제2근위군이 몰리기 시작하자 배후에 있던 기갑장비로 중무중한 제5충격군이 나서기 시작했다. 그러나 무너지기 일보 직전인 제2근위군 을 대신하여 전선에 투입된 제5충격군도 돈 집단군의 겨울폭풍을 막아 내지 못하고 서서히 뒤로 물러나기 시작했다. 선두에 나서 제2근위군을 양단하고 전진하는 독일 제6전차사단이 피로를 느끼기 시작할 무렵 우 익에 있던 제23전차사단이 돌파구를 확대하여 전진하기 시작했다. 더불 어 루마니아 제4군이 계속하여 소련 제51군을 잡아두고 있었다. 만슈타 인은 또 한 번의 기적을 이룰 것처럼 보였다.

돈 집단군의 선전이 알려지자 스탈린그라드에 고립된 제6군은 사기가

---

* 비록 1941년 겨울 모스크바 공방전에서 독일군을 물리쳐 독소전쟁 최초의 의미 있는 승리를 거두기도 했지만, 이는 공세라기보다는 방어전 성격에 가까웠다.

오르기 시작했다. 그리고 놀라운 전투력을 발휘하여 점점 포위망을 좁혀 들어오는 소련 제21군의 압박을 물리치고 제3차량화보병사단이 마리노프카Marinowka를 사수했다. 히틀러도 자기 생각대로 전황이 반전되는 것으로 믿고 만슈타인의 분전에 흡족해했다. 드디어 12월 20일 호트 기갑집단의 선봉 제6전차사단이 스탈린그라드 남부 50킬로미터까지 접근했다. 스탈린그라드에 포위된 제6군의 병사들은 구원부대가 소련군을 분쇄하기 위해 쏘아대는 포성을 들을 수 있었다. 그들에게 너무나 아름다운 소리였다. 이제 구원의 손길이 바로 앞에 보였다.

하지만 만슈타인은 돈 집단군의 한계를 알고 있었다. 더 이상 보유하고 있는 예비대가 없는 관계로 이러한 용전이 계속되리라고는 그 스스로도 확신하지 않았다. 지금까지 소련 대군을 겨우 밀고 올라왔지만 좌우에 포진한 소련군 후속부대가 투입될 경우 이들까지 막아내는 것은 사실상 불가능했다. 만슈타인은 결단을 내렸다. 파울루스의 제6군에게 남서쪽으로 치고 탈출하라고 상관으로서 명령한 것이다. 총통의 말을 금과옥조처럼 따르는 파울루스도 순간 흔들리기 시작했다. 만슈타인의 지시를 따라 천재일우의 기회를 살려 포위망을 뚫고 북진하는 돈 집단군과 연결된다면 고립되어 있는 제6군이 탈출할 수 있을 것이라 생각했다. 그렇지만 탈출은 지난 넉 달간 피를 흘리면서 탈취한 스탈린그라드의 포기를 의미하는 것이고 현지를 사수하라는 총통의 엄명을 거역하는 일이기도 했다. 파울루스가 주저하자 만슈타인은 항공편으로 연락장교를 파견하여 독촉했다. 그러나 파울루스의 참모장인 골수 나치당원 아르투르 슈미트Arthur Schmidt가 히틀러의 명령에 따라 전선을 고수해야 한다고 건의했고, 결국 우유부단한 파울루스는 총통의 눈치를 봐서 현지사수를 결정했다.

파울루스는 만슈타인에게 회답을 보냈다. 현재 제6군이 보유한 연료로는 30킬로미터 정도밖에 움직이지 못하니 돈 집단군이 더욱 진군하여 전선을 연결하여 달라는 것이었다. 탈출에 대한 적극적인 의지가 있었다면 사실 그것은 문제가 되지 않았으므로 이는 변명에 불과했다. 파울루스는 아직까지도 총통을 따르려 하고 있었다. 화가 머리끝까지 치밀어오른 만슈타인이 직접 히틀러에게 제6군이 탈출할 수 있도록 명령을 내려줄 것을 요청했다. 히틀러의 대답은 전과 같았다.

"철수는 없다. 더구나 연료가 없다면 탈출할 수 없지 않은가?"

결국 연료는 후퇴에 관한 책임을 서로에게 전가하는 구실일 뿐이었다.

12월 22일 호트의 부대는 스탈린그라드에 고립된 제6군의 지척인 35킬로미터까지 접근했다. 하지만 더 이상의 분전을 기대하기란 무리였

● 호트 기갑집단이 스탈린그라드 외곽 35킬로미터까지 접근하는 분전을 펼쳤으나 제6군은 밖으로 탈출하기 위한 양동작전을 포기했다. 히틀러의 현지사수 엄명과 파울루스의 우유부단함 때문에 벌어진 결과였다.

다. 만슈타인의 의견대로 파울루스가 치고 나왔더라면 이들은 연결될 수 있었을 것이다. 하지만 이것이 정말 마지막 기회인 줄 파울루스는 깨닫지 못하고 있었다. 겨울폭풍 작전 기간 동안 예상외의 분전을 보여준 루마니아 제4군이 소련 제51군에게 서서히 밀려나기 시작했다. 그와 동시에 독일 제17전차사단과 제6전차사단의 벌어진 간격을 통하여 소련 제5충격군이 밀려들어왔고, 와해될 위기에 몰렸던 소련 제2근위군이 긴급 재편되어 호트 기갑집단을 측면에서 공격하기 시작했다. 설상가상으로 전선의 좌익을 담당하던 B집단군의 이탈리아 제8군이 소련 제5전차군과 제1근위군에 돌파당하면서 괴멸되었다. 이제 상황은 반전되었다. 자칫하면 돈 집단군마저 포위당할 위기에 몰렸다.

만슈타인은 예하부대에 긴급 철수 명령을 하달했다. 히틀러가 철수에 대해 난리를 쳤지만 다른 방법이 없었다. 만슈타인에게는 더 이상의 예비대가 없었고 제6군이 탈출을 포기한 이상 돈 집단군까지 고립을 자초할 이유가 없었다. 그들이 할 수 있는 일이란 아직 캅카스에서 완전히 빠져나오지 못한 A집단군 예하 제1기갑군과 제17군이 안전하게 탈출할 수 있도록 철수 속도를 조절하는 것뿐이었다. 그날 저녁 만슈타인은 파울루스로부터 전보를 받았다.

"긴급히 치료를 요하는 2만 명의 부하가 폐허 속에 있습니다. 스탈린그라드 교외에서 반격전을 감행할 예정이나 그때까지 버틸 수 있을지 모르겠습니다."

그렇지만 만슈타인에게는 더 이상의 방법이 없었다. 그들을 포기하고 100킬로미터를 다시 되돌아가야만 했다.

최근에는 전략적 이유 때문에 만슈타인이 제6군을 구원하는 데 적극적이지 않았다는 주장도 있다. 제6군이 스탈린그라드에서 산화한 덕분에 캅카스로 깊숙하게 진격했던 독일 A집단군이 안전하게 후퇴할 길을 확보할 수 있었다는 것이다. 또한 만슈타인도 히틀러의 눈치를 보아 파울루스에게 적극적으로 포위망을 뚫고 뛰어나오라는 명령을 내리지 않았다는 이야기도 나오고는 한다. 하지만 당시 여건에서 만슈타인이 이용할 수 있었던 자원이 없었고 더 이상 공세를 지속할 수 없었다는 점은 논란의 여지가 없다. 사실 A집단군이 신속히 탈출할 수 없도록 방해한 것은 소련군이 아니라 바로 히틀러였다.

진격로의 배후인 스탈린그라드에서 격전이 계속되자 이를 항상 우려하고 있던 A집단군 사령관 빌헬름 리스트Wilherlm List는 제6군이 소련군 포위망에 걸리자 캅카스를 포기하고 후퇴하겠다고 했다. 히틀러는 이에 격앙된 반응을 보이며 리스트를 해임하고 자신이 A집단군 사령관을 겸하는 초유의 횡포를 부렸다. 사실 이때 스탈린그라드의 위기를 히틀러가 좀 더 신중하게 생각했다면 A집단군의 철수를 오히려 독려해야 했다. 만일 A집단군이 캅카스에서 머뭇거리지 않고 신속히 로스토프로 빠져 나왔다면 돈 집단군이 좀 더 과감하게 스탈린그라드로 진격할 수도 있었을 것이고, 더불어 안전지대로 빠져나온 A집단군이 돈 집단군과 제6군 구출작전에 참여할 수도 있었을 것이다. 히틀러는 이런 기회를 스스로 박차버렸던 것이다. 결국 캅카스에서 움직이지 못하고 있던 A집단군마저 스탈린그라드의 비극을 피할 수 없는 상황에 이르게 되자, 히틀러는 그때서야 클라이스트를 신임 사령관으로 임명하면서 후퇴를 허가했다.

필자는 만슈타인이 지휘하고 호트가 선봉에 섰던 1942년의 겨울폭풍 작전을 2차대전 최고의 돌파전으로 평가한다. 약 5배나 많은 소련군을 가르며 무려 150킬로미터를 내달린 것 자체가 한마디로 기적이었다. 당시 막 뒤집기에 성공한 소련군은 한마디로 독소전쟁 초기의 소련군과는 차

원이 달랐는데, 독일 돈 집단군은 이런 상대를 맞아 비록 제6군의 구원에는 실패했지만 인상적인 돌파를 벌였던 것이다.

1942년 12월 24일 크리스마스 전야에 스탈린그라드에 고립된 제6군 병사들은 밤하늘에 번쩍이는 돈 집단군의 포화를 더 이상 볼 수가 없었다. 크리스마스의 기적을 바라던 그들은 이제 절망의 나락으로 한없이 떨어지는 것을 느꼈다. 폐허에서 부상·기아·질병으로 숨진 병사들이 이미 8만에 이르면서도 12월 한 달을 구출될 것이라는 희망에 초인적인 힘으로 항전하며 버티던 그들의 사기는 돈 집단군의 철수와 더불어 더할 수 없이 떨어지게 되었다.

그날 저녁 크리스마스를 기념하여 스탈린그라드의 독일군에게 특식이 지급되었다. 병사들은 1인당 겨우 150그램의 말라 비틀어진 빵 조각으로 간신히 허기를 때우고 사상 최악의 크리스마스를 보내게 되었다. 추위와 허기도 문제였지만 이제 그들은 더 이상 구원될 수 없으리라는 절망감으로 이러한 고통은 배가되었다. 그들은 마치 아무런 도움도 받지 않고 크리스마스 새벽 쓸쓸이 숨져간 성냥팔이 소녀와 같은 모습이었다.

마지막 일격

1943년 새해가 밝았다. 고립된 독일 병사들에게 있어 최선의 선택이라면 죽지 않을 정도의 심각한 부상을 당해 비행기 편으로 후송되어 후방으로 빠지는 방법밖에는 없었다. 괴링의 장담과는 정반대로 공수되어 온 군수

● 겨울의 혹한은 독일의 공중보급을 어렵게 만든 또 하나의 요인이었다.

품은 이제 하루 50톤 정도밖에 되지 않아 하루 배급량도 50그램으로 줄어들었고 아예 배급이 없는 날도 있었다. 파울루스는 그가 항복이냐 아니면 몰살이냐 하는 두 가지 중 하나밖에 선택할 수 없다는 것을 너무도 잘 알고 있었다. 그는 지푸라기라도 잡는 심정으로 히틀러에게 고립군의 어려움을 이야기하면서 증원군과 군수품을 보내달라고 계속하여 전문을 보냈다. 하지만 돌아온 답변은 "제6군의 영웅적 항전은 볼세비키로부터 기독교 세계를 구하는 위업으로 남을 것이다"라는 허무맹랑한 선전문구밖에 없었다.

독일군을 저 멀리 돈 강 너머 로스토프까지 격퇴한 소련군에게는 스탈린그라드에 고립되어 차례차례 죽어가고 있던 제6군을 처단하는 일만 남았다. 굳이 공격하지 않는다 하여도 동토의 폐허에서 이들이 버틸 수 있는 시간은 그리 많아 보이지 않았지만 스탈린은 이들을 처단하기로 결심했다. 이제 독소전쟁의 주도권이 소련에 넘어왔다고 보았기 때문에 스탈린그라드에 남아있는 독일군에 관한 문제를 하루빨리 종결하고 스탈린그라드 포위에 투입된 부대를 전선으로 돌리는 것이 좋다고 생각했기 때문이다. 그러면서도 더 이상의 소련군 희생은 없어야 한다고 생각했다. 사실 지금까지 스탈린그라드를 사수하기 위해 소련이 바친 희생은 말로 표현하기 힘들만큼 어마어마한 수준이었다.

1943년 1월 10일 스탈린그라드를 포위하여 압박하고 있던 소련의 돈 전선군 사령관 콘스탄틴 로코소프스키^{Konstantin Rokossovsky}가 파울루스에게 항복 권고문을 보냈다. 하지만 파울루스는 항복을 거부했고, 이제 얼마 안 있어 소련의 대규모 공세가 있을 것이 분명했다. 형식적인 항복 권고가 있고 이틀 후인 1월 12일 고리 작전^{Operation Ring}으로 명명된 소련의 대공세가 시작되었다. 스탈린그라드는 소련군이 쏘아대는 포탄의 비에 다

시 한번 뒤집혔다. 그리고 얼마 후 포격이 멈추자 소련 제21·24·57·
65군이 포위선을 넘어 돌진하여 들어왔고 순식간에 7개 사단의 독일군
이 사라져 버렸다. 이제 시간이 얼마 남지 않았다. 스탈린그라드에서 마
지막 비행기로 탈출한 연락장교가 히틀러를 직접 만나 항복을 허락해 달
라고 애원했다. 하지만 히틀러는 그들 군대의 처참함을 그때까지도 이해
하지 못하고 있었다.

"항복은 없다. 최후의 한 사람까지 사수하라."

1월 25일 유일한 대외 통로였던 비행장들이 모두 소련군에게 접수되
었다. 이제 독일군에게는 하늘에서 낙하산으로 떨어지는 적은 양의 보급
품밖에 없었다. 하지만 제공권마저 확보한 소련 공군의 요격에 의해 수
많은 독일 수송기들이 얼마 되지 않는 보급품을 투하하지도 못하고 격추
되어 떨어져 나갔다.

1월 31일, 식량도 탄약도 약품도 없는 파울루스는 히틀러에게 애원했다.

"항복을 허락하여 주시기 바랍니다."

히틀러의 답변은 다음과 같았다.

"파울루스의 노고를 깊이 치하하며 원수로 진급시킨다. 스탈린그라드
를 사수하라."

독일군 원수는 항복하지 않는다는 전통이 있었기 때문에 이것은 파울
루스에게 자결하여 독일군의 명예를 지키고 포위된 독일군들은 스탈린
그라드에서 모두 산화하라는 무언의 압력이었다. 잔인한 내용을 담고 있
는 이 전문은 그동안 고분고분하게 히틀러의 말을 충실히 따르던 파울루
스를 분노하게 만들었다.

원수로 진급한 파울루스는 그날로 소련에게 항복했다. 비록 북부에 고
립된 제24전차사단이 단말마적인 저항을 계속했지만 결국 독일 제6군은

2월 2일까지 모두 항복한다. 이로써 청색 작전으로 시작된 스탈린그라드 대공방전은 여섯 달 동안의 사투 끝에 독일군의 항복으로 종결되었다.

제6군의 항복 소식을 들은 히틀러는 온갖 육두문자로 그들을 저주하면서 벽과 책상을 주먹으로 내치고 발광을 했다. 파울루스가 자결하지 못하고 저급한 볼셰비키Bol'sheviki 슬라브인에게 굴복하여 비겁하게 목숨을 구걸했다는 이유 때문이었다. 하지만 군대를 사지로 몰아넣고 죽음 직전까지 괴롭혔던 인물은 바로 히틀러 자신이었다. 스탈린그라드에서 병사들이 생과 사의 갈림길에서 헤매고 있을 때 그들이 볼셰비키들을 물리치며 영웅적으로 적을 격멸하고 있다고 국민들에게 거짓으로 선전했던 나치의 선전매체들은, 그날 이후 스탈린그라드의 제6군에 대한 보도를 하지 않았다. 1주일이 지난 후 베를린 방송에서 이른바 '장송행진곡 Trauermarsch'으로 불리는 베토벤의 영웅교향곡 제2악장이 무겁게 흘러나오는 동안, 나치의 선전장관 괴벨스는 "제6군이 영웅적으로 싸우다 산화했으며 그들의 뜻을 받들어 볼셰비키와 유대인의 격멸에 더욱 매진해야 한다"는 궤변을 터뜨렸다. 병사들이 히틀러의 똥고집에 의하여 얼마나 비참하게 쓰러져갔는지에 대한 언급은 한마디도 하지 않았다.

더불어 제6군의 몰락에 대해 현장 지휘관이었던 파울루스의 책임 또한 컸다. 그가 총통의 눈치를 보지 않고 과감하게 부대를 후퇴시켰다면 비록 군복을 벗고 문책을 받았겠지만 적어도 30만 대군이 눈보라와 폐허 속에서 사라져가는 최악의 경우는 막았을지도 모른다. 1943년 파울 하우서 Paul Hausser가 하리코프 공방전에서 히틀러의 현지사수 엄명을 어기고 제1친위장갑군단의 작전상 후퇴를 감행함으로써 귀중한 전력을 보존하고 이를 바탕으로 대역전의 기회를 만들었던 것과는 정반대로, 소신을 발휘해야 할 때는 침묵하고 권력자의 눈치만 보던 파울루스가 독일의 최정예부대를 이끌었다는 사실 자체가 어쩌면 제6군에게는 불행의 시작이었을지 모른다.

반면 스탈린은 자기의 이름을 딴 도시를 피로 지켜내어 전쟁 초기부터 독일에 계속 밀려온 전세를 뒤집을 수 있는 반전의 기회를 잡았고 정권 내에서 자신의 입지를 더욱 공고히 할 수 있는 계기를 마련했다. 이 전투는 소련군이 전쟁 이후 공세를 취하여 주도권을 잡고 처음으로 독일을 몰아낸 전투였다. 비록 1941년 겨울에 독일의 공격을 막아낸 몇몇 전투가 있기도 했지만 계절적인 요인과 보급과 관련한 독일군 자체의 문제 때문에 후퇴한 경우여서 스탈린그라드 대공방전과 직접적인 비교는 곤란하다. 이를 기점으로 소련과 독일의 팽팽한 힘겨루기에서 서서히 소련이 주도권을 잡게 되었고, 그것은 돌이킬 수 없는 역사의 전환점이 되었다.

스탈린그라드 전투가 막을 내린 지 1주도 안 되어 소련군은 독일군이 점령했던 아조프 해까지 진출했고, 전선을 좀 더 좁혀 그해 3월부터는 본격적으로 독일군을 소련 영토에서 밀어내기 시작했다. 즉 독소전쟁의 팽팽했던 균형추가 서서히 소련 쪽으로 넘어온 것이었다. 소련은 개전 1년 만에 병력 손실만 500만에 이를 만큼 엄청난 손실을 보았지만 이를 신속히 회복하여 계속 전쟁을 치를 수 있는 능력이 있었다. 반면 독일은 스탈린그라드에서 입은 손실조차 쉽게 회복하기 어려웠을 만큼 전쟁 수행 능력이 소련보다 한참 뒤졌다. 그리고 이러한 극복하기 힘든 격차는 전쟁의 승패를 판가름 한 결정적인 요인이 되었다.

과연 누가 이겼나?

청색 작전 시작 이후 여덟 달, 도시 외곽에서부터 전투가 시작된 지 여섯 달 만인 1943년 2월 2일 공식적으로 지옥의 스탈린그라드 전투가 종식되었다. 물론 전사에는 스탈린그라드 전투가 독일의 패배로 기록되었고 여기에 대해 이의를 제기하는 사람이 없다.

이 전투에 직·간접적으로 참여한 추축국 부대는 독일 제2군·제6군·제4기갑군, 루마니아 제3군·제4군, 이탈리아 제8군, 헝가리 제2군 등으로 이루어진 독일 B집단군과 이후 구원투수로 활약했던 돈 집단군으로, 평균 60여 만의 어마어마한 병력이 우리나라 경기도 정도 넓이의 스탈린그라드 및 그 주변에서 쉴 새 없이 작전을 펼쳤다. 물론 소련도 200만의 엄청난 병력으로 추축국을 상대했는데, 이렇듯 많은 병력이 이

지역에 집결한 것은 앞에서 살펴본 것처럼 스탈린의 집요한 대응에 히틀러가 감정적으로 말려들어가면서 최초 계획된 청색 작전의 목적을 벗어나 필요 이상의 전력을 스탈린그라드에 집중했기 때문이다.

이렇게 한곳에 집중되어 있던 B집단군 예하부대 중 독일 제6군, 루마니아 제3군, 이탈리아 제8군은 완전히 괴멸당했고 독일 제4기갑군, 루마니아 제4군의 많은 부대들이 단기간 회복하기 힘들 만큼의 엄청난 타격을 입었다. 특히 B집단군의 핵심이라 할 수 있는 독일 제6군은 스탈린그라드 포위망에 갇혀 비참한 최후를 맞이했다. 독일을 포함한 추축군은 스탈린그라드 전투 기간인 1942년 8월부터 1943년 2월까지 대략 50만의 전사자를 포함하여 무려 150만의 인명 피해를 입었다. 도시에 고립된 독일군 33만 명 중 15만이 시체가 되었고, 살아서 포로가 된 병력은 24명의 장성을 포함한 9만 명뿐이었다. 그러나 이들 대부분도 포로수용소에서 발생한 발진티푸스에 의해 약 한번 제대로 써보지 못하고 떼죽음을 당했다. 결국 전쟁이 끝난 뒤 고향으로 돌아간 사람은 겨우 5,000명뿐이었다. 거기에 더해 독일은 전차 및 자주포 3,500대, 공군기 3,000기를 비롯하여 70여 개 사단을 무장시킬 수 있는 어마어마한 장비를 손실했다.

물론 이 정도의 피해도 독소전쟁 초기인 1941년 동안 소련이 독일에게 당한 엄청난 피해에 비한다면 비교적 적다고 할 수도 있다. 하지만 소련은 그 무한한 잠재력을 풀가동하여 피해를 최단시간 내 극복할 수 있었던데 반하여 독일은 그렇지 못했다. 이 전투를 기점으로 전쟁의 균형추가 소련 쪽으로 바뀌게 되었다는 사실만 보더라도, 스탈린그라드 전투가 2차대전을 통틀어 독일이 겪은 가장 큰 전략적 패배임은 부인할 수 없는 사실이다. 그만큼 이곳에서 당한 피해는 당대 유럽을 휘잡던 독일에게도 감당하기 힘들만큼 심대한 타격이었다.

● 독일이 스탈린그라드에서 소모한 전력은 쉽게 회복하기 힘든 어마어마한 규모였고 결국 독일의 팽창도 끝나게 되었다.

하지만 피해를 일일이 계량화해 비교하여 승자와 패자를 가르는 것보다 독일이 패전했다는 확실한 증거가 있는데, 그것은 바로 독일이 항복을 했다는 사실이다. 즉 형식상 항복을 한 주체가 명확히 기록되었기 때문에 굳이 누가 패배자인지에 대한 이론의 여지가 있을 수 없다. 필자 또한 당연히 독일이 이 전투로 패했다는데 동의한다. 그렇지만 반대로 스탈린그라드 전투를 소련이 승리했던 전투라고 쉽게 단정해서 말할 수 있을까? 독일이 명백히 항복했고 그 결과 독소전쟁의 균형추가 바뀌는 계기가 되었지만 필자는 스탈린그라드 전투에서 소련이 승리했다는 점에 대해서 상당한 의문을 가지고 있다.

통상적으로 전쟁 당사국 간에 전투가 있었고 그 결과 한쪽이 패배했다면 다른 한쪽은 승리한 것이 맞다. 형식상 상대의 항복을 받았다면 확실한 승리의 증거가 되지만 그렇다고 항복이 반드시 필요조건은 아니다.

즉 항복을 받지 않았어도 다음과 같은 상식적인 조건만 갖춘다면 역사에서는 승자로 기록된다. 우선 승자의 피해가 통상적으로 패자의 피해보다는 적다는 것이다. 그런데 이 부분은 조금 애매한 경우가 많아서 피해를 어떻게 평가하느냐에 따라 승자와 패자의 위치가 바뀔 수도 있다. 예를 들어 10명의 A그룹과 5명의 B그룹이 싸웠을 경우 A가 5명의 피해를 입고 B가 3명의 피해를 입었다면 절대적인 피해 규모로는 B가 승자라고 할 수도 있을 것이다. 하지만 피해율로만 따진다면 A의 피해율은 50퍼센트이고 B의 피해율은 60퍼센트이므로 A가 승자라고 할 수도 있다. 그런데 전쟁이나 전투에서는 절대적으로 피해가 컸던 쪽을 패배로 보는 경향이 크다.

서기 612년에 있었던 제2차 고수전쟁高隋戰爭* 당시에 수隋 양제煬帝가 동원한 군대는 총 113만이고 여기에 지원병력까지 합하면 약 300만으로 알려져 있는데, 이것은 당시 추산하는 고구려 총 인구와 맞먹는 어마어마한 규모다. 수나라 군대는 살수대첩薩水大捷으로 30만의 피해를 입었고, 역사에는 수나라가 패전했다고 기록되어 있다. 즉, 수양제가 항복은 하지 않았지만 역사는 이 전쟁을 분명하게 고구려의 승리로 기록하고 있다. 이때 살수대첩 이전의 여러 전투를 합하면 제2차 고수전쟁 중 수나라는 약 40만의 피해를 입은 것으로 평가되는데 이는 수나라가 동원한 전체 병력의 12퍼센트 정도이다. 그런데 피해율로만 따진다면 필사의 방어를 했던 고구려가 오히려 크다는 추정도 있다. 다만 절대량에서 수나라의 피해가 고구려와는 비교가 안될 만큼 워낙 컸기 때문에 승자와 패자를

---

* 수나라는 동북아의 패권을 놓고 네 차례에 걸쳐 고구려를 침략했다가 모두 패배했는데, 이는 수나라가 짧은 시간 내 몰락하는 결정적인 계기가 되었다. 특히 612년에 있었던 제2차 전쟁은 그 규모와 내용 면에서 사상 최대였다.

쉽게 나눌 수 있는 것이다. 이 때문에 필자는 스탈린그라드 전투가 형식상으로는 독일이 패한 것이 맞지만 과연 소련이 승리한, 그것도 소련의 선전매체에서 주장한 것처럼 위대하고 찬란한 승리였는지는 의문스럽게 생각하는 편이다.

전사나 역사에서는 압도적인 전력을 가진 강자가 미미한 전력을 가진 약자를 이긴 것을 당연한 승리로 본다. 위대한 승리는 앞에서 예를 든 살수대첩이나 1차대전 당시의 타넨베르크 전투Battle of Tannenberg *처럼 소수가 다수를 압도하여 얻은 승리일 경우에나 해당하기 때문이다. 스탈린그라드 전투에서 독일의 항복을 받기 위해 소련이 지불한 대가는 너무도 컸다. 여기에 더해 소련이 최대 200만의 병력과 장비를 동원하여, 60여만의 추축국을 방어한 것을 과연 찬란한 승리로 볼 수 있느냐 하는 점도 커다란 의문이다. 오히려 이러한 압도적인 전력으로 스탈린그라드에서 무려 여섯 달 동안 사투를 벌였던 자체가 소련군 역량에 문제가 있다는 증거가 아닐까.

흔히 스탈린그라드 전투는 대포위에 걸려든 독일 제6군의 처절했던 저항과 비참했던 항복 그리고 소련의 위대한 승리라는 결과만 알고 있는 사람들이 많다. 하지만 이를 위해 소련이 지불한 대가에 대해서 제대로 알고 있는 이들은 의외로 드물다. 그러면 소련이 과연 독일의 항복을 받아내기 위해 어느 정도의 대가를 치렀기 때문에, 승리했으면서도 승리라고 정의하기 힘든 것일까?

---

* 1차대전 초기인 1914년 8월 동부전선의 타넨베르크(지금의 폴란드 스텡바르크Stebark)에서 독일과 러시아가 벌인 전투. 독일 제8군은 병력은 4배가 넘지만 지휘관 사이에 협조가 되지 않는 러시아군의 약점을 파고들어 대승을 이루었다.

인간이 만들어낸 최악의 지옥

소련이 '승리'라는 결과만 홍보했고 그 과정에서 발생한 비참한 역사에 대해서는 감추었던 부분들이 많아서 그렇지만, 사실 스탈린그라드 전투에서 소련이 입었던 피해는 상상을 초월하는 수준이었다.

공식적으로 밝혀진 자료만 따르더라도 소련은 무려 100만의 전사자를 포함하여 총 500만의 인명 피해를 본 것으로 알려져 있고, 미확인 자료에는 사망자 150만을 포함한 약 800만의 인명 피해가 발생한 것으로도 소개되고 있다. 여기에는 상당수의 민간인이 포함되었는데 경기도 정도의 넓이에서 여섯 달 동안 있었던 전투의 결과로는 상상이 되지 않을 만큼 어마어마한 규모다. 이 전투의 소련 측 공식 사망자 100만은 5년간 이어진

● 엄청난 포격 속에서 살아남은 '춤추는 어린이와 웃는 악어' 동상은 스탈린그라드 전투의 참상을 대변하는 유명한 조형물이 되었다.

독소전쟁에서 발생한 전체 소련군 사망자의 5퍼센트에 이르는 규모다. 4년간 벌어졌던 1차대전 당시 전 세계에서 발생했던 사망자가 1,000만이 었다는 사실을 떠올리면 그 피해 규모가 엄청남을 알 수 있다.

이와 같이 승자였던 소련의 피해가 독일에 비해 엄청났던 이유는 특히 인명을 경시하는 소련 집권층의 사고방식 때문이기도 하다. 제6군의 마지막을 생각한다면 독일의 히틀러도 잔인하기는 마찬가지였지만, 그렇다고 처음부터 스탈린처럼 자국 병사들에게 헬멧과 총도 제대로 주지 않고 포탄이 난무하는 전선에 총알받이로 내모는 정도는 아니었다. 이에 비한다면 전쟁 초기부터 작전능력의 차이로 계속 패전을 거듭했던 소련은 스탈린의 이름을 딴 이 도시를 수호하기 위해 자국민을 손쉽게 소모품으로 사용했다. 물론 전략적으로 독일군을 한곳에 집중시켜 붙잡아 놓기 위해서 희생을 감수해야 했을지 모르겠지만, 무방비 상태의 자국민을 학살장으로 밀어 넣은 것은 사실 범죄행위였다.

스탈린그라드 전투에서 승리의 주역이 되었던 소련 제62군의 경우만 보더라도 여러 번 부대 해체 위기를 넘기면서 영웅적인 항전을 계속했는데 그 이면을 살펴보면, 워낙 전황이 급박하게 돌아가 손실을 입은 예하부대를 후방으로 빼내지 못하자 타격을 입은 부대는 해체하고 신편부대를 예하부대로 충원 편제하는 방식을 취했다. 때문에 청색 작전 초기인 1942년 6월 초 여타 소련의 야전군처럼 3개 사단과 약간의 직할부대로 구성되었던 제62군은 1942년 10월 말경에는 30여 개 사단급 예하부대가 돌아가면서 배속되었을 정도로 엄청난 변화가 있었는데, 이때 배속된 대부분의 부대는 전투기간 중에는 재편되지 못하고 산화되어 소모품처럼 전투서열에서 사라져 버렸다.

또한 인명 피해 못지않게 소련의 물적 피해도 상상을 초월했는데, 소비에트 연방 붕괴 후 조금씩 드러난 자료에 따른다면 약 200개 사단을 무장시킬 수 있는 군비가 스탈린그라드 전투에 소모되었다. 혈전의 무대였던 소련 기계공업의 상징 스탈린그라드는 마치 지도에서 사라진 것 같은 어마어마한 피해를 입었다. 즉 소련은 인적·물적 손실이 독일보다 3배 혹은 기록에 따라서는 7배에 이르는 어마어마한 피해를 입었고 이만큼의 희생과 피를 바치고 나서야 겨우 독일의 항복을 받아낸 것이었다. 물론 전략적으로 전쟁의 전환점이 되었던 중요한 사변임에는 틀림없으나 과연 이것을 소련의 주장대로 위대한 승리라고 할 수 있을까?

물론 이러한 어이없는 무서운 살인 경쟁에 최초 세워놓았던 작전의 본질을 잊어버린 독일도 적극 동참하기는 했지만, 상대적으로 전략이 부재했던 소련이 압도적인 전력으로도 적을 쉽게 제압하지 못하고 자국민과 물자를 더 많이 소모하여 얻은 처절한 결과라고 생각한다.

필자가 스탈린그라드 전투라는 글자를 처음 보았던 것은 중학교 시절의 세계사 교과서에서였다. 비록 오래전이기는 하지만 아직도 기억이 나는 것은 2차대전에서 이 전투와 미드웨이 해전을 기점으로 해서 독일과 일본이 패망의 길로 접어들게 되었다는 내용이었다. 어렸지만 당시에도 2차대전이 무지무지하게 거대했던 전쟁이었다는 것은 알고 있었으므로 이 전투가 어떻게 하여 그토록 거대한 전쟁 전체에 영향을 미치게 되었는지 궁금했다. 거기에다가 당시만 해도 냉전의 사고방식이 첨예하게 우리사회에 영향을 미치고 있었던 시기라 교과서에 수록된 스탈린이라는 글자에 더욱 주목하게 되었다.

보통 2차대전에서 연합국의 승리는 미국과 영국 같은 민주주의 국가들의 노력 때문인 것으로 막연히 알고 있었는데, 뿔 달린 공산주의자들 중에서도 가장 악랄하다는 스탈린의 이름을 딴 도시에서 벌어졌던 극악

● 승전을 기념하기 위해 볼고그라드의 마마예프 쿠르간에 세워진 동상 '조국이 부른다'. 기단에서 칼끝까지가 100미터가 넘는 한때 세계 최대의 동상으로 알려졌는데 독일군 무기를 녹여서 만든 것으로도 유명하다.

무도한 공산주의 종주국 소련과 독일 간의 전투결과가 2차대전의 분수령이 되었다는 것 자체가 충격이었다. 하지만 전투 자체에 대해 자세하게 나온 자료를 당시에는 구할 수 없었고, 이후 시간이 지나 여러 자료를 접해가면서 스탈린그라드 전투가 얼마나 잔인하고 무섭고도 거대했던 전투였는지 확인할 수 있었다. 자료에는 '전투Battle'라고 표현되지만 사실 스탈린그라드 전투는 그 자체만으로도 거대한 '전쟁War'이라 할 정도의 지옥이었다. 즉 스탈린그라드 전투는 인류사상 최악의 악마들이 충돌한 전투가 아닌 전쟁이었다. 히틀러와 스탈린이라는 두 악의 화신들은 그들의 자존심 때문에 인민들의 엄청난 희생을 마다하지 않았다. 하나는 애초 작전의 본질을 잊은 채 피를 퍼붓기에 여념이 없었고, 또 하나는 자신의 이름을 수호하기 위해 더 많은 피를 붓는데 마다하지 않았다.

　인류가 지구상에 등장한 이후 현재까지 셀 수 없을 만큼 수많은 충돌이 있었고, 이로 인하여 수많은 인민들이 사랑하는 가족과 이별하여 전쟁터에서 생을 마감했다. 이러한 비참한 살육 현장들 중에서도 1942년에 있었던 스탈린그라드의 아비규환은 악한 인간들이 만들어 낼 수 있었던 최악의 지옥이었다. 이 전투는 청색 작전이라는 지극히 평범한 단어로 시작했지만, 결론은 스탈린그라드와 볼가 강 주변을 온통 붉은 피로 뒤덮은 대학살이었다. 평범하게 살던 독일과 소련의 인민들을 죽음으로 내몰아서 1,000만 명의 피로 대지를 물들게 했던 것은 인류사 최대의 범죄 행위, 그 이상도 이하도 아니었다. 과연 이 전투에 승자가 있다고 생각할 수 있는가?

전투서열(1943년 1월 31일 기준)

독일 제6군

사령관 프리드리히 파울루스 Friedrich Paulus

(직할)

공군 제9고사포사단 볼프강 피케르트Wolfgang Pickert

제14전차사단   요하네스 베슬러Johannes Baessler

루마니아 제1기병사단 콘스탄틴 브라테스쿠Constantin Bratescu

제8군단 발터 하이츠Walter Heitz

제76보병사단   칼 로덴부르크Carl Rodenburg

제113보병사단 한스-하인리히 직트 폰 아르민Hans-Heinrich Sixt von Armin

제11군단 칼 슈트레커Karl Strecker

제44보병사단   하인리히 데보이Heinrich Deboi

제376보병사단 에들러 폰 다니엘스Edler von Daniels

제384보병사단 프라이허 에카르트 폰 가블렌츠Freiherr Eccard von Gablenz

제14장갑군단 한스 후베Hans Hube

제16전차사단   귄터 안게른Günther Angern

제3차량화보병사단 헬무트 슐로머Helmuth Schlomer

제60차량화보병사단 한스-아돌프 폰 아렌스토르프-오일러Hans-Adolf von Arenstorff-Oyle

제94보병사단 : 게오르크 파이퍼Georg Pfeiffer

제51군단 발터 폰 자이들리츠-쿠르츠바흐Walther von Seydlitz-Kurzbach

제24전차사단   아르노 폰 렌스키Arno von Lenski

제71보병사단   알렉산더 폰 하르트만Alexander von Hartmann

제79보병사단   리하르트 폰 슈베린Richard von Schwerin

제100엽병사단 베르너 잔네Werner Sanne

제295보병사단 오토 코르페스Otto Korfes

제305보병사단 베르나르트 슈타인메츠Bernard Steinmetz

제389보병사단 에리히 마그누스Erich Magnus

크로아티아 제369연대 빅토르 파비치치Viktor Pavičić

제4군단 에르빈 예네케Erwin Jaenecke

(원래 제4기갑군 소속이었으나 스탈린그라드 포위망에 갇힌 후 제6군에 배속)

제29차량화보병사단   에른스트 폰 라이저Ernst von Leyser

제297보병사단　막스 페퍼Max Pfeffer

제305보병사단　베른하르트 슈타인메츠Bernhard Steinmetz

제371보병사단　리하르트 슈템펠Richard Stempel

루마니아 제20보병사단　니콜라에 타타라누Nicolae Tataranu

소련 제62군

사령관　바실리 추이코프Vasily Chuikov

제10인민보위부사단

제13근위소총사단

제35근위소총사단

제37근위소총사단

제39근위소총사단

제45소총사단

제95소총사단

제112소총사단

제138소총사단

제193소총사단

제196소총사단

제244소총사단

제284시베리아소총사단

제308시베리아소총사단

제84전차여단

제137전차여단

제189전차여단

제92해군육전여단

제42특전여단

제115특전여단

제124특전여단

제140특전여단

제160특전여단

제34근위연대

제39근위연대

제42근위연대

제1근위소총연대

제114근위소총연대

제117근위소총연대

제118근위소총연대

제161소총연대

제241소총연대

제416소총연대

제524소총연대

제650소총연대

제685소총연대

"내가 죽지 않을 가능성이 100퍼센트라면 전쟁만큼 재미있는 상황도 없다."

언제인가 퇴근 시간 때 라디오에서 방송된 대담 프로그램에서 들은 말이다. 전쟁만큼 모든 것을 걸고 벌이는 극단적인 경쟁이 없으므로 그만큼 흥미진진하다는 이야기였다. 물론 그렇다고 전쟁은 함부로 벌이는 것이 아니라는 것이 결론이었다. 전쟁을 벌이기에는 너무 희생해야 할 것이 많고, 그런 희생에는 생명처럼 절대로 복구될 수 없는 것들이 있기 때문이라는 이유에서였다. 이런 사실을 모르는 이들은 지구상에 단 한 명도 없을 것이다. 그런데도 불구하고 전쟁이 끊이지 않는 이유는 그러한 참상을 뻔히 알면서도 전쟁을 벌이는 이들이 있기 때문이다. 이처럼 전쟁을 일으키고자 하는 이들이 있는 한, 아무리 나 혼자 전쟁을 원하지 않는다고 외쳐도 그것이 평화를 담보하지 못한다는 사실은 역사가 입증해 준다. 평화 시에도 전시 못지않게 많은 비용과 노력을 투입하여 군사적으로 철저히 대비를 하는 이유도 바로 여기에 있다. 역설적이지만 언제 있을 지도 모를 전쟁을 항상 준비하고 또한 전쟁을 일으키려 광분하는 소수의 겁박을 두려워하지 않아야 오히려 전쟁을 막고 현재의 평화를 지킬 수 있다.

그런데 전쟁사를 다루다 보면 전쟁을 결심하여 수많은 사람들을 고통에 빠뜨리게 만든 자들은 겨우 몇몇에 불과하다는 너무나 어처구니없는 사실을 깨닫게 된다. 2차대전처럼 어마어마했던 전쟁도 정작 전쟁 발발에 결정적으로 관여한 인물들을 거르고 거른다면 불과 10여 명 수준으로 압축할 수 있다. 무려 5,000만 명이 죽고 세계 경제가 20년을 후퇴하게 만든 전쟁이 겨우 몇 사람의 결심에 의해 벌어졌다니 너무 허무하지 않은가? 역사에 가정은 없지만 히틀러, 무솔리니, 그리고 도조 히데키로 대표되는 일본의 군국주의자들이 없었다면 인류사 최대의 비극은 없었을지도 모른다. 물론 2차대전이라는 전쟁의 모든 책임을 몇몇에게만 전가할 수는 없지만 적어도 위에서 언급한 이들이 전쟁이라는 최후의 수단을 그처럼 쉽게 사용하지 않았다면 전쟁은 일어나지 않았을 가능성이 크다.

단순히 유럽만 놓고 본다면 전쟁을 벌이도록 히틀러를 부추긴 사람들은 거의 없었고, 오히려 전쟁을 반대하던 이들의 의견을 묵살한 히틀러의 단호한 의지에 의해서 전쟁이 벌어지고 확대되었으며, 모두에게 상처를 남기고 잔인하게 막을 내렸다. 더구나 막상 전쟁을 일으킨 당사자나 그 주변에 있던 이들은 전쟁 말기까지 목숨을 보존했고 적어도 먹고 사는 원초적인 어려움을 겪지는 않았다. 반면 언제 죽을지도 몰라 전전긍긍했던 최전선의 병사들이나, 삶의 터전이 파괴되어 유랑 생활을 하며 당장의 호구지책을 걱정했을 만큼 비참했던 수많은 민초들이 전쟁을 반긴 적은 단 한 번도 없었다. 복수 혹은 게르만 민족의 영원한 번영이라는 거창한 명분을 내세워 나치 정권이 전쟁을 독려했지만, 독일 국민들은 침묵 외에는 그들의 의사를 표시할 방법이 없었다. 독일의 보통 사람들은 초기의 승전에 환호했지만 그렇다고 사랑하는 내 가족이 계속 전쟁터로 끌려 나가고 당장의 끼니를 걱정해야 하는 살얼음판 같은 상황이 계속되기를 원하지는 않았다.

광적인 이념에 매몰되었던 나치 친위대나 일본의 가미카제 대원들이라 하더라도 직접 경험한 이상 전쟁의 무서움을 모르지는 않았고 그들 또한 전쟁이 빨리 끝나기를 간절히 바랐다. 전쟁은 하나뿐인 내 목숨을 걸고 벌이는 무한한 경쟁인데 이런 경쟁을 즐기는 사람들은 지구상에 단 한사람도 없기 때문이다. 더구나 침략을 당하여 본인의 의사와 전혀 상관없이 전쟁의 수렁으로 빠져 들어간 이들의 경우는 그 비참함과 절망감이 말도 못할 정도였다. 그만큼 전쟁은 무서운 것이고 그렇기 때문에 이런 전쟁을 일으킨 자들과 함께 책임을 져야 할 이들이 두고두고 비난받아 마땅한 것이다.

역사를 공부하는 이유는 실수를 반복하지 않기 위해서지만 어리석은 인간들은 옳고 좋은 것을 반복하기보다는 그르고 나쁜 것을 반복하는데 더 능숙하다. 그 증거로 2차대전이라는 잔혹한 경험에도 불구하고 지금도 지구 어디에선가 전쟁은 계속되고 있다. 앞에서 언급한 것처럼 전쟁을 일으키는 이들은 몇몇에 불과하지만, 지금까지 인류가 고안한 어떠한 시스템으로도 이들의 잘못된 결정을 막을 방법은 없기 때문에 이런 악행이 무한 반복되는 것이다. 그런 악행이 재현되지 않도록 하는데 이 책이 아주 작은 도움이 되기를 희망한다.

제2차 세계대전 연표

1931   9월 18일 일본, 만주사변을 일으키고 괴뢰정권인 만주국을 세움

1933   3월 25일 일본, 국제사회의 비난을 받자 국제연맹 탈퇴

1935   10월 3일 이탈리아, 에티오피아를 침공

1936   10월 25일 이탈리아와 독일, 추축국 결성

        11월 5일 일본, 독일과 방공협정 체결

1937   7월 7일 일본, 중국을 공격하여 중일전쟁 개시

1938   3월 13일 독일, 오스트리아를 병합

        9월 12일 히틀러, 체코슬로바키아에 주데텐란트 할양을 요구

        9월 30일 뮌헨 회담 타결

        10월 1일 독일, 주데텐란트를 병합

1939   3월 15일 독일, 체코슬로바키아의 수도 프라하^{Praha} 점령

        5월 22일 독일과 이탈리아 강철조약 체결

        7월 2일 만주국 주둔 일본군이 외몽골을 침공, 노몬한 사건 발발

        8월 23일 소련과 독일이 상호불가침조약 체결

        8월 25일 영국과 폴란드가 상호원조협정 체결

        9월 1일 독일, 폴란드 침공

        9월 3일 영국과 프랑스, 독일에 선전포고

        9월 17일 소련, 동부에서 폴란드를 침공

        9월 30일 소련과 독일이 폴란드를 분할

1940   4월 9일 독일, 덴마크와 노르웨이를 침공

        5월 10일 독일, 프랑스와 베네룩스 3국을 침공

        6월 4일 영국 · 프랑스 연합군, 됭케르크에서 철수

        5월 28일 벨기에, 독일에게 항복

        6월 10일 이탈리아, 영국과 프랑스에 선전포고하고 몰타^{Malta}를 공격

        6월 22일 프랑스, 독일과 휴전협정을 체결

        7월 10일 독일, 영국을 공습하여 영국본토항공전 개시

7월 24일 일본, 인도차이나 반도 남부에 상륙

8월 2일 영국 해군이 몰타 섬에 대한 항공기 증원 작전(허리Hurry 작전)을 벌임

9월 23일 영국군과 자유 프랑스군이 다카르의 비시 프랑스 함대 공격

9월 27일 독일, 이탈리아, 일본이 3국군사동맹 체결

10월 28일 이탈리아, 그리스를 침공

11월 11일 영국, 타란토 공습

12월 7일 북아프리카 주둔 영국군, 이탈리아군 공격

1941 2월 12일 독일군, 아프리카 트리폴리Tripoli 도착

4월 2일 독일, 아프리카 키레나이카Cyrenaica 공격

4월 6일 독일, 그리스와 유고슬라비아를 침공

5월 1일 영국, 그리스에서 철수

5월 19일 이탈리아, 영국에게 항복하며 아비시니아 전역 종결

5월 20일 독일, 공수부대로 크레타Creta 섬 침공

6월 6일 영국, 시리아를 침공

6월 22일 독일, 소련을 침공

        이탈리아와 루마니아, 소련에 선전포고

6월 26일 핀란드와 헝가리, 소련에 선전포고

7월 26일 미국, 미국 내 일본 자산 동결

7월 27일 일본, 프랑스령 인도차이나 반도에 대한 점령작전 개시

9월 10일 독일, 스몰렌스크Smolensk 점령

9월 19일 독일, 키예프 점령

11월 15일 독일, 모스크바 공세 재개

12월 7일 일본, 말라야Malaya · 진주만 · 필리핀을 공격

12월 10일 일본, 영국 동양함대 격침

12월 14일 일본, 버마Burma 침공

12월 17일 제1차 시르테Sirte 전투가 벌어짐

12월 24일 일본, 웨이크Wake 섬을 점령

12월 26일 일본, 홍콩香港, Hong Kong을 점령

1942 1월 7일 소련, 독일을 물리치고 모스크바 전투에서 승리

1월 8일 소련, 대공세 시작

2월 15일 일본, 싱가포르를 점령

3월 8일 일본, 랑군Rangoon에 입성

4월 7일 일본, 바탄 반도를 점령

4월 18일 미국, 둘리틀 특공대로 도쿄를 공습

5월 5일, 산호해 전투 개시

5월 26일 영국, 소련과 대독 상호원조조약을 체결

6월 4일 미드웨이 해전 개시

6월 6일 일본, 알류샨 열도에 상륙

6월 22일 독일, 아프리카 토브룩Tobruk을 점령

7월 1일 제1차 엘 알라메인El-Alamein 전투 개시

7월 8일 독일, 남부집단군이 돈 강을 따라 진격을 개시

8월 7일 미군, 솔로몬 제도에 상륙

8월 8일 사보Savo 해전이 벌어짐

8월 14일 영국, 디에프Dieppe 상륙작전을 실패

9월 12일 독일, 스탈린그라드 중심부에 도달

11월 23일 소련, 스탈린그라드의 독일군을 포위망에 가둠

12월 30일 독일, 스탈린그라드에 포위된 제6군 구출 시도 좌절

1943 1월 28일 영국, 트리폴리 점령

2월 2일 독일, 스탈린그라드에서 항복

2월 7일 일본, 과달카날에서 철수

2월 16일 독일, 하리코프에서 반격을 개시

5월 13일 튀니지의 마지막 추축군 부대가 항복하며 북아프리카 전역 종결

7월 5일 독일, 치타델Citadel 작전을 개시

7월 10일 연합군, 시칠리아Sicilia에 상륙

7월 13일 히틀러, 치타델 작전을 중지

9월 9일 연합군, 이탈리아 살레르노Salerno에 상륙

10월 1일 미 제5군이 나폴리Napoli를 점령

11월 6일 소련, 키예프를 탈환

11월 20일 미국, 타라와Tarawa 섬에 상륙

11월 28일 테헤란 회담

1944 1월 27일 레닌그라드의 포위망 해체

1월 31일 미국, 마셜Marshall 제도에 상륙

3월 15일 일본, 임팔Imphal 작전을 개시

5월 9일 소련, 세바스토폴을 탈환

6월 4일 미군, 로마Roma를 점령

6월 6일 연합군, 노르망디에 상륙

6월 15일 미국, 사이판Saipan 섬에 상륙

6월 19일 필리핀 해 전투 개시

6월 22일 소련, 바그라티온Bagration 작전을 개시

7월 21일 미국, 괌Guam에 상륙

8월 15일 연합군, 프랑스 남부에 상륙

8월 18일 패튼이 알랑송Alençon으로부터 팔레즈Falaise를 향해 진격 재개

8월 31일 소련, 루마니아 수도 부쿠레슈티Bucuresti에 입성

9월 4일 연합군, 안트베르펜Antwerpen을 점령

9월 15일 미국, 팔라우Palau 점령

9월 17일 연합군, 마켓가든Market Garden 작전을 개시

10월 20일 미국, 레이테에 상륙

　　　　소련군, 베오그라드Beograd를 점령

10월 21일 연합군, 아헨Aachen을 점령

10월 23일 레이테 만 해전 개시

10월 27일 소련군, 동프로이센으로 진입

12월 16일 독일, 아르덴에서 공세를 시작

1945　1월 17일 소련, 바르샤바를 점령

2월 13일 소련, 부다페스트Budapest 함락

2월 19일 미국, 이오지마에 상륙

2월 23일 미국, 루르 강 도하

4월 1일 미국, 오키나와에 상륙

4월 13일 소련, 빈Wien 점령

4월 30일 히틀러 자살

5월 6일 독일 최고사령부 대표들이 랭스Reims에서 연합군에 항복

5월 8일 베를린에서 항복 기념식

5월 9일 쿠를란트Kurland의 독일 북부집단군 항복

5월 11일 프라하의 독일군 항복

7월 17일 포츠담 회담Potsdam Conference

8월 7일 히로시마廣島, Hiroshima에 원자폭탄 투하

8월 9일 나가사키長崎, Nagasaki에 원자폭탄 투하

소련, 만주국 침공

8월 14일 일본, 무조건 항복을 발표

8월 15일 일본에 대한 모든 공격작전 종결

참고 문헌

도서

제프리 메가기, 김홍래 역,『히틀러 최고사령부』, 플래닛미디어, 2009

폴 콜리어 외, 강민수 역,『제2차세계대전』, 플래닛미디어, 2008

A. J. P. 테일러, 유영수 역,『제2차 세계대전의 기원』, 지식의 풍경, 2003

피터 심킨스, 강민수 역,『모든 전쟁을 끝내기 위한 전쟁』, 플래닛미디어, 2008

존 G. 스토신, 임윤갑 역,『전쟁의 탄생』, 플래닛미디어, 2009

맥스 부트, 송대범 · 한태영 역,『전쟁이 만든 신세계』, 플래닛미디어, 2007

윌리엄 L. 샤이러, 유승근 역,『제3제국의 흥망. 3: 제2차 세계대전』, 에디터, 2005

알란 셰퍼드, 김홍래 역,『프랑스 1940』, 플래닛미디어, 2006

스티븐 배시, 김홍래 역,『노르망디 1944』, 플래닛미디어, 2006

마크 힐리, 김홍래 역,『미드웨이 1942』, 플래닛미디어, 2008

칼 스미스, 김홍래 역,『진주만 1941』, 플래닛미디어, 2008

버나드 아일랜드, 김홍래 역,『레이테 만 1944』, 플래닛미디어, 2008

존 키건, 류한수 역,『2차세계대전사』, 청어람미디어, 2007

아서 브라이언트, 황규만 역,『워 다이어리』, 플래닛미디어, 2010

휴 앰브로스, 김홍래 · 이영래 역,『퍼시픽 1, 2』, 플래닛미디어, 2010

남도현,『히틀러의 장군들』, 플래닛미디어, 2009

남도현,『히든 제너럴』, 플래닛미디어, 2009

남도현,『교과서는 못 가르쳐주는 발칙한 세계사』, 플래닛미디어, 2008

윤휘탁,『중일전쟁과 중국혁명』, 일조각, 2003

Alastair Horne, *To Lose a Battle: France 1940*, Penguin, 1988

Alan Clarke, *Barbarossa: The Russian-German Conflict 1941~1945*, William Morrow, 1966

Alan Bullock, *Hitler and Stalin: Parallel Lives*, Fontana Press, 1998

A.J.P. Taylor and S. L. Mayer, *A History of World War Two*, Octopus Books, 1974

B.H. Liddell Hart, *History of the Second World War*, Panpermac, 1997

B.H. Liddell Hart, *The Other Side of the Hill*, Pan Books, 1999

Charles E. Glover, *Jimmy Doolittle's One Moment in Time*, The Palm Beach Post, 1992

Christian Hartmann, *Halder Generalstabschef Hitlers 1938-1942*, Paderborn: Schoeningh, 1991

David Stevenson, *The First World War and International Politics*, Oxford University, 1988

David Westwood, *The German Army 1939-1945 Vol 1: Higher Formations*, Naval and Military Press, 2009

David M. Glantz, *Barbarossa: Hitler's Invasion of Russia 1941*, Tempus, 2001

David M. Glantz, *Soviet Military Intelligence in War*, Frank Case, 1990, p.44

Dana V. Sadarananda, *Beyond Stalingrad: Manstein and the Operations of Army Group Don*, Praeger, 1990

Erich von Manstein, *Lost Victories*, St. Paul, Zenith Press, 1982

Eric Hammel, *Carrier Clash The Invasion of Guadalcanal & and the Battle of the Eastern Solomons*, Pacifica Press, 1997

Earl F. Ziemke, *Stalingrad to Berlin: The German Defeat in the East*, Dorset, 1986

Harold Deutsch, *Hitler and His Generals*, University of Minnesota, 1974

Heinz Guderian, *Panzer Leader*, Da Capo Press, 1996

Edward J. Drea, *Tradition and Circumstances: The Imperial Japanese Army's Tactical Response to Khalkhin-Gol, 1939*, University of Nebraska Press, 1998

J.W. Wheeler-Bennett, *The Nemesis of Power: The German Army in Politics 1918-1945*, Macmillan, 1964

Jonathan Parshall & Anthony Tully, *Shattered Sword: The Untold Story of the Battle of Midway*, Potomac Books, 2005

John B. Lundstrom, *The First Team And the Guadalcanal Campaign*, Naval Institute Press, 2005

John Erickson, *The Road to Stalingrad: Stalin's War With Germany*, Yale University Press, 1975

Julian Jackson, *The Fall of France: The Nazi Invasion of 1940*, Oxford University, 2003

Karl-Heinz Frieser, *Blitzkrieg-Legende*, Oldenbourg Wissensch.Vlg, 1996

Len Deighton, *Blitzkrieg*, Panther Books, 1985

Peter McCarthy & Mike Syron, *Panzerkieg: The Rise and Fall of Hitler's Tank Divisions*, Carroll & Graf, 2002

Peter Hoffmann, *The history of the German resistance: 1933-1945*, McGill-Queen's University Press, 1996

Peter Antill, *Stalingrad 1942*, Osprey, 2007

Peter Preston, *Pacific Asia in the global system: an introduction*, Oxford, 1998

Paul S. Dull, *A Battle History of the Imperial Japanese Navy (1941-1945)*, US Naval Institute Press, 1978

Philip Jowett, *Rays of the Rising Sun, Volume 1: Japan's Asian Allies 1931-45*, Helion and Company Ltd., 2005

Robert Kirchubel, *Operation Barbarossa 1941 (1): Army Group South*, Osprey, 2003

Robert A. Doughty, *The Breaking Point: Sedan and the Fall of France, 1940*, Archon Books, 1990

Ramon Myers & Mark Peattie Mark, *The Japanese Colonial Empire, 1895-1945*, Princeton University Press, 1987

Steven J. Zaloga, *Poland 1939: The birth of Blitzkrieg*, Osprey, 2002

Trevor N. Dupuy, *A Genius for War: The German Army and General Staff: 1897~1945*, Prentice Hall, 1977

Walter Gorlitz, *Reichenau*, Grove Weidenfeld, 1989

Williamson Murray, *The Change in the European Balance of Power 1938-1939*, Princeton Univ. Press, 1984

Walter Warlimont, *Hitler's Headquarters 1939-1945*, Presidio, 1991

Williamson Murray & Allan Reed Millett, *A War to Be Won: Fighting the Second World War*, Harvard University Press, 2001

사전, 인터넷

『Encyclopedia Britannica』

(주)두산, 『enCyber두산백과사전』

http://en.wikipedia.org/wiki/Franz_Halder

http://en.wikipedia.org/wiki/Gerd_von_Rundstedt

http://en.wikipedia.org/wiki/Wilhelm_Keitel

http://en.wikipedia.org/wiki/Erich_von_Manstein

http://en.wikipedia.org/wiki/Paul_Ludwig_Ewald_von_Kleist

http://en.wikipedia.org/wiki/Heinz_Guderian

http://en.wikipedia.org/wiki/Hermann_Hoth

http://en.wikipedia.org/wiki/Paul_Hausser

http://en.wikipedia.org/wiki/Johannes_Blaskowitz

http://en.wikipedia.org/wiki/Oberkommando_des_Heeres

http://en.wikipedia.org/wiki/German_Instrument_of_Surrender

http://en.wikipedia.org/wiki/Condor_Legion

http://en.wikipedia.org/wiki/Molotov%E2%80%93Ribbentrop_Pact

http://en.wikipedia.org/wiki/Oberkommando_der_Wehrmacht

http://en.wikipedia.org/wiki/Army_Group_A

http://en.wikipedia.org/wiki/World_War_II

http://en.wikipedia.org/wiki/Siege_of_Sevastopol_(1941%E2%80%931942)

http://en.wikipedia.org/wiki/Eastern_Front_(WWII)#Soviet_counter-offensive:_Winter_1941

http://en.wikipedia.org/wiki/Battles_of_Rzhev

http://en.wikipedia.org/wiki/Saar_Offensive

http://en.wikipedia.org/wiki/Invasion_of_Poland_(1939)

http://en.wikipedia.org/wiki/Battle_of_Stalingrad

http://en.wikipedia.org/wiki/Polish_Soviet_War

http://en.wikipedia.org/wiki/Battle_of_Rostov_(1941)

http://en.wikipedia.org/wiki/Battle_of_Midway

http://en.wikipedia.org/wiki/Battle_of_the_Coral_Sea

http://en.wikipedia.org/wiki/Battle_of_the_Eastern_Solomons

http://en.wikipedia.org/wiki/Battle_of_the_Santa_Cruz_Islands

http://en.wikipedia.org/wiki/Doolittle_Raid

http://en.wikipedia.org/wiki/Battles_of_Khalkhin_Gol

http://en.wikipedia.org/wiki/Second_Sino-Japanese_War

http://en.wikipedia.org/wiki/Mukden_Incident

http://www.bridgend-powcamp.fsnet.co.uk/Generalfeldmarschall%20Erich%20von%20Manstein.htm

http://www.spartacus.schoolnet.co.uk/GERkliest.htm

http://www.spartacus.schoolnet.co.uk/GERkeitel.htm

http://www.spartacus.schoolnet.co.uk/GERguderian.htm

http://www.spartacus.schoolnet.co.uk/GERhoth.htm

http://www.spartacus.schoolnet.co.uk/GERrundstedt.htm

http://www.spartacus.schoolnet.co.uk/GERmanstein.htm

http://www.feldgrau.com

http://www.axishistory.com

http://www.axishistory.com/index.php?id=2065

http://www.battlefield.ru

http://www.nobelmann.com

http://www.firstworldwar.com/bio/ludendorff.htm

http://www.world-war-2.info/propaganda/

http://www.achtungpanzer.com

http://www.mbendi.com/indy/oilg/af/lb/p0005.htm

http://airwar.hihome.com/

http://user.chollian.net/~hartmannshim/

필름, 기록

Arvato Services, *Army Group South: The Wehrmacht In Russia*, Arvato Services Production, 2006

Cromwell Productions, *Scorched Earth-The Wehrmacht In Russia: Army Group South*, 1999

Jeremy Isaacs, *The World at War: Part 1. A New Germany*, Thames Television, 1973

Jeremy Isaacs, *The World at War: Part 2. Distant War*, Thames Television, 1973

Jeremy Isaacs, *The World at War: Part 3. France Falls*, Thames Television, 1973

Jeremy Isaacs, *The World at War: Part 5. Barbarossa*, Thames Television, 1973

Jeremy Isaacs, *The World at War: Part 6. Banzai*, Thames Television, 1973

Jeremy Isaacs, *The World at War: Part 7. On Our Way*, Thames Television, 1973

Jeremy Isaacs, *The World at War: Part 9. Stalingrad*, Thames Television, 1973

Jeremy Isaacs, *The World at War: Part 22. Japan*, Thames Television, 1973

Jeremy Isaacs, *The World at War: Part 23. Pacific*, Thames Television, 1973

Jeremy Isaacs, *The World at War: Part 25. Reckoning*, Thames Television, 1973

ZDF, *Hitler's Warriors: Part IV. Manstein. The Strategist*, ZDF-enterprise, 1998

Jean-Jacques Annaud, *Enemy at the Gates*, Paramount Pictures, 2001

사진 출처

구레시해사역사과학관吳市海事歷史科學館 (www.yamato-museum.com)

국제통화기금International Monetary Fund (www.imf.org)

대영제국 전쟁박물관Imperial War Museum (www.iwm.org.uk)

독일 연방 문서보관소Bundesarchiv (www.bundesarchiv.de)

미 공군U.S. Air Force 공식 웹사이트 (www.af.mil)

영국 공군 박물관Royal Air Force Museum (www.rafmuseum.org.uk)

BBC (www.bbc.co.uk)

Blass Online English Dictionary (blass.com.au)

Find A Grave (findagrave.com)

JapanFocus (japanfocus.org)

Naval History and Heritage Command (www.history.navy.mil)

News that matters (ivarfjeld.wordpress.com)

Open Letters Monthly (www.openlettersmonthly.com)

Picture History (www.picturehistory.com)

R.G. Smith Aviation Art (rgsmithart.com)

RIA Novosti image library (visualrian.com)

Russia - Revolutions in Europe (www.katardat.org)

Shot in the Dark (www.shotinthedark.info)

The German Armed Forces 1918-1945 (www.feldgrau.com)

The Heritage of the Great War (greatwar.nl)

The History Place (www.historyplace.com)

The World War I Document Archive (gwpda.org)

USMA Office of the Dean (www.dean.usma.edu)

USS Enterprise CV-6 (cv6.org)

World War 2 Pictures in Color (www.ww2incolor.com)

World War II Color Archives (ww2color.com)

World War II Database (ww2db.com)

ww2-pictures.com

ww2talk.com

ww2total.com

www.centurylink.net

www.oregonlive.com

www.polishnews.com

www.valka.cz

KODEF 안보 총서 ③⑨

2차대전의 흐름을 바꾼 결정적 순간들

프랑스 · 태평양 · 스탈린그라드

초판 1쇄 인쇄 2011년 3월 2일
초판 1쇄 발행 2011년 3월 7일

지은이 | 남도현
펴낸이 | 김세영
펴낸곳 | 도서출판 플래닛미디어

주소 | 121-839 서울 마포구 서교동 381-38 3층
전화 | 3143-3366
팩스 | 3143-3360
등록 | 2005년 9월 12일 제 313-2005-000197호
이메일 | webmaster@planetmedia.co.kr

ISBN 978-89-92326-93-3 03900